GÜNTER HAUSCHILD

DER FOTOKURS FÜR *junge Fotografen*

EIN BUCH ZUM LESEN, LERNEN, AUSPROBIEREN

Vierfarben Fotografie

Wir hoffen, dass Sie Freude an diesem Buch haben und sich Ihre Erwartungen erfüllen. Ihre Anregungen und Kommentare sind uns jederzeit willkommen. Bitte bewerten Sie doch das Buch auf unserer Website unter **www.rheinwerk-verlag.de/feedback**.

An diesem Buch haben viele mitgewirkt, insbesondere:

Lektorat Alexandra Bachran
Korrektorat Monika Klarl, Köln
Herstellung Maxi Beithe
Typografie und Layout Alexandra Bachran, Vera Brauner
Einbandgestaltung Mai Loan Nguyen Duy
Coverbilder iStockphoto: 10332842 © Stacey Newman, 26753856 © SHSPhotography, 42287730 © PeopleImages, 13913172 © Piksel; Shutterstock: 28244092 © Andrekart Photography, 192118523 © Balounm, 231023848 © InBetweenTheBlinks
Satz Alexandra Bachran
Druck Firmengruppe Appl, Wemding

Dieses Buch wurde gesetzt aus der TheSans (11,25 pt/16,75 pt) in InDesign CC 2015.
Gedruckt wurde es auf mattgestrichenem Bilderdruckpapier (135 g/m²).
Hergestellt in Deutschland.

Bibliografische Information der Deutschen Nationalbibliothek:
Die Deutsche Nationalbibliothek verzeichnet diese Publikation in der Deutschen Nationalbibliografie; detaillierte bibliografische Daten sind im Internet über *http://dnb.d-nb.de* abrufbar.

978-3-8421-0202-6

1. Auflage 2016, 2. Nachdruck 2018

Vierfarben ist eine Marke des Rheinwerk Verlags. Der Name Vierfarben spielt an auf den Vierfarbdruck, eine Technik zur Erstellung farbiger Bücher. Der Name steht für die Kunst, die Dinge einfach zu machen, um aus dem Einfachen das Ganze lebendig zur Anschauung zu bringen.

Informationen zu unserem Verlag und Kontaktmöglichkeiten finden Sie auf unserer Verlagswebsite **www.rheinwerk-verlag.de**. Dort können Sie sich auch umfassend über unser aktuelles Programm informieren und unsere Bücher und E-Books bestellen.

Hallo, liebe junge Fotografen,

es ist schon eine ganze Weile her, da sagte mir mein Enkel, dass er Kameramann werden möchte. Ich erwiderte, dass es ihm helfen würde, wenn er sich mit der Fotografie beschäftigen würde. Da wir aber mehr als 1000 Kilometer auseinanderwohnen, setzte ich mich an den Computer und schrieb eine Anleitung für ihn. Es wurden fast 80 Seiten! Opas kleine Anleitung hat ihm sehr geholfen, und er macht heute ordentliche Fotos, auch wenn er nicht mehr Kameramann werden möchte.

Die Zeit verging, und als ich wieder einmal die Festplatte meines Computers durchstöberte, kam mir meine alte Anleitung auf den Bildschirm. Sie hat meinem Enkel geholfen, warum sollte sie nicht auch anderen jungen Fotografen helfen? Also schickte ich alles zum Vierfarben Verlag. Und ich hatte Glück! Der Verlag mochte meine Anleitung und fragte, ob ich nicht Lust hätte, daraus ein richtiges Buch zu machen. Und ob ich Lust hatte! Die Arbeit am »Fotokurs für junge Fotografen« begann. Vom Verlag (und besonders von meiner Lektorin Alexandra Bachran) erhielt ich jede Unterstützung, für die ich mich hier vielmals bedanken möchte.

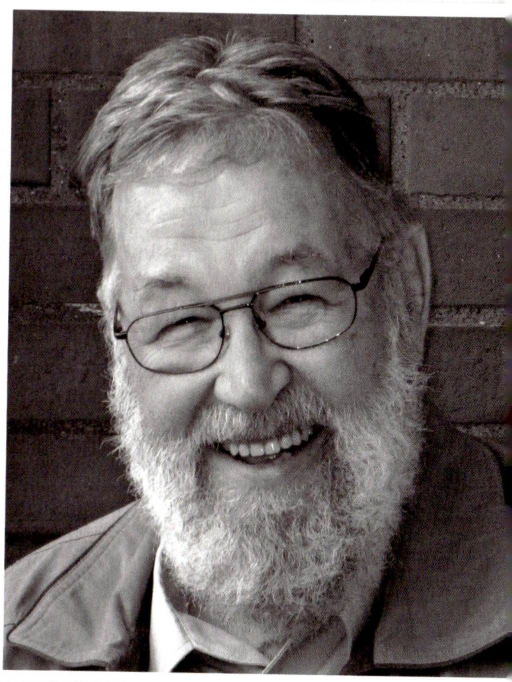

Und heute nun könnt Ihr dieses Buch in der zweiten Auflage in den Händen halten. Ich wünsche mir, dass es jeder Leserin und jedem Leser hilft, gute Fotos zu machen. Es gibt so viele völlig unterschiedliche Hobbys, aber die Fotografie ist eines der schönsten. Sie ermöglicht es Euch nicht nur, wichtige und schöne Momente festzuhalten, sie erlaubt es auch, kreativ zu sein.

In diesem Sinne wünsche ich allen jungen Fotografen: Gut Licht, und habt immer die Kamera zur Hand!

Moin, moin (wie man hier an der Nordseeküste grüßt)
Euer Günter Hauschild

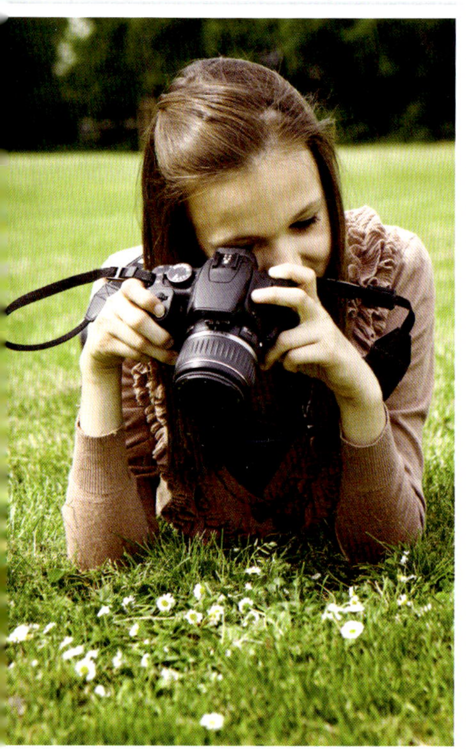

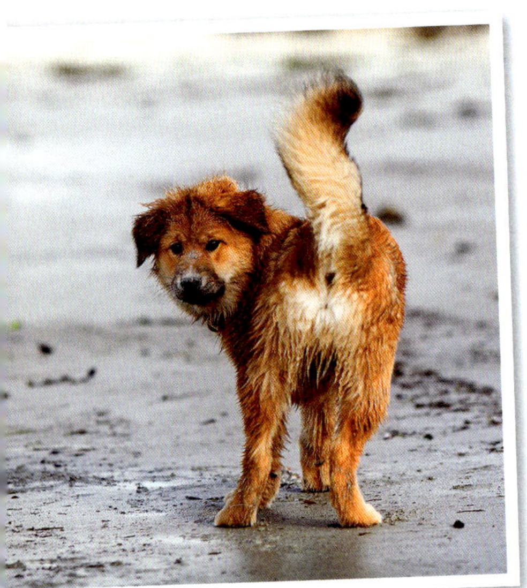

Inhaltsverzeichnis

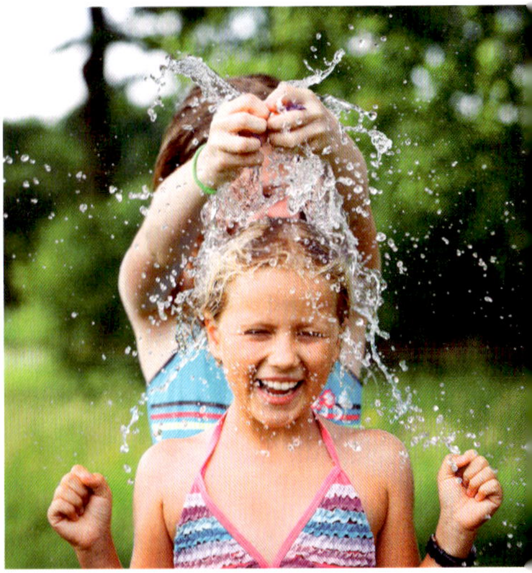

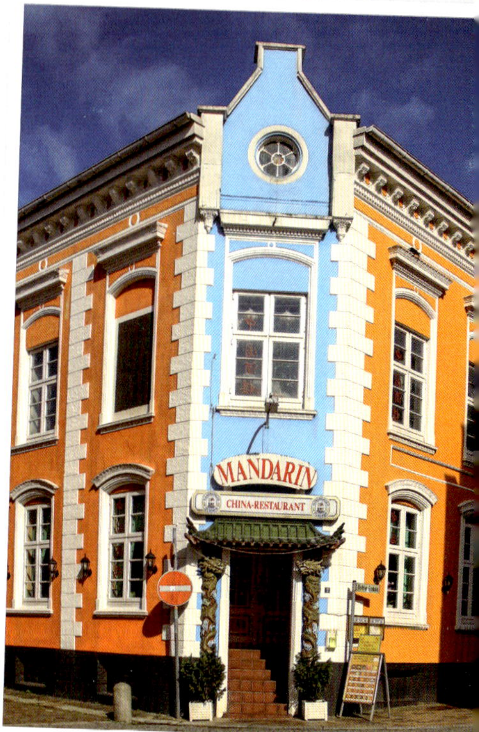
MANDARIN
CHINA-RESTAURANT

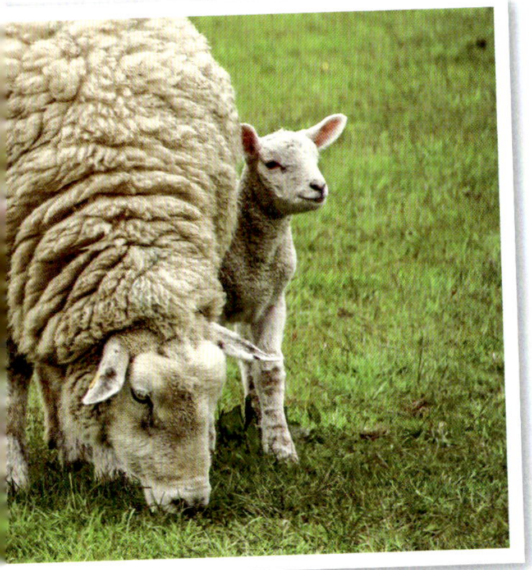

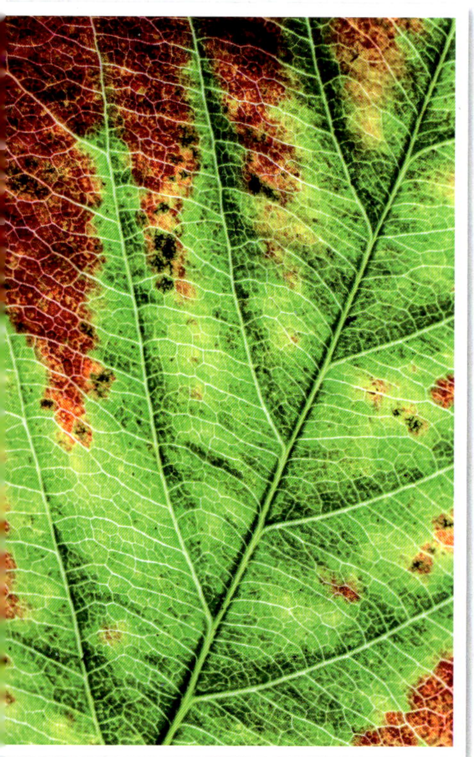

Teil 3: Deine Fotos bearbeiten und zeigen 121

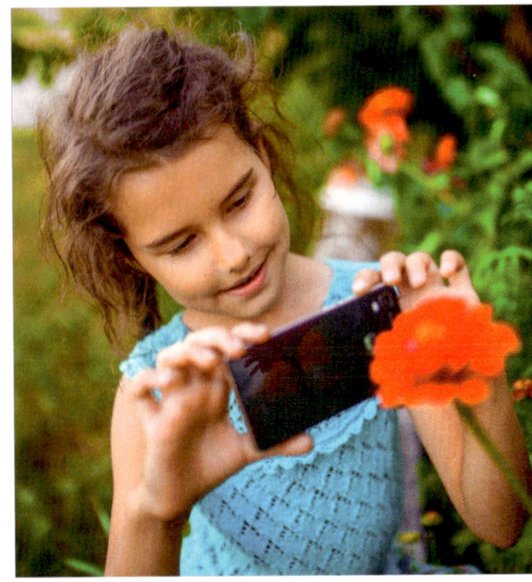

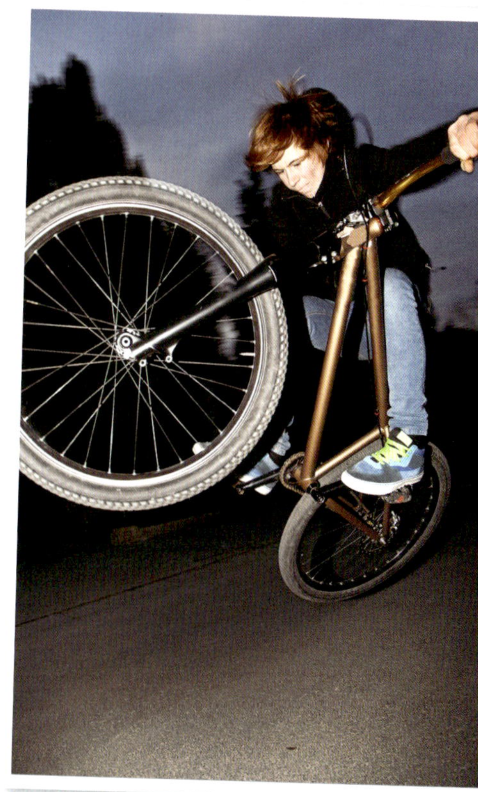

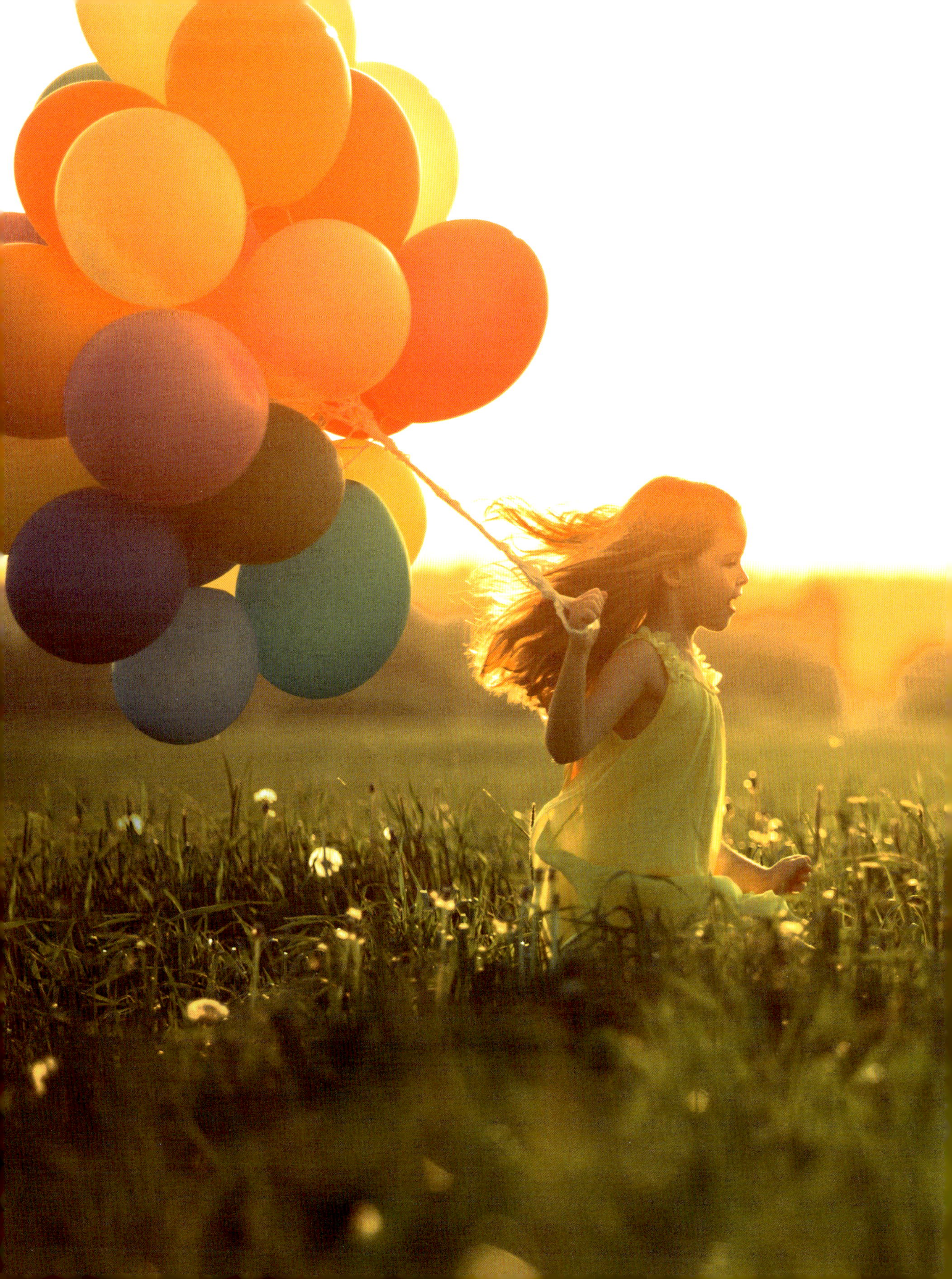

Fotografieren ist ganz leicht, oder?

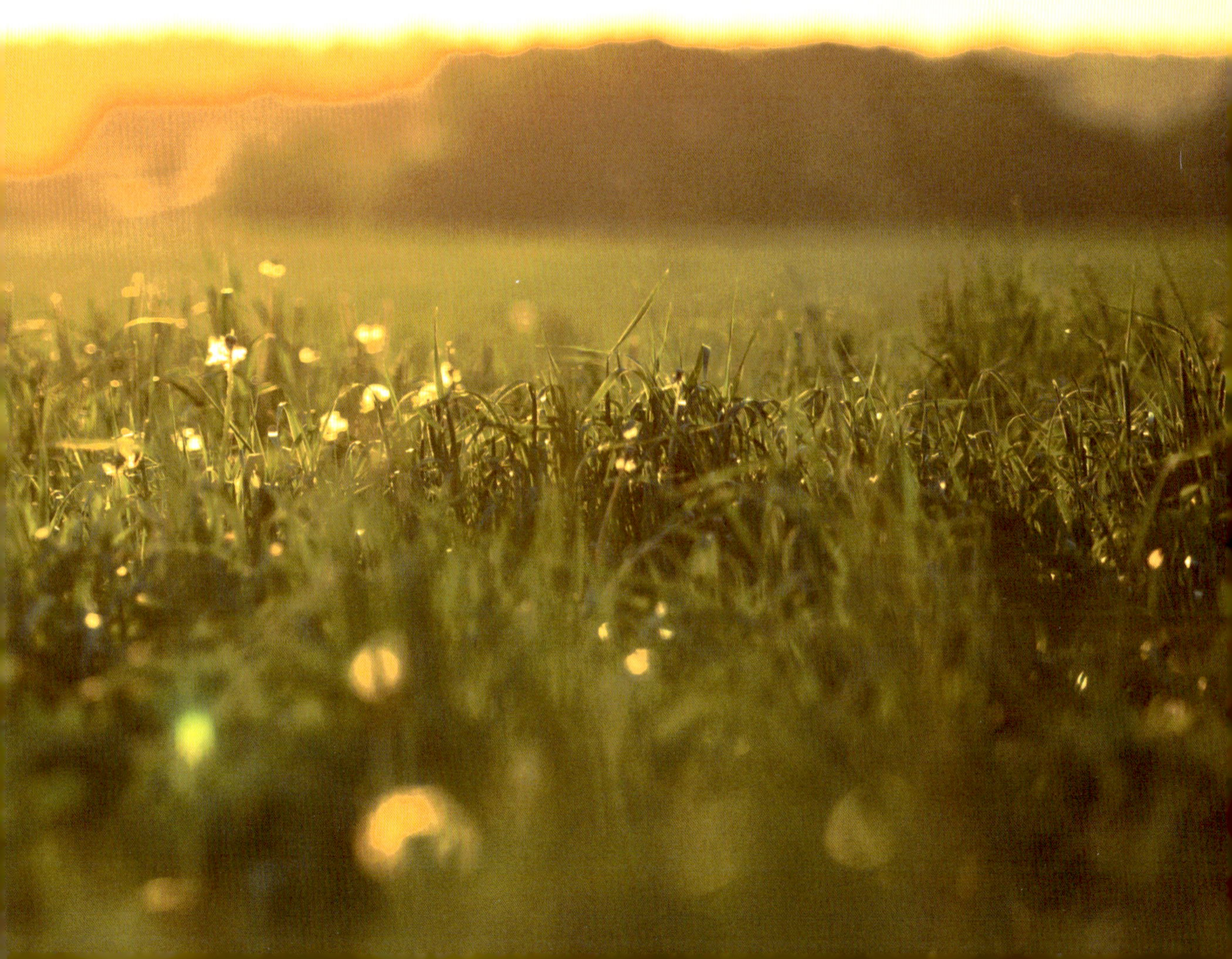

Fotografieren ist ganz leicht, oder?

Ist es leicht, ein Foto zu machen? Über diese Frage kann man sich natürlich trefflich streiten, ganz unterschiedliche Meinungen werden zu hören sein. Natürlich sagen da viele (und erst recht, seit es die digitalen Kameras mit den vielen Automatikfunktionen gibt): »Du musst nur dafür sorgen, dass in der Kamera ein voller (!) Akku und eine leere (!) Speicherkarte sind. Dann schalte die Kamera ein, schau auf das Display und drücke den Auslöser erst einmal halb. Danach wartest Du, bis die Kamera ein Signal gibt, dass sie alle Einstellungen für ein gutes Foto vorgenommen hat. Dann drückst Du den Auslöser ganz durch. Und schon ist das Bild fertig!« Andere werden einwenden, dass die Fotografie gar nicht so leicht sei. Wer gute Fotos machen will, der müsse sich bereits vor der Aufnahme gründlich Gedanken machen und seine Kamera beherrschen.

Ich selbst will der Frage nach der Leichtigkeit des Fotografierens auf den Grund gehen, indem ich zusammen mit Dir auf den folgenden Seiten Bilder betrachte.

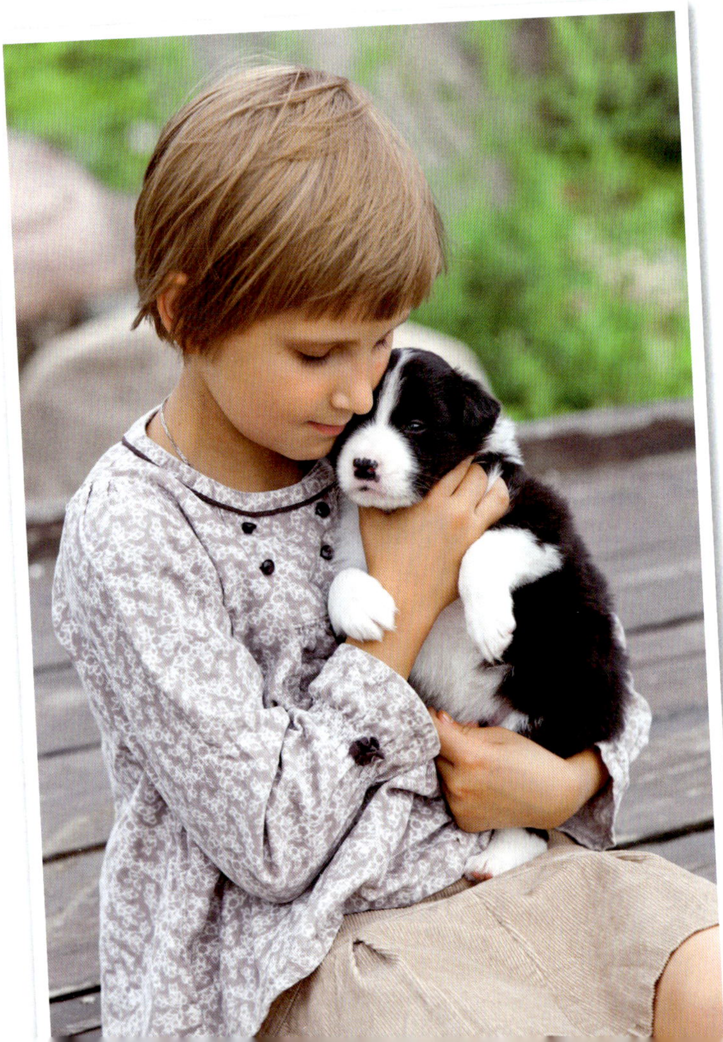

< Wer dieses Foto anschaut und das Mädchen kennt, der wird es bestimmt sofort wiedererkennen! Es ist ein wunderschönes Bild. Das Mädchen und sein Hund stehen im Zentrum, nichts lenkt von den beiden ab. Das Hündchen fühlt sich wohl, es kuschelt sich an das Mädchen, und auch das Gesicht des Mädchens zeigt, dass es glücklich ist. Vielleicht ist es auch gespannt, ob das Foto denn schön wird! Das Bild kannst Du jedem zeigen, dem Du dieses Mädchen vorstellen willst.

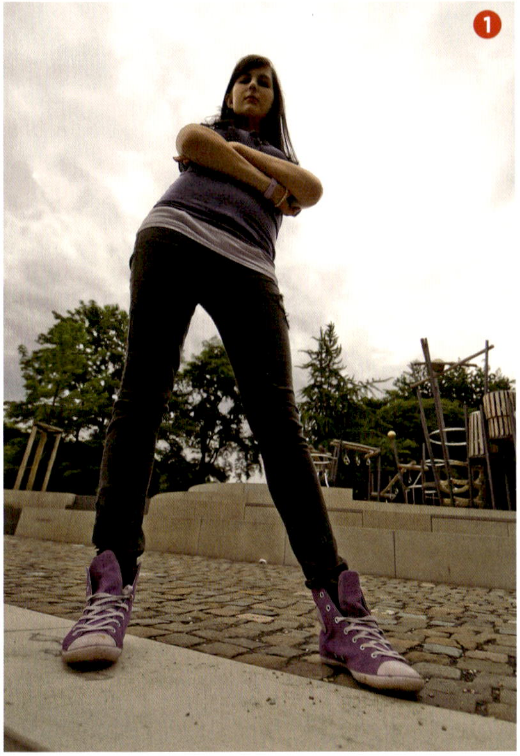

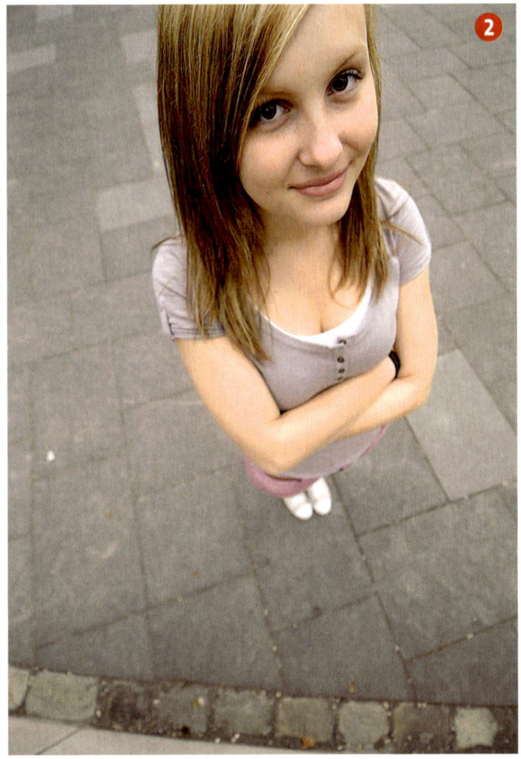

^ *Auf diesen Bildern sind Mädchen zu sehen, aber wie sehen die nur aus!? Das Mädchen in Bild* 2 *hat einen großen Kopf, der Oberkörper ist um einiges kleiner und die Füße sind so winzig, dass diese große Person darauf wohl nicht sicher stehen kann! So sieht kein Mensch aus. Auch bei dem Mädchen in Bild* 1 *sind die Proportionen des Körpers durcheinandergeraten, aber genau in die andere Richtung: kleiner Kopf, verzerrter Oberkörper und ellenlange Beine. Das Mädchen sollte Hochspringerin werden! Aber beide Mädchenkörper gibt es in der Wirklichkeit gar nicht, ihre Bilder entstanden durch einen besonderen Umgang mit der Kamera.*

Fotografieren …

… ist leicht, weil die Kamera schnell einsatzbereit ist. Aber sind die entstehenden Fotos auch gut? Welches der drei Fotos auf dieser Seite findest Du gelungen und welches nicht? Die Antwort: Alle drei Bilder sind auf ihre Art gelungen! Warum das so ist, lernst Du nach und nach in diesem Buch.

> Ein Hündchen zu fotografieren, das in einem Korb getragen wird, ist leicht. Vor allem, wenn es so still sitzt und gespannt in die große, weite Welt schaut!

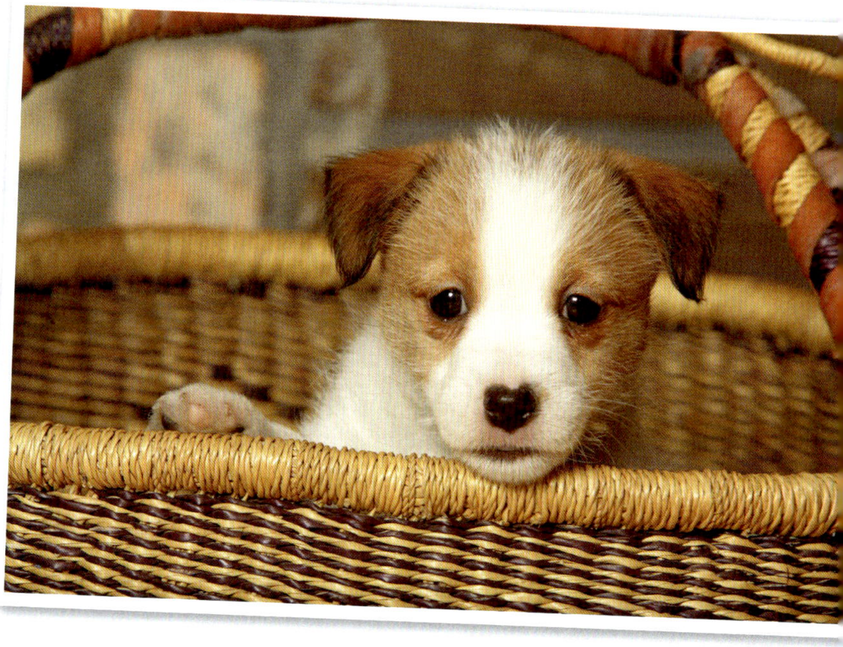

< v Schon schwieriger ist es, einen Hund zu fotografieren, der am Strand herumtollt. Hier musst Du schnell sein, Deine Kamera richtig eingestellt haben und auch noch im richtigen Moment auf den Auslöser drücken! Sonst hast Du haufenweise Bilder wie das hier unten, auf denen nur ein halber Hund zu sehen ist.

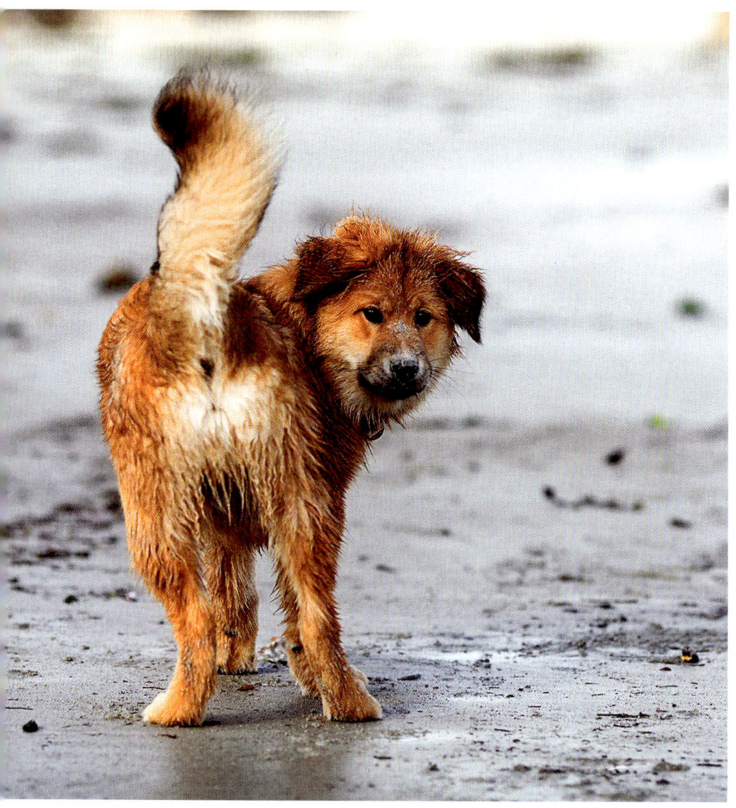

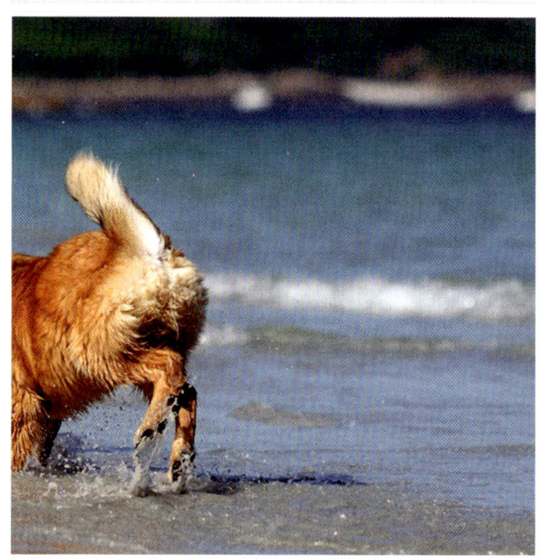

1

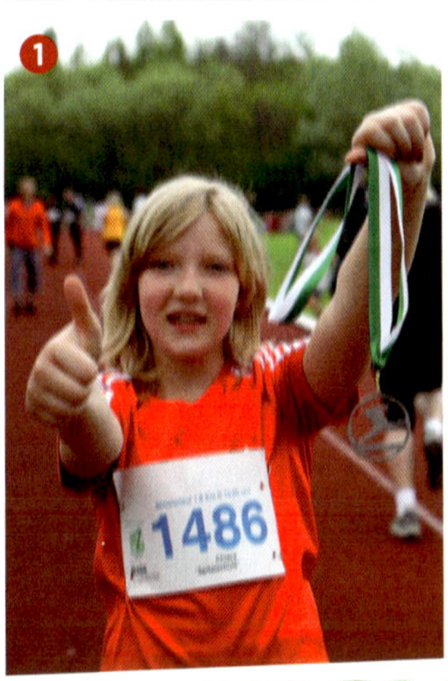

Es gibt immer wieder Bilder, auf die sich der Fotograf und auch der Fotografierte besonders freuen und die dann so wie Bild 1 statt wie Bild 2 aussehen. Solche Fotos wie Bild 1 nennt der Fotograf »unscharf«. Sie entstehen, wenn sich die Kamera während der Aufnahme (wenn auch nur ganz wenig) bewegt, zum Beispiel schon beim Drücken des Auslösers. Viele Kameras haben mittlerweile einen Mechanismus gegen Verwacklungen eingebaut, der aber nicht alle Verwacklungen beseitigen kann. Später werde ich Dir erklären, wie Du unscharfe Bilder ziemlich sicher vermeiden kannst.

2

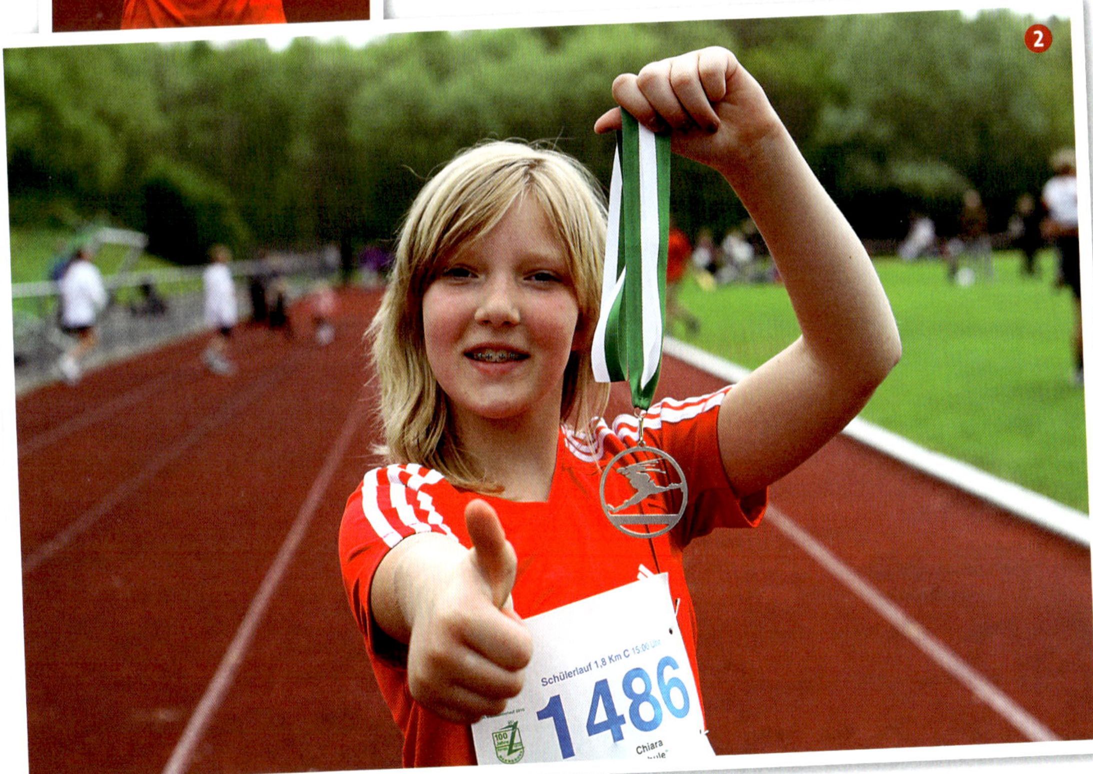

Fotografieren …

… ist nicht immer ganz leicht, weil Du während der Aufnahme die Kamera völlig ruhig halten musst. Dabei musst Du trotzdem so schnell auslösen, dass Du nicht Dein Motiv verpasst!

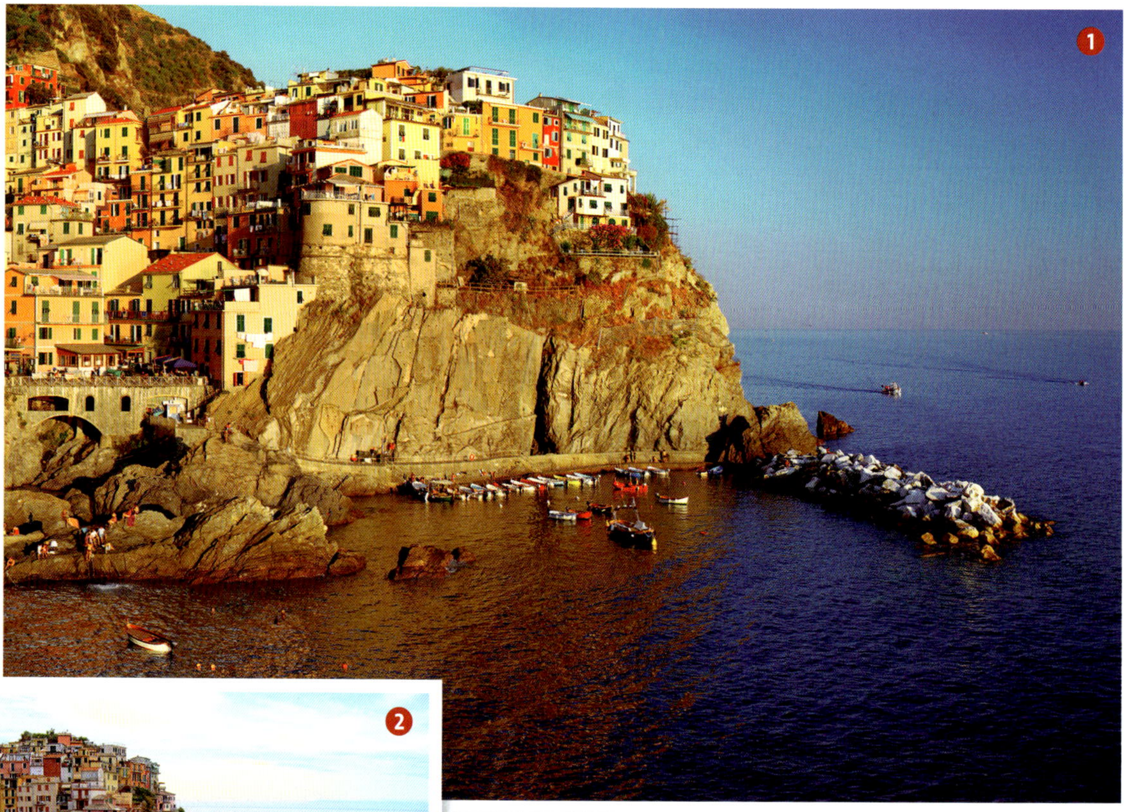

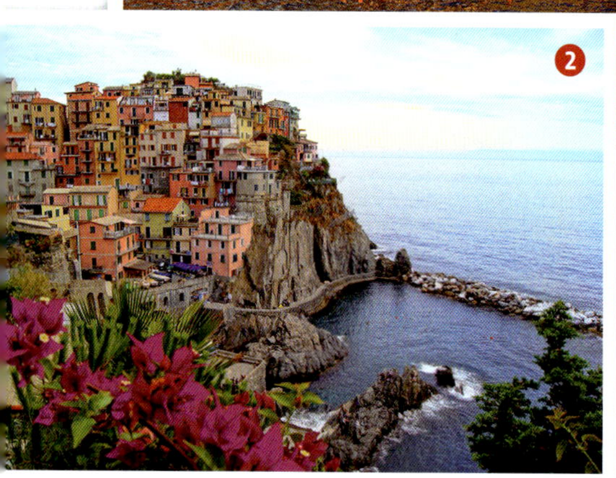

< ^ Eine so tolle Küstenlandschaft 1 musst Du einfach fotografieren! Und hier kannst Du es Dir auch leicht machen, denn die Kameraautomatik ist für ein solches Bild gut geeignet. Aber wie Du auf Foto 2 sehen kannst, macht es einen Riesenunterschied, zu welcher Tageszeit Du dein Bild machst. Das Bild 2 ist nicht schlecht, aber wenn Du deinen Freunden zu Hause zeigen willst, wie wunderschön es in den Ferien war, solltest Du auf das richtige Licht warten und erst dann Dein Bild machen.

Fotografieren ...

... kann Geduld erfordern, weil Du nicht nur überlegen musst, wie Du ein Bild am besten machst. Vielleicht musst Du auch noch warten, bis die Bedingungen stimmen.

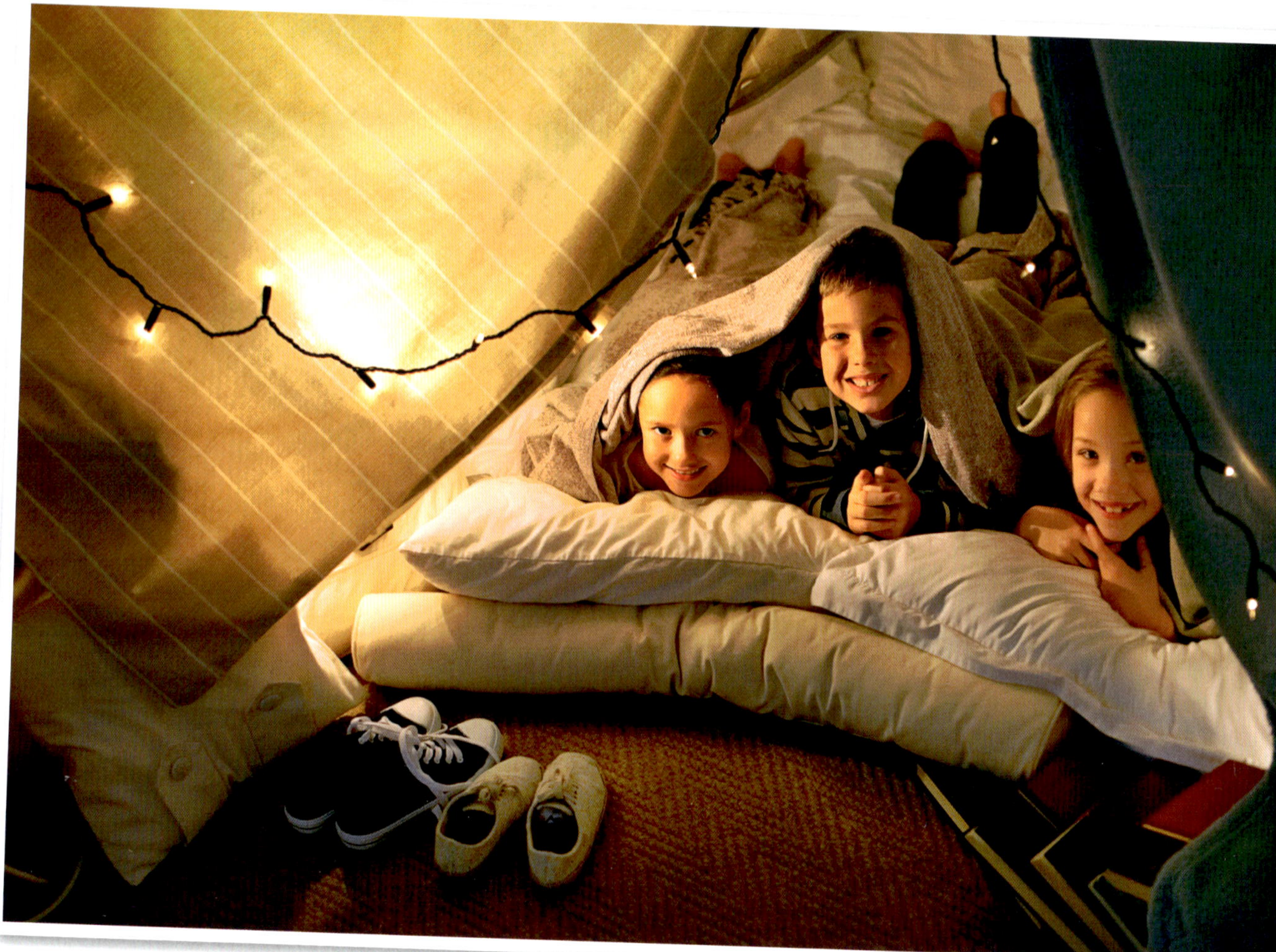

^ *Stell Dir vor, Du hast bei Deinen Freunden übernachtet, und Ihr habt eine tolle Bettenburg gebaut. Nun willst Du deinen anderen Freunden davon berichten. Stell Dir weiter vor, niemand hätte das im Foto festgehalten, und Du musst nun die ganze Situation in einer E-Mail beschreiben – was für eine Arbeit! Vielleicht werden Deine Freunde auch gar nicht den richtigen Eindruck von dem tollen Abend haben! Hat Dich aber jemand fotografiert, reicht schon ein einziges Foto völlig aus, um zu zeigen, wie viel Spaß alle hatten. Das kann die Fotografie!*

Fotografieren ...

... macht einen Riesenspaß, denn mit einem Foto kannst Du ganze Geschichten erzählen und Momente, die eigentlich schnell vergehen, für immer im Bild festhalten. Deshalb lohnt sich auch die Mühe, das Fotografieren zu lernen.

Falls Du denkst, dass dieses Bild hier gar nicht gelungen ist, dann irrst Du dich. Der Fotograf weiß sehr viel über die Fotografie, und er weiß, wie er seine Kamera bedienen muss. Er will den Bahnübergang zeigen, dieser muss also im Foto scharf sein. Das Bild soll aber verdeutlichen, dass der Zug vorbeifährt – und zwar schnell. Die Bewegung des Zuges kann man wohl in einem Film, nicht aber in einem Foto zeigen. Es gibt aber einen Trick: Weißt Du noch, als Du das letzte Mal einen schnell fahrenden Zug an einem Bahnübergang gesehen hast? Vom vorbeifahrenden Zug hast Du wenig oder gar nichts klar erkennen können, alles war irgendwie verwischt. Das nutzt der Fotograf aus. Er stellt die Kamera so ein, dass der Bahnübergang scharf, der Zug aber unscharf abgebildet wird. Und wenn Du ein solches Bild betrachtest, denkst Du sofort, dass sich der Zug während der Aufnahme bewegt haben muss. Solch komplizierte Zusammenhänge lassen sich im Foto zeigen.

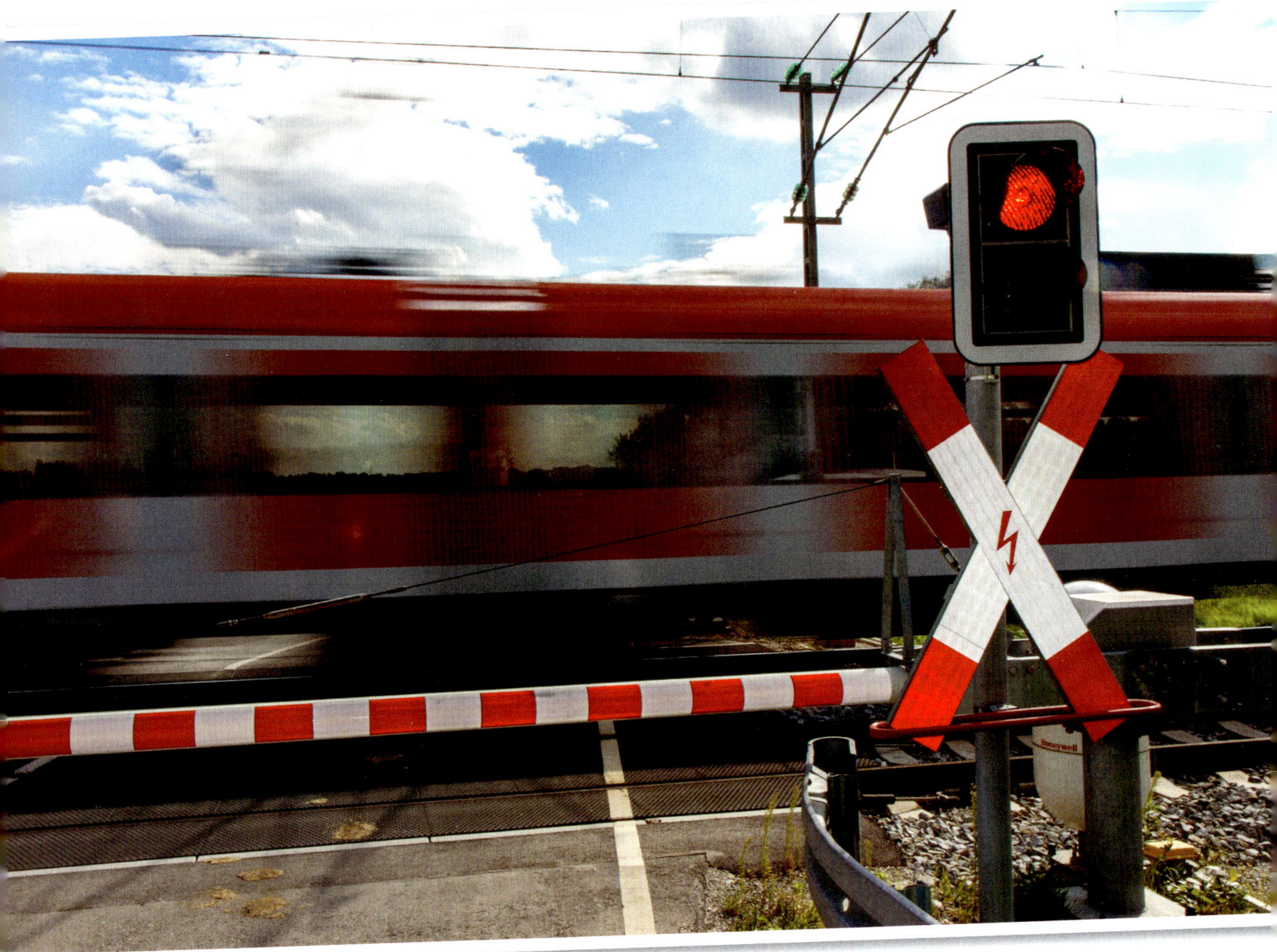

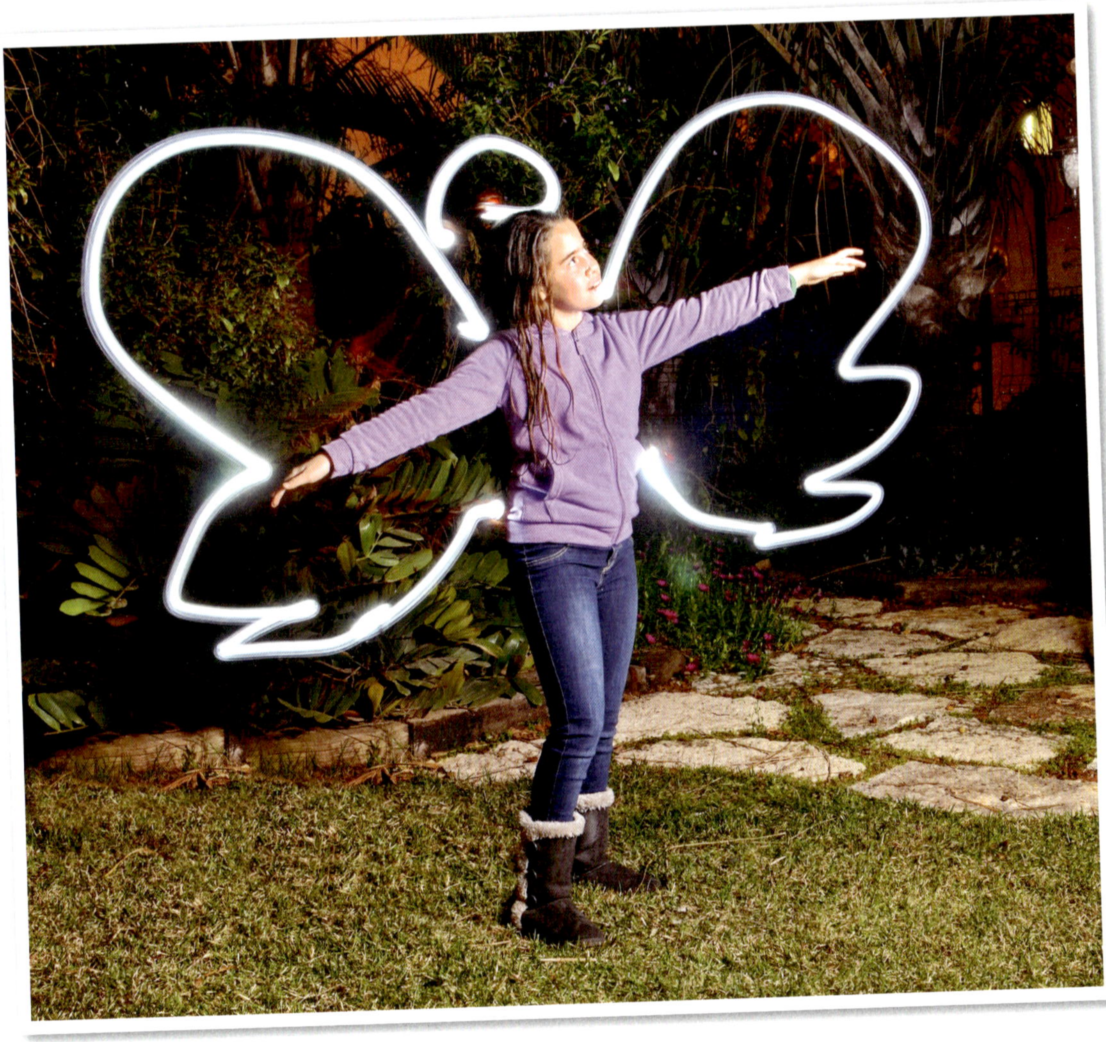

^ Du kannst sogar Dinge fotografieren, die es gar nicht gibt. Für ein Bild wie dieses hier muss es dunkel sein, Du brauchst ein Stativ, eine Taschenlampe, und Du musst Deine Kamera vollständig von Hand einstellen. Und außerdem solltest Du das Malen mit der Taschenlampe vorher ein bisschen üben. Ich rate Dir: Versuche nicht sofort, wenn Du mit dem Fotografieren anfängst, solche Bilder zu machen.

Fotografieren ...

... kann so schwer sein, dass nur die Fotografen gute Bilder machen, die viel oder alles über ihre Kamera wissen und sie richtig einstellen können. Aber das alles kannst Du auch lernen: aus Büchern und Zeitschriften, von einem Hobbyfotografen, in einem Fotoclub oder vielleicht sogar während Deiner Ausbildung als Fotograf. Vor allem aber dadurch, dass Du viel fotografierst und viele Dinge ausprobierst!

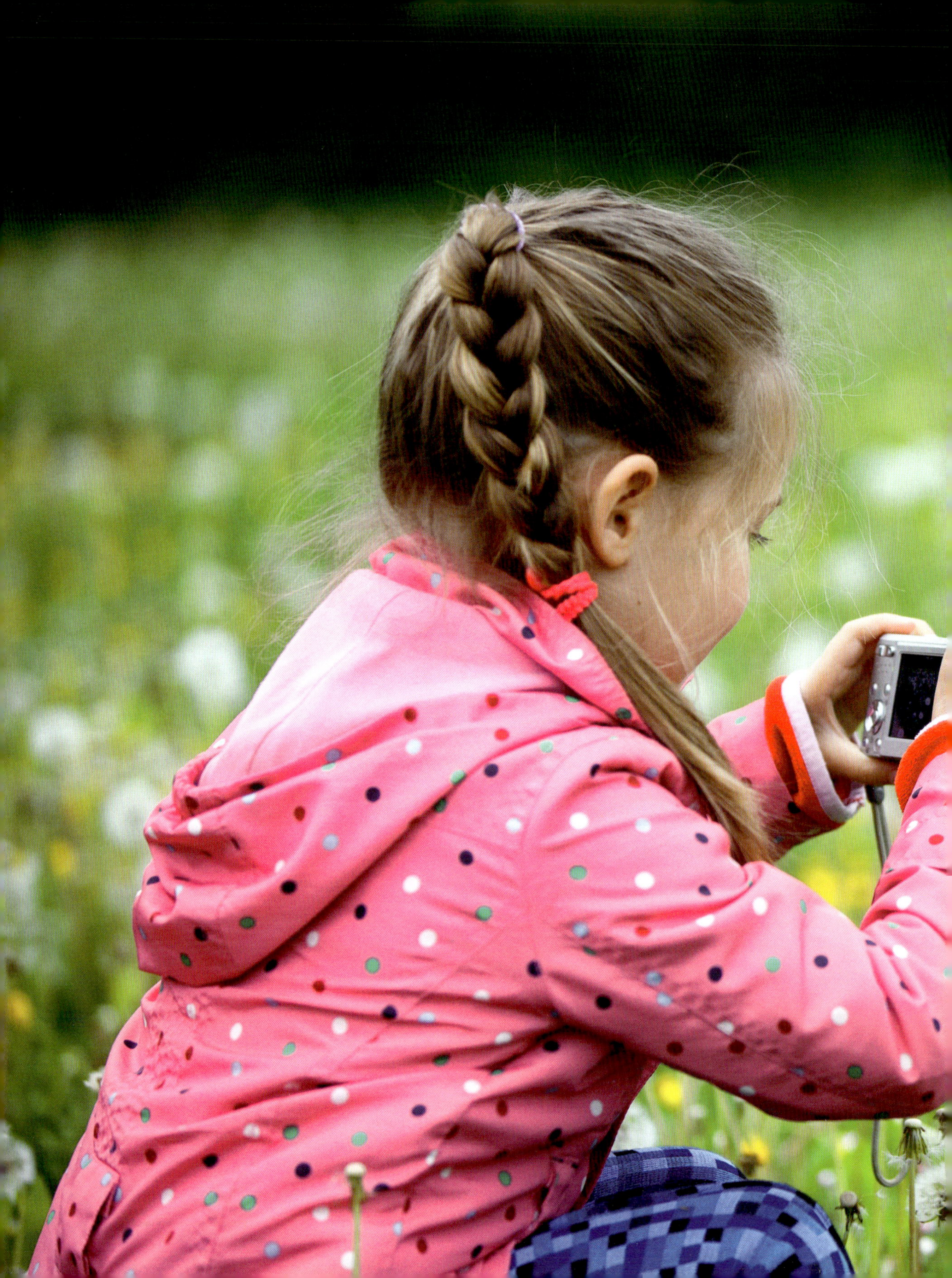

Teil 1: So funktioniert Deine Digitalkamera

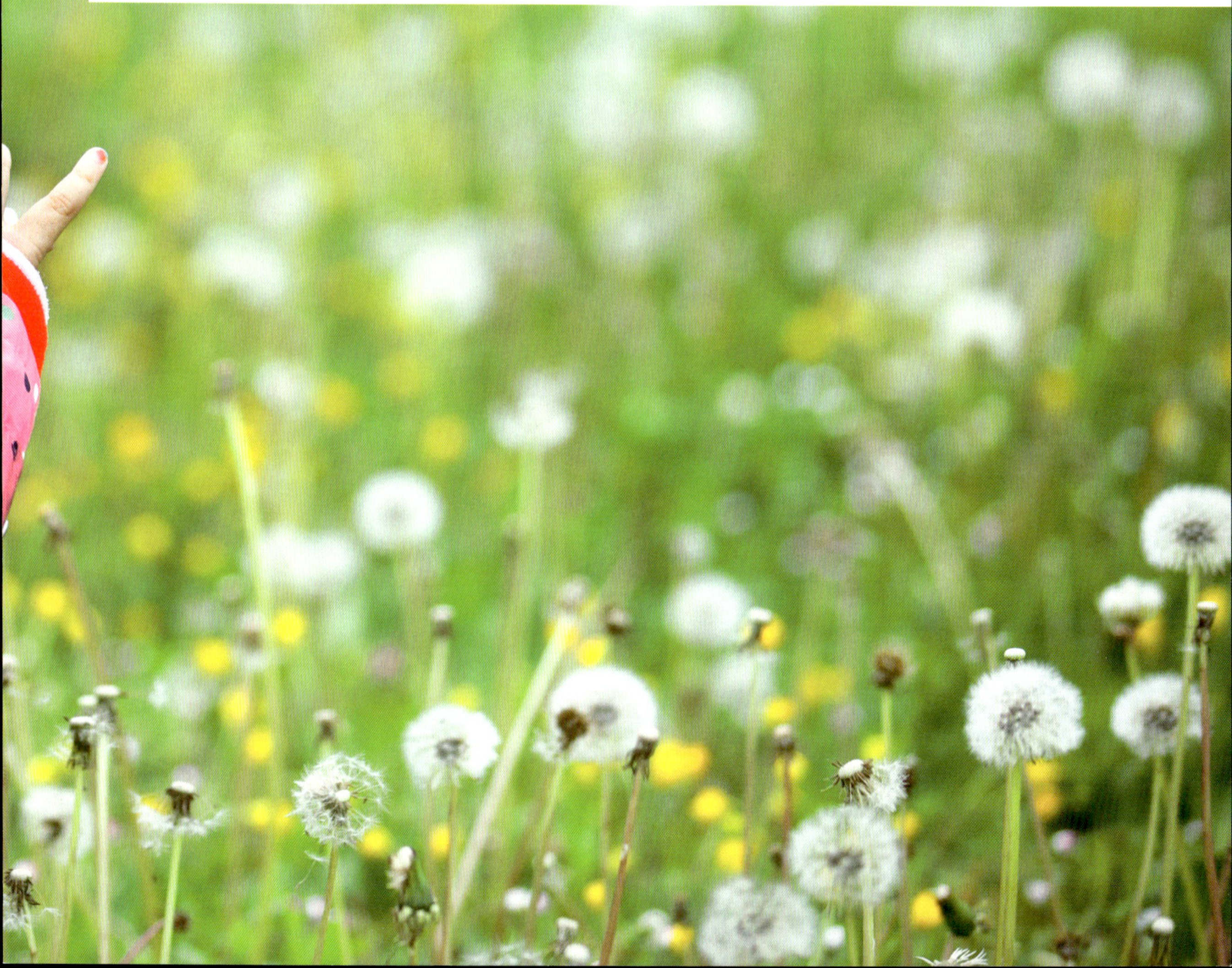

1.1 Los geht's!

Da liegt sie nun vor Dir, die neue Digitalkamera, und schaut Dich aus ihrem schmucken Metall- oder Kunststoffgehäuse an. Dir ist bekannt, dass eine Digitalkamera kein Fotoapparat im üblichen Sinne, sondern eigentlich ein besonderer Computer ist, und das macht Dir vielleicht ein bisschen Angst.

Computer – das sind geheimnisvolle Kisten, in denen Sachen vor sich gehen, die man eigentlich nicht verstehen kann. Computer können abstürzen, und dann ist alles weg, was man mühevoll darauf gebracht hat. Du solltest aber anders denken! Denn dieser spezielle Computer in Deiner Digitalkamera, das ist die Technik ...

- die für Dich Messungen und alle notwendigen Einstellungen zum Fotografieren vornimmt,
- die Dir durch ein Signal mitteilt, wann sie mit dem Messen und Einstellen fertig ist und Du deshalb auf den Auslöser drücken kannst,
- der Du mitteilen kannst, was Du fotografieren willst, und die sich dann entsprechend einstellt,
- durch die Du schon wenige Sekunden nach der Aufnahme auf dem Monitor das fertige Bild betrachten kannst.

Eine digitale Kompaktkamera ist wie ein kleiner Computer.

Überlege mal, wie wichtig der letzte Punkt gerade in den Ferien oder bei einmaligen Ereignissen ist! Du kannst schon direkt nach der Aufnahme entscheiden, ob ein Foto gelungen ist oder wiederholt werden sollte. Misslungene Fotos kannst Du sofort löschen. Schluss mit dem stunden-, tage- oder wochenlangen Warten auf die Bilder aus dem Labor! Du kannst die Bilder auf einem Monitor oder Fernseher Deinen Freunden vorführen, und das schon direkt nach der Aufnahme! Und mit einem Bildbearbeitungsprogramm las-

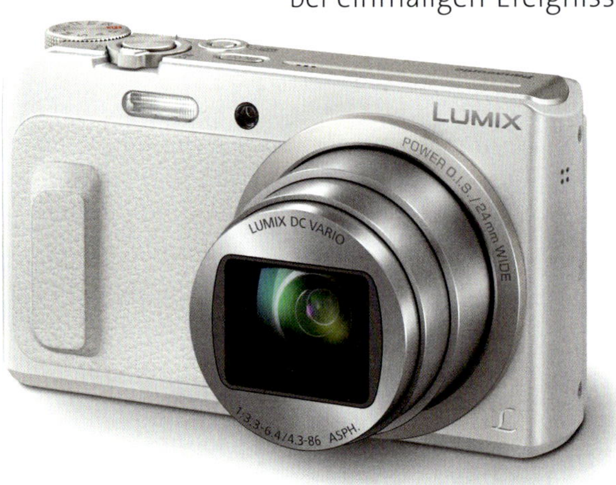

sen sich die Bilder verbessern, sogar zu kleinen Kunstwerken umgestalten!

Eine Kamera, in die Du erst einen Film einlegen musst, die kann das alles nicht oder nicht so gut. Also habe keine Angst vor Deinem »Kameracomputer«, sondern sei gespannt auf die Möglichkeiten, die er Dir eröffnet – Du wirst staunen!

Fotografieren ist aber nicht nur Technik, sondern auch und ganz besonders Freude an schönen Bildern. Augenblicke, die in Wirklichkeit ganz schnell vorüber sind, kann ein Foto für immer festhalten. Deshalb muss ein Fotograf auch lernen, schöne Bilder zu sehen und Augenblicke zu erkennen, die es sich als Foto festzuhalten lohnt. Das geschieht am besten durch das Betrachten von Fotos. Dazu gibt es in diesem Buch immer wieder Fotos zum Anschauen und Überlegen, was denn an diesen gut oder auch nicht so gut ist.

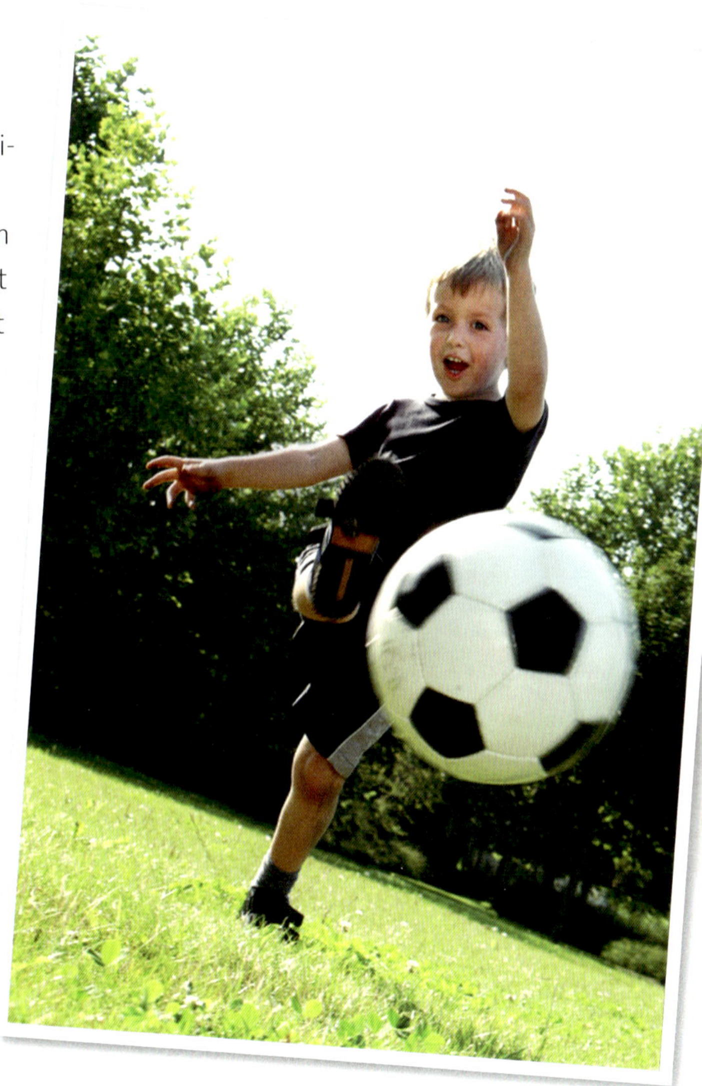

^ *Ein Foto kann Augenblicke, die in Wirklichkeit ganz schnell vorüber sind, für immer festhalten.*

Fotografieren lernen, das geht nicht, wenn man jede Seite in diesem Buch so wie eine Geschichte einmal durchliest. Du musst manchmal vielleicht auch etwas länger über den Inhalt nachdenken, den Text noch einmal durchlesen, die Zeichnungen durchdenken, die Fotos anschauen, das Gelesene an der Kamera ausprobieren und Deine neu gemachten Bilder anschauen. Dann wirst Du ganz schnell sehen, dass Du etwas Neues gelernt hast!

1.2 Diese Dinge brauchst Du

Die Digitalkamera nimmt das Foto auf. Sie ist Dein wichtigstes Werkzeug zum Fotografieren.

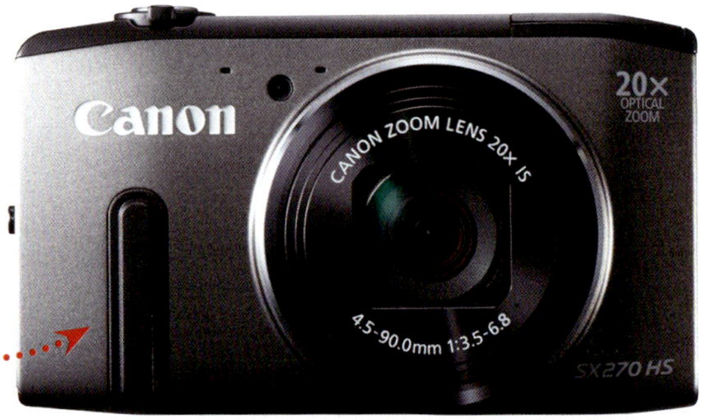

Das Bildverwaltungsprogramm passt auf Deine Bilder auf, so dass Du jedes Foto auch nach langer Zeit auf der Festplatte Deines Computers wiederfindest.

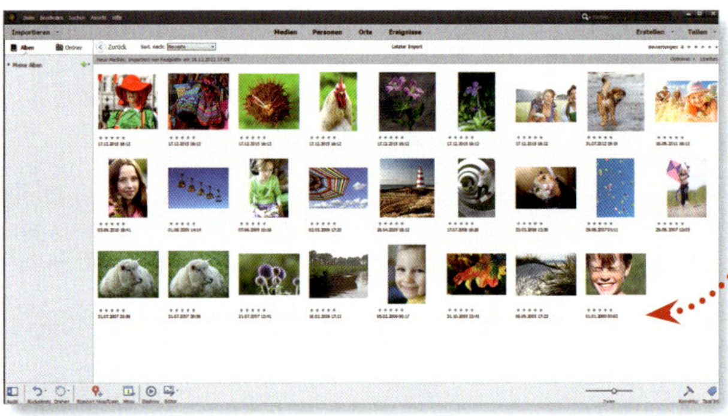

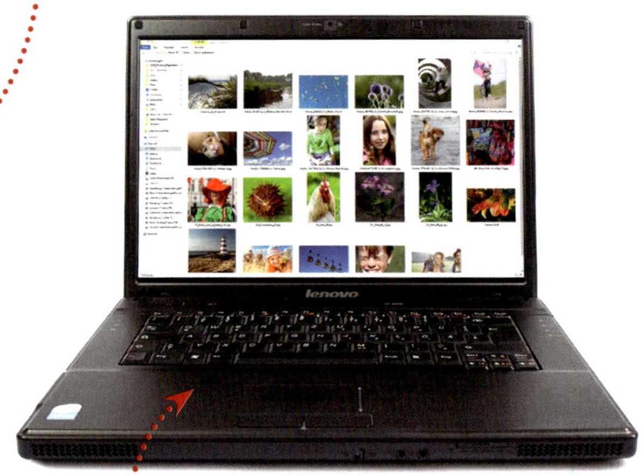

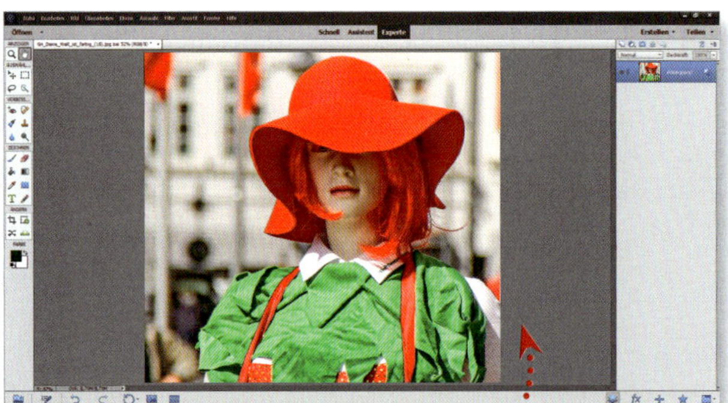

Mit dem Bildbearbeitungsprogramm kannst Du aus einem guten ein sehr gutes Foto machen. Es kann auch Bilder so verändern, dass aus einem ganz normalen Foto ein sehr lustiges wird.

Der Computer verfügt über eine Festplatte, auf der verschiedene Ordner eingerichtet sind. Einer trägt die Bezeichnung »Bilder«. Darin werden alle Deine Fotos gespeichert, auch wenn Du sie bearbeitet hast. Aus diesem Ordner verschwinden die Bilder nur durch einen Computerschaden oder wenn Du sie löschst.

1.3 Lerne Deine Kamera kennen

Zoomschalter zum Einstellen des Bildausschnitts

Blitzlicht

Hilfslicht für die Kamera zum Scharfstellen

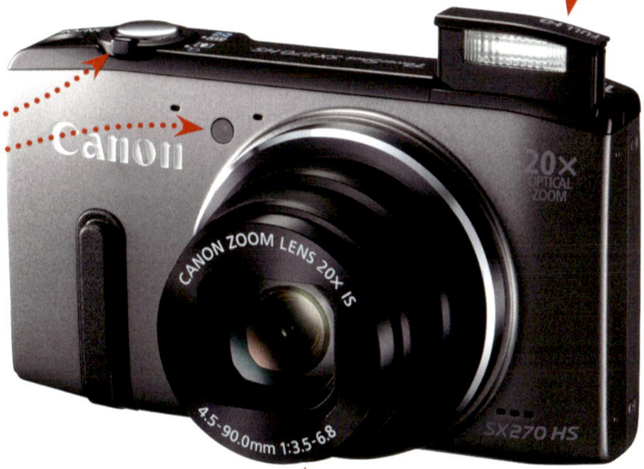

Auslöser, hiermit wird das Foto aufgenommen

Objektiv

Schalter zum Bilder anzeigen

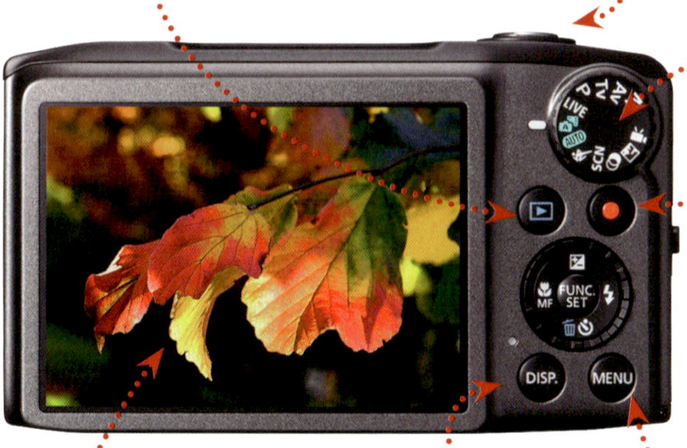

Einstellrad für die Fotografierprogramme

Knopf für das Aufnehmen von Filmen

Monitor, auch Display genannt

Schalter zum Ein- und Ausschalten des Monitors

Schalter zum Aufrufen des Kameramenüs

Und jetzt Du!

Informiere Dich im Handbuch Deiner Kamera, wie die einzelnen Schalter und Knöpfe an Deiner Kamera heißen, und präge Dir die Begriffe ein.

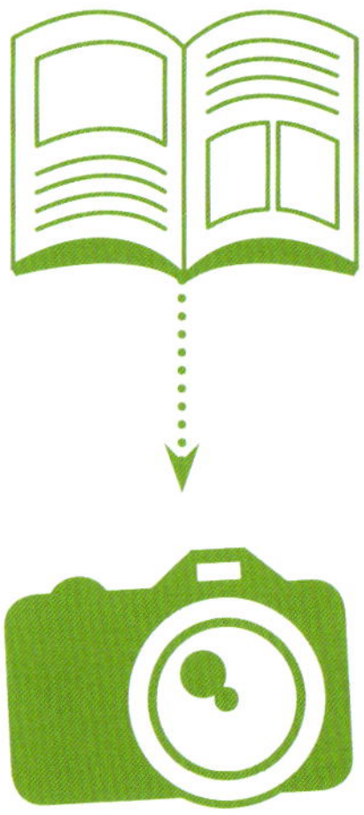

Du wirst zwar jetzt wahrscheinlich nicht lange lesen und studieren, sondern bald die ersten Aufnahmen machen wollen. Es lohnt sich aber, Dich anhand der Bedienungsanleitung Deiner Kamera erst einmal mit ihr vertraut zu machen, damit später beim Fotografieren alles reibungslos klappt.

- Überprüfe zunächst mit dem Handbuch, ob alle im Lieferumfang angegebenen Objekte vorhanden sind.
- Lies im Handbuch, wie Du mit dem Akkuladegerät umgehen musst.
- Lade den Akku.

Das Aufladen des Akkus dauert einige Zeit. Kläre in dieser Zeit mit dem Handbuch die folgenden Fragen:

- Wo und wie wird der Akku eingesetzt und wieder herausgenommen?
- Wo und wie wird die Speicherkarte in die Kamera eingesetzt und wieder herausgenommen?
- Wo und wie wird die Kamera ein- und ausgeschaltet?
- Wo und wie wird der Zoom eingestellt?
- Wo befindet sich der Auslöser?
- Wie werden die Aufnahmen auf dem Monitor angezeigt?
- Wie werden misslungene Aufnahmen gelöscht?
- Wo und wie wird die Automatikfunktion eingestellt?

Wenn Du das alles geklärt hast, kannst Du deine Kamera vorbereiten:

- Setze den vollen Akku in die Kamera ein.
- Stelle in der Digitalkamera Datum und Uhrzeit ein.
- Stelle als Sprache der Kamera **Deutsch** ein.
- Formatiere nach der Anleitung im Handbuch die Speicherkarte. Dadurch werden Digitalkamera und Speicherkarte aufeinander abgestimmt. Aber Achtung! Beim Formatieren werden alle vorhandenen Bilder auf der Speicherkarte gelöscht!

- Stelle die Automatikfunktion ein. Die Automatikfunktion hat den Vorteil, dass die Kamera alle notwendigen Einstellungen für ein gelungenes Foto automatisch wählt. Den Automatikmodus erkennst Du an dem Wort AUTO oder an einem auffälligen Symbol AUTO.

Du und Deine Digitalkamera seid nun bereit, Fotos zu machen!

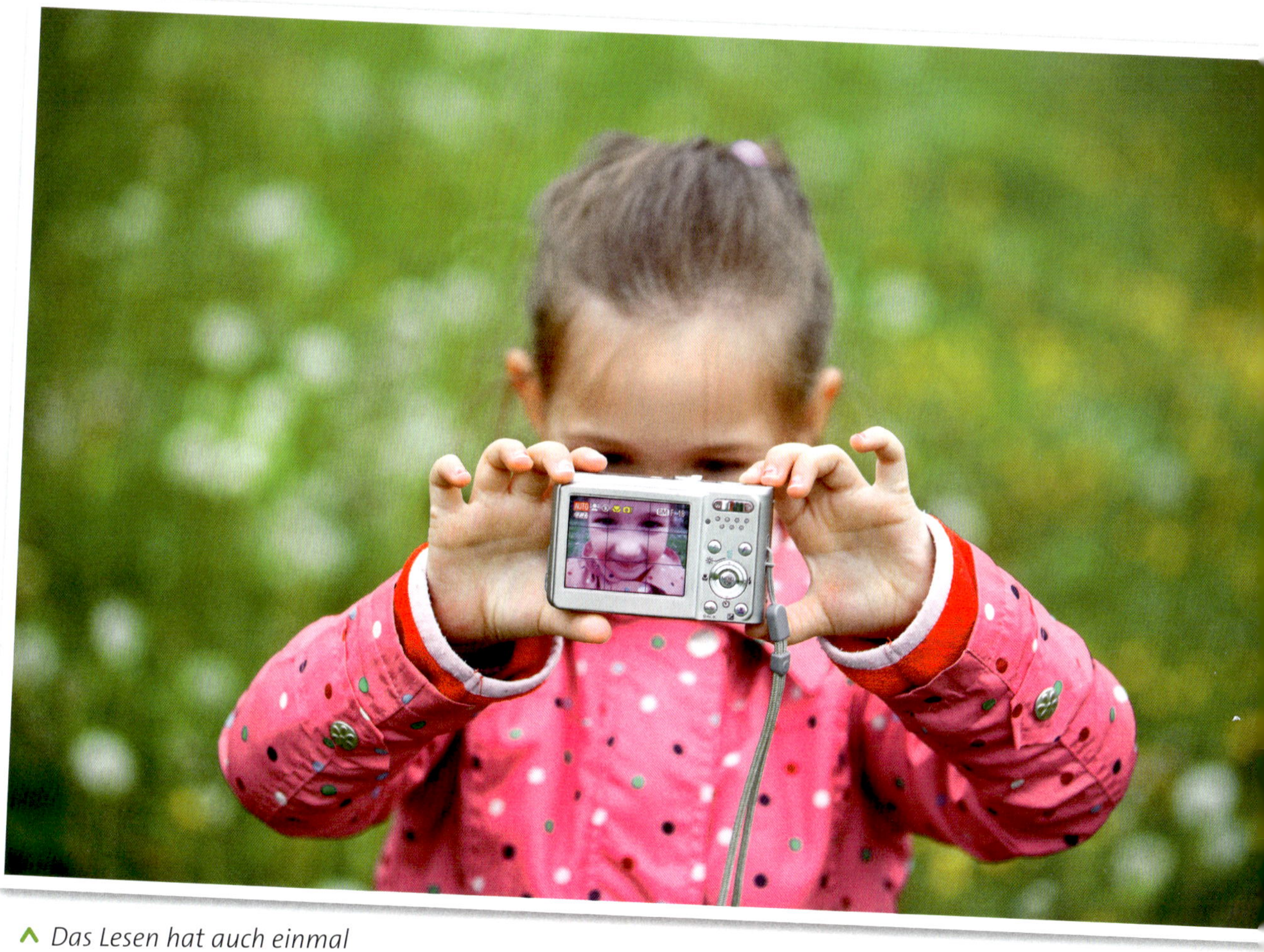

^ *Das Lesen hat auch einmal ein Ende, und dann kann es mit dem Fotografieren losgehen!*

1.4 Halte Deine Kamera richtig

Mit einer Digitalkamera kannst Du in jeder beliebigen Lage fotografieren. Die Frage ist nur: Was entstehen da für Bilder? Schauen wir uns dazu ein Beispiel an. In der Hafenstadt Husum steht dort, wo sich früher die Schiffswerft der Stadt befand, die »Hildegard«. Hildegard ist ein altes Schiff und ein beliebtes Fotoobjekt für Urlauber. Hier siehst Du drei Fotos, die allesamt Hildegard vor dem Husumer Rathaus zeigen. Ich denke aber, dass wir uns einig sind: Nur Bild ❸ kann man gelungen nennen. Bei den beiden anderen Aufnahmen ist im wahrsten Sinne des Wortes etwas schiefgelaufen, denn Hildegard steht nicht immer ganz gerade im Bild!

»Hildegard« am Husumer Rathaus

❶

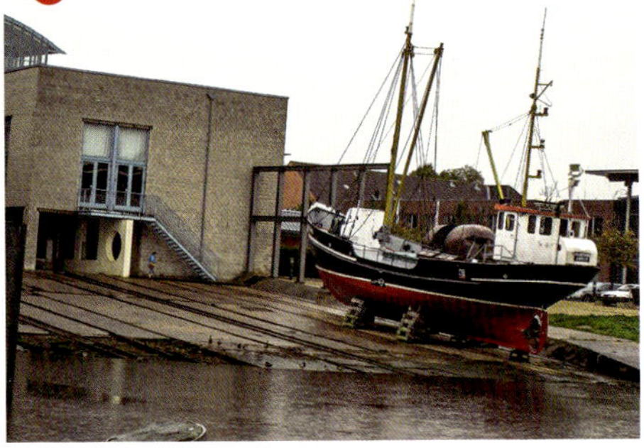

❷

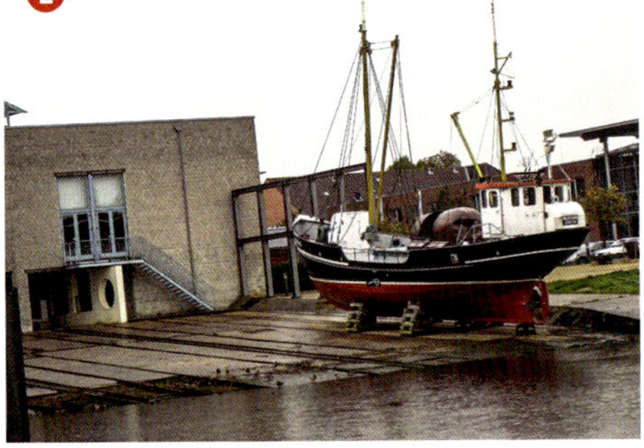

❸

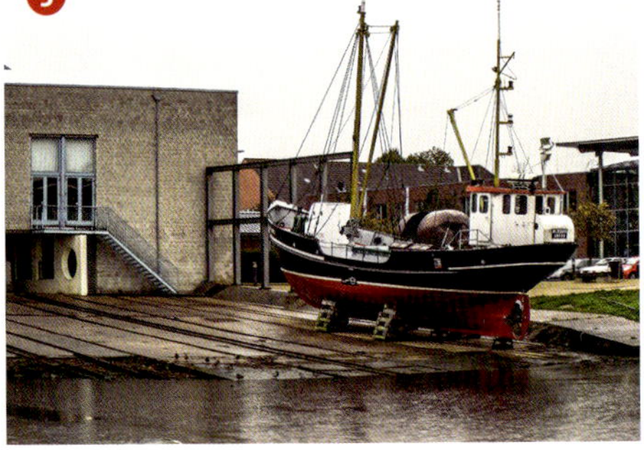

Und jetzt Du!

Kannst Du herausfinden, wie der Fotograf die Kamera bei den drei Bildern von Hildegard gehalten hat? Kreise jeweils die richtige Antwort ein! Die Kamera war in Bild ...

❶ ... gerade / nach links / nach rechts gekippt.
❷ ... gerade / nach links / nach rechts gekippt.
❸ ... gerade / nach links / nach rechts gekippt.

Finde die Lösung mit Deiner Kamera und einem ähnlichen Motiv heraus.

Die Kamera musst Du aber nicht nur gerade halten. Es ist auch noch wichtig, dass Du die Kamera beim Fotografieren möglichst ruhig hältst, um Deine Bilder nicht zu verwackeln. Schau Dir dazu einmal die Bilder auf der rechten Seite an und überlege, wie Du deine eigene Kamera hältst.

> Wenn Du deine Kamera so frei vor das Auge hältst, ärgerst Du dich sicher immer wieder einmal über verwackelte Bilder.

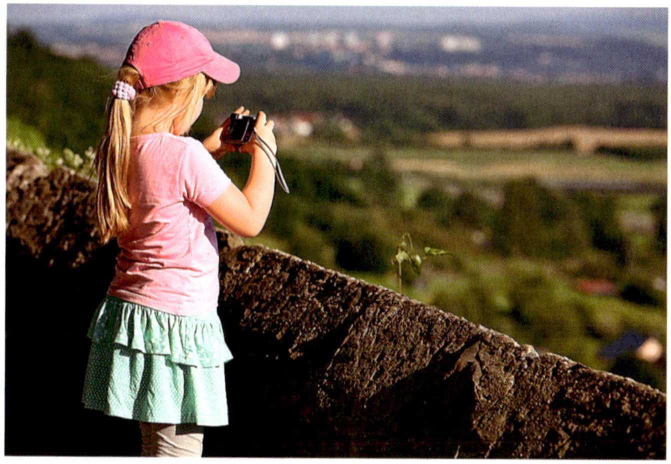

˅ Praktikabel: Stütze die Arme auf einem festen Objekt ab!

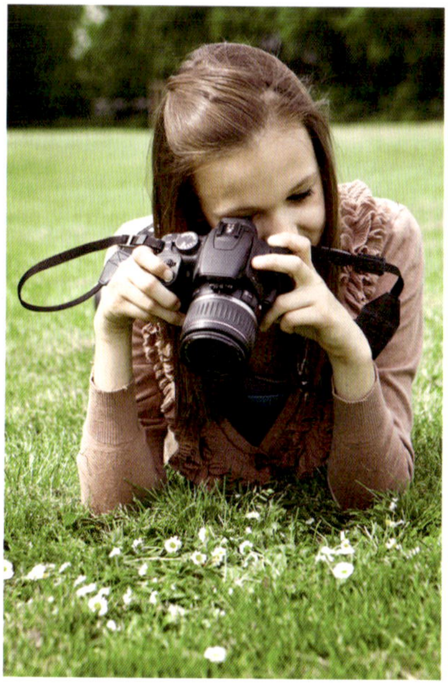

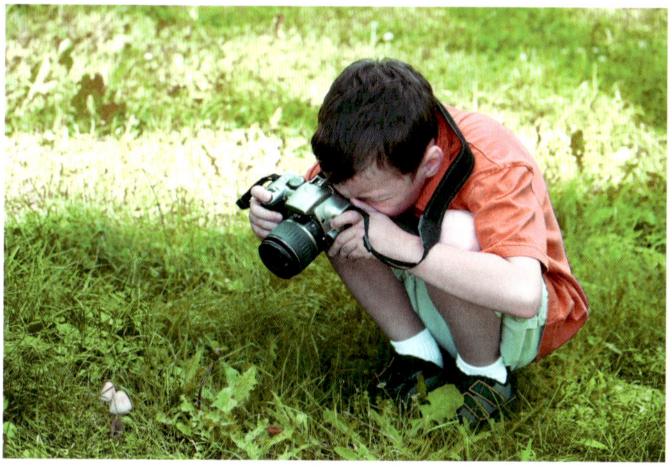

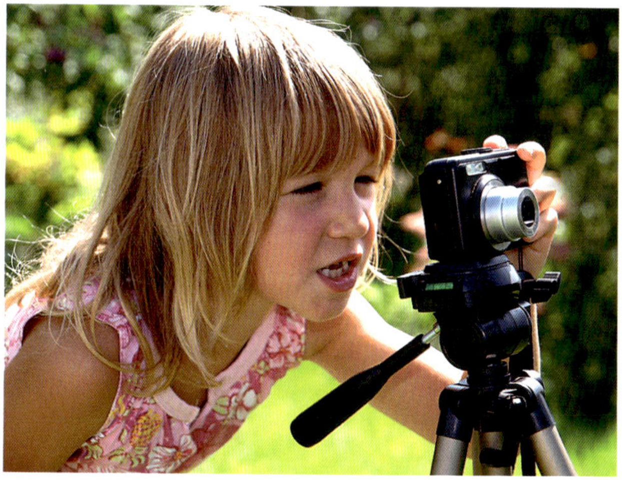

˄ Notbehelf: Wenn Du beide Arme an den eigenen Körper anlegst, wackelt die Kamera schon etwas weniger.

< Der sicherste Stand für die Kamera ist das Stativ. Das ist zwar etwas sperrig, aber dafür verwackeln Deine Fotos nicht mehr!

1.5 Fotografieren mit dem Sucher oder dem Monitor

Den Bildausschnitt bestimmst Du mit dem Zoom. Mehr dazu findest Du später in diesem Kapitel in Abschnitt 1.13, »Mit dem Zoom bestimmst Du den Bildausschnitt«, auf der Seite 51. Um herauszufinden, ob wirk lich all das auf dem Bild erscheint, was Dir wichtig ist, kontrollierst Du den Bildausschnitt mit einem optischen oder elektronischen Sucher oder dem Kameramonitor. Ein optischer Sucher zeigt meistens nicht den ganzen Bildausschnitt. Anders der elektronische Sucher und der Kameramonitor: Beide zeigen Dir genau, was später auf dem Foto zu sehen sein wird.

Wenn Du fotografierende Menschen beobachtest, wirst Du feststellen, dass sehr viele von ihnen mit dem Kameramonitor arbeiten (was ja auch sehr bequem ist). Bedenke aber, dass der Kameramonitor sehr viel Strom verbraucht, so dass der Akku der Kamera schneller leer wird, als wenn Du mit dem Sucher fotografierst. Auch Sonnenlicht beeinflusst den Monitor negativ. Im Handel gibt es für viele Digitalkameras einen Sonnenschutz für den Kameramonitor.

Und jetzt Du!

Informiere Dich im Handbuch Deiner Kamera, ob sie einen optischen oder einen elektronischen Sucher hat. Falls sie beides hat, finde heraus, womit Dir das Fotografieren leichter fällt.

Solltest Du dich für das Fotografieren mit dem Monitor entscheiden, so besorge Dir einen zweiten Akku, den Du immer voll aufgeladen dabeihast, wenn Du auf Fotopirsch gehst. Das gilt übrigens auch für Deinen ersten Akku!

Wenn Du nun eine Aufnahme gemacht hast, kannst Du nur wenige Augenblicke später das fertige Bild auf dem Monitor sehen und Dich

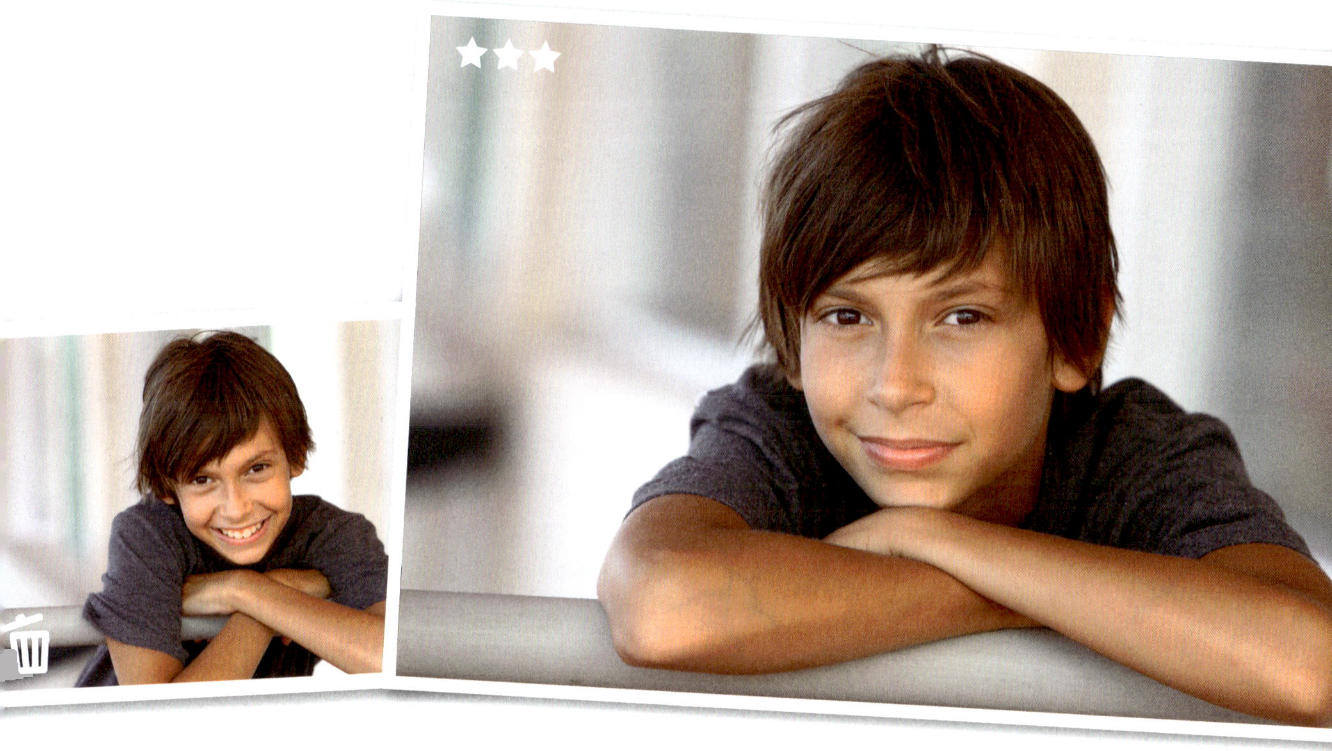

Das Beurteilen und gegebenenfalls auch das Löschen von misslungenen Bildern gehört zum Fotografieren dazu.

freuen. Sollte es Dir misslungen sein, machst Du das Bild einfach schnell noch einmal. Das geht so: An der Kamera gibt es ein Symbol für *Bilder anzeigen*, das meist so aussieht: ▶. Ist diese Wiedergabefunktion eingestellt, werden Dir alle Bilder von der Speicherkarte Deiner Kamera auf dem Monitor angezeigt. Du musst dann nur darauf achten, dass Dir beim Betrachten der Bilder nicht die Sonne oder eine andere Lichtquelle auf den Monitor scheint.

Um das nächste Bild von der Speicherkarte anzuschauen, musst Du einen Wippschalter oder Joystick an der Kamera bedienen. Mit diesem schaltest Du die Anzeige ein Bild weiter. So kannst Du gleich nach der Aufnahme das Bild anschauen, beurteilen und – wenn es notwendig sein sollte – auch löschen. Auch dazu gibt es an Deiner Digitalkamera einen Schalter, auf dem meist ein Papierkorbsymbol abgebildet ist: 🗑.

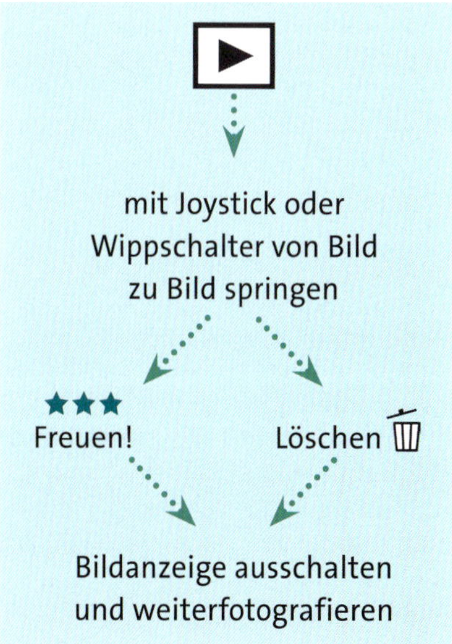

1.6 Die Teile Deiner Digitalkamera

Wie Deine Kamera von außen aussieht und welche Knöpfe für Dich interessant sind, weißt Du nun schon. Aber auch im Inneren Deiner Digitalkamera gibt es einige interessante Teile, bei denen es wichtig ist, dass Du sie kennst. Einige der Teile wirst Du in diesem Kapitel auch noch genauer kennenlernen.

In der Querschnittzeichnung auf der rechten Seite siehst Du, aus welchen Teilen eine Kamera aufgebaut ist. Wenn Du dir die Zeichnung ganz genau anschaust, fällt Dir bestimmt auf, dass einige kleine Teile fehlen. Der Bildsensor zum Beispiel schwebt ja nicht einfach in der Luft. Der muss an einer bestimmten Stelle feststehen, also müssen dort Halterungen sein. Wenn das Verschlussrollo zusammen- und wieder auseinandergerollt werden soll, dann muss da auch ein Stab oder eine Stange vorhanden sein, auf die der Verschluss aufgerollt werden kann. Und zum Aufrollen des Verschlusses braucht man einen Motor, und der benötigt wiederum elektrischen Strom. Die Digitalkamera kann man zwar an eine Steckdose anschließen, aber beim Fotografieren in der Natur gibt es keine – also gehört in eine Digitalkamera ein Akku. Vom Bildsensor sollen das umgewandelte Licht und die umgewandelten Farben zur Speicherkarte geschickt werden, dazu muss zwischen beiden Teilen eine Verbindung – ein Kabel – vorhanden sein. Das Bild soll aber auch vom Bildsensor zum Monitor, also ist auch hier eine Verbindung notwendig. Auch vom Auslöser muss ein Kabel zum Motor des Verschlussrollos gehen, damit es im richtigen Augenblick zusammen- und auch im richtigen Augenblick wieder auseinandergerollt wird.

So könnte ich noch viele Seiten über die Teile einer Digitalkamera vollschreiben. Um fotografieren zu lernen, reicht es aber erst einmal aus, dass Du die wichtigsten Elemente der Digitalkamera kennst, wie sie auf diesen Seiten beschrieben sind. Wenn Du es später einmal ganz genau wissen willst, schau einfach in der Bedienungsanleitung Deiner Kamera nach oder lies dazu spezielle Bücher.

Der Auslöser rollt das Verschlussrollo zusammen und wieder auseinander.

Der Bildsensor wandelt Licht und Farben so um, dass diese von der Speicherkarte aufgenommen und an ein Computerprogramm weitergegeben werden können. Das Computerprogramm macht es auf einem Monitor sichtbar.

Der Teil der Digitalkamera, in dem sich die Linse befindet, sieht wie ein Rohr aus, es heißt Objektiv. Alle anderen Teile bilden den Korpus, auch Gehäuse genannt.

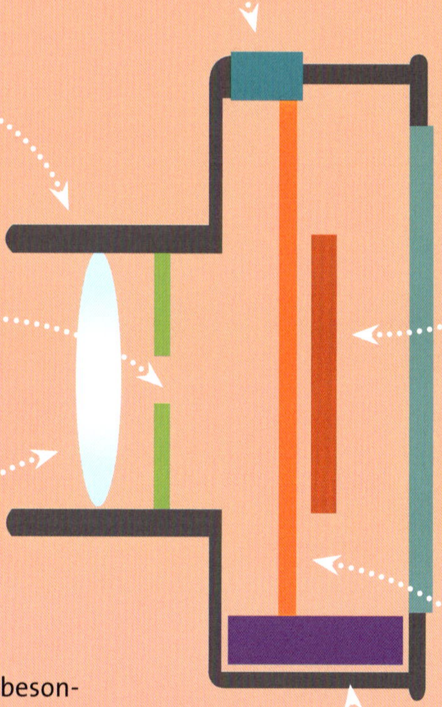

Die Blende ist eine für das Licht undurchlässige Wand. In ihr ist ein Loch, dessen Größe verändert werden kann.

Der Monitor zeigt das Bild vor und nach der Aufnahme an. Er ist eine hervorragende Kontrolleinrichtung.

Die Linse ist ein besonders geformtes Glas. Sie lenkt das Licht genau auf den Bildsensor.

Der Verschluss ist ein Rollo, das blitzschnell zusammen- und genauso schnell wieder auseinandergerollt werden kann. In der Zeit, in der es zusammengerollt ist, kann Licht auf den Bildsensor treffen.

Die Speicherkarte speichert das Bild in besonderer Form und gibt es an ein Computerprogramm weiter.

So sieht eine Digitalkamera im Querschnitt aus.

1.7 Das Objektiv sorgt für das Bild

Stell Dir vor, Du willst das Haus fotografieren, in dem Du wohnst. Es ist 12 Meter hoch und 20 Meter breit. Wie soll ein so großes Bild auf dem kleinen Bildsensor Platz haben!? Diese Aufgabe erledigt das Objektiv mit seiner Linse – sie verkleinert das Bild. Allerdings kann die Linse das Bild nur verkleinern, wenn sie es auf den Kopf stellt und auch noch rechts und links vertauscht! Die Kamerakonstrukteure mussten dann nur noch einen Weg finden, wie sie das kleine Bild der Linse wieder vom Kopf auf die Füße stellen und auch die Seiten wieder richtig anordnen. Wenn Du nun das Bild Deines Hauses auf dem Monitor der Kamera betrachtest, dann siehst Du, dass sowohl die Linse als auch die Konstrukteure gut gearbeitet haben.

Die Qualität eines Bildes wird besser, wenn im Objektiv nicht nur eine Linse, sondern mehrere angeordnet sind. Warum Linsen so arbeiten, das kannst Du im Physikunterricht in der Optik beim Thema »Lichtbrechung« lernen.

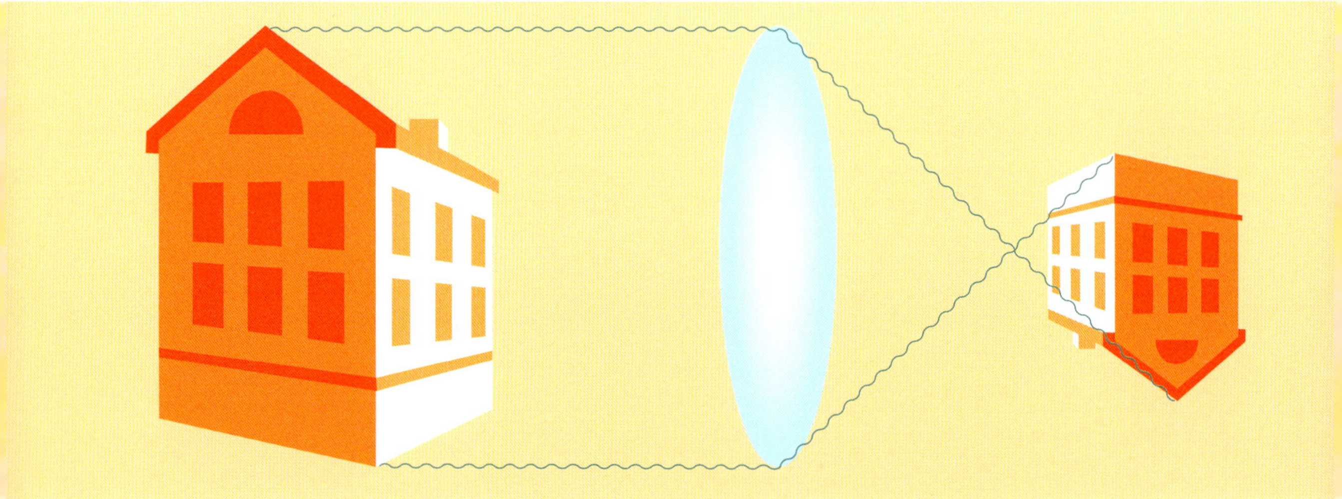

^ *Die Lichtstrahlen, die von dem Haus kommen, werden von der Linse im Objektiv so gesteuert, dass das Bild in der Kamera verkleinert ist, auf dem Kopf steht und die Seiten vertauscht sind.*

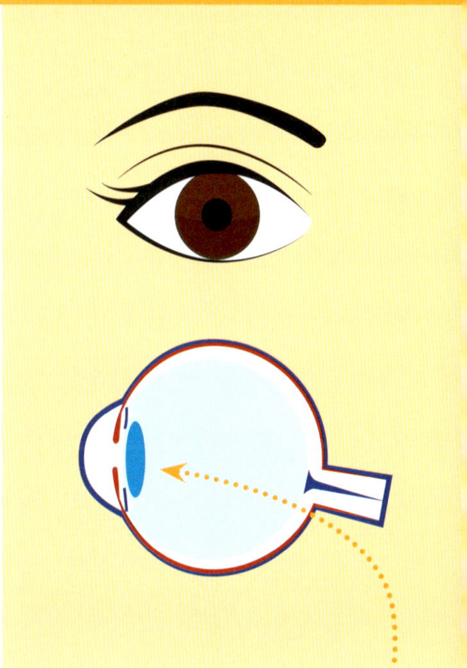

Damit die Linse ein klares und scharfes Bild erzeugen kann, ist sie aus hochwertigem Glas gefertigt. Bei ihrer Herstellung hat daher allergrößte Sauberkeit geherrscht, denn jeder Kratzer im Glas – auch Schmutzteilchen auf der Oberfläche – verderben das Bild. Selbst wenn Du deine Digitalkamera sehr pfleglich behandelst und sie nicht dem Wasser, Staub und Schmutz aussetzt, sie nicht fallen lässt und starke Erschütterungen vermeidest: Das Objektiv musst Du ganz besonders pfleglich behandeln.

Wenn Du die folgenden Regeln beachtest, wirst Du immer gute Bilder machen können, ohne Staub und Kratzer.

- **Regel 1:** Nur wenn Du ein Bild aufnehmen willst, entfernst Du den Objektivschutz beziehungsweise schaltest die Kamera ein. Ansonsten bleibt der Objektivschutz immer auf dem Objektiv beziehungsweise die Kamera ausgeschaltet.
- **Regel 2:** Auch bei sorgfältigster Pflege setzt sich auf der Linse Staub ab. Den entfernst Du am besten mit einem speziellen Staubpinsel. Es gibt ihn in Fotogeschäften, er sieht wie ein Füller oder Kugelschreiber aus.
- **Regel 3:** Verwende für das Reinigen des Objektivs ein spezielles Tuch aus dem Fotoladen oder vom Optiker. Benutze dieses Tuch nur zum Reinigen der Linse Deiner Kamera.
- **Regel 4:** Sobald Du keine Bilder mehr machen willst, schalte die Kamera aus und bewahre sie in der Fototasche auf. Trage sie nie lange offen in der Hand oder am Hals.

^ Du hast in jedem Deiner beiden Augen eine Linse, die das Bild verkleinert, auf den Kopf stellt und die Seiten vertauscht. Dein Gehirn sorgt dann dafür, dass Du alles so siehst, wie es in Wirklichkeit ist.

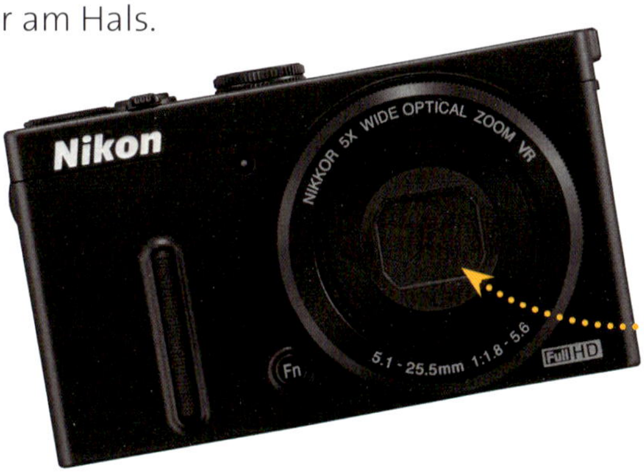

< Ist die Kamera ausgeschaltet, ist das Objektiv und damit auch die empfindliche Linse geschützt.

1.8 Der Autofokus schärft das Bild

In der Fotografie gibt es einige Begriffe, die Du kennen solltest, damit Deine Bilder gelingen. Einer dieser wichtigen Begriffe lautet *scharf* beziehungsweise *unscharf*.

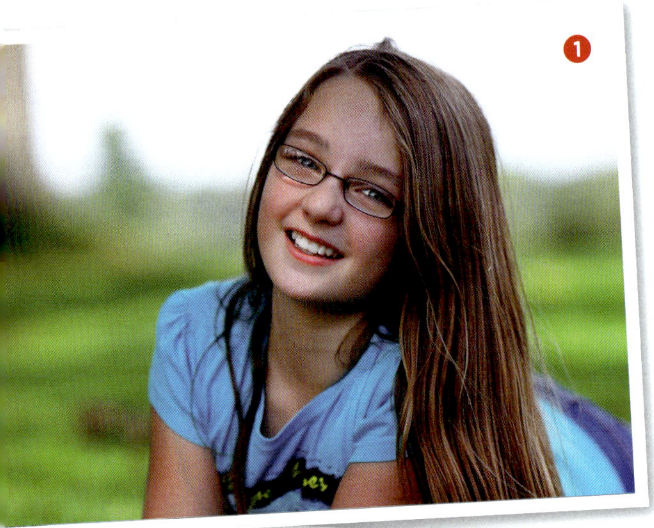

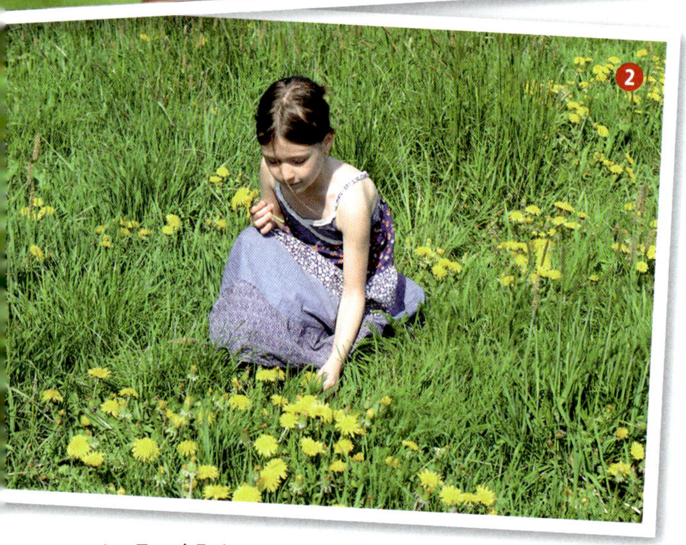

^ *Zwei Fotos von einem Mädchen auf einer Wiese, aber beide Bilder sind sehr unterschiedlich in ihrer Schärfe.*

Schau Dir einmal das Foto 1 von dem Mädchen auf der Wiese an. Dass auf dem Foto ein Mädchen abgebildet ist, das erkennst Du sofort. Das Bild des Mädchens ist deutlich und klar, Du erkennst einzelne Haare, die Brille, die Zähne, die Augen usw. In der Fotografie sagt man: Das Bild des Mädchens ist scharf. Wo aber wurde dieses Foto gemacht? Liegt das Mädchen wirklich auf einer Wiese? Wenn das so ist, müsstest Du Grashalme, einzelne Blumen, vielleicht auch einen Strauch oder Baum sehen. Das alles siehst Du nicht, Du kannst nur eine grüne, völlig verschwommene Fläche erkennen. In der Fotografie sagt man: Diese Teile des Fotos sind unscharf, oder sie sind in der Unschärfe.

Schau Dir dagegen einmal das Foto 2 auf dieser Seite an. Hier ist nicht nur das Bild des Mädchens scharf, sondern auch die Wiese mit den Blumen.

Welches der beiden Fotos ist nun gut und richtig aufgenommen? Beide Fotos sind in Ordnung! Bei dem Foto mit der unscharfen Wiese ging es nur um das Mädchen und nicht um den Ort der Aufnahme. Das andere Bild sollte nicht nur das Mädchen zeigen, sondern auch erkennen lassen, dass es auf einer Wiese Blumen pflückt. Folglich musste nicht nur das Mädchen, sondern auch die Wiese scharf sein.

Merke Dir: In einem guten Foto ist das scharf, was im Foto wichtig ist und was der Betrachter gut erkennen soll. Alle anderen Bereiche dürfen oder sollen sogar unscharf sein!

Nun wirst Du dich vielleicht fragen, wie man das macht, dass nur bestimmte Teile im Bild unscharf sind. Dazu werden wir später noch kommen, hier nur so viel: Du kannst an der Kamera einstellen, was scharf sein soll. Verantwortlich dafür sind die *Blende* und der *Autofokus*. Dem Autofokus muss man nur mitteilen, was scharf sein soll.

Um zu verstehen, wie der Autofokus arbeitet, schau Dir einmal die Skizze 3 an. Beim Betrachten eines kleinen Insekts mit einer Lupe kannst Du das Insekt nur dann klar und deutlich (der Fotograf sagt *scharf*) sehen, wenn zwischen Deinem Auge und der Lupe ein ganz bestimmter Abstand besteht und sich auch das Insekt in einem bestimmten Abstand von der Lupe befindet. Veränderst Du diese Abstände, wird das Bild undeutlich (der Fotograf sagt *unscharf*).

Genauso verhält es sich, wenn Du das Insekt fotografieren willst (Skizze 4). Das Insekt aber solltest Du nicht näher heranrücken oder weiter wegschieben, denn es nimmt Reißaus. Und auch den Sensor kannst Du nicht hin- und herschieben, wohl aber die Linse im Objektiv! Das macht ein kleiner Motor, und ein ebenso kleiner Computer in Deiner Kamera stellt fest, wann das Bild scharfgestellt ist. Dann schaltet er den Motor aus und stellt die Linse fest.

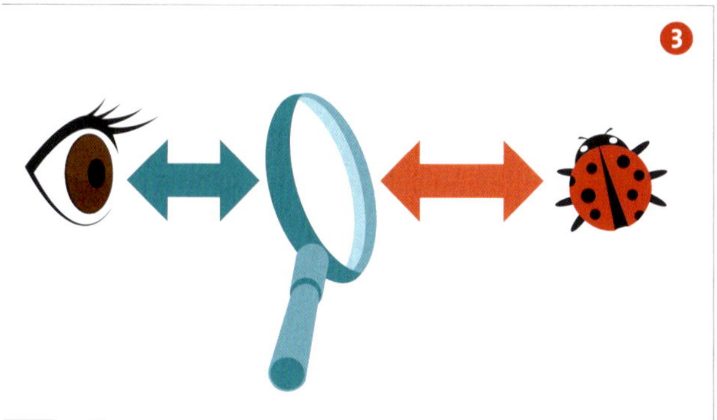

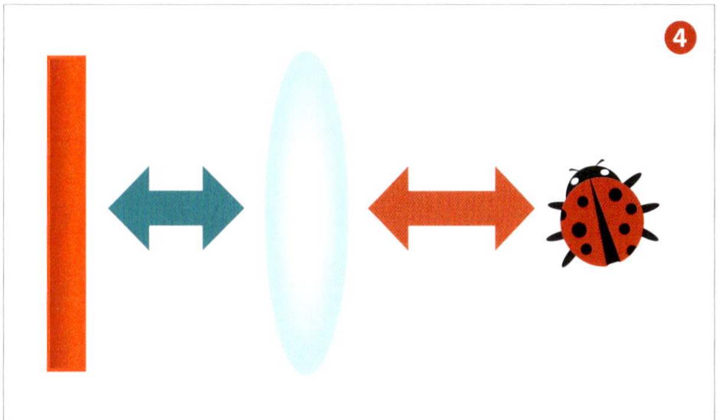

Ob Du ein Insekt mit der Lupe betrachten oder es fotografieren willst, in beiden Fällen ist der richtige Abstand wichtig für ein scharfes Bild.

Bei vielen Kameras ertönt ein Signal, oder es wird ein Symbol (meist ein dicker Punkt ●) auf dem Monitor angezeigt, sobald der Autofokus scharfgestellt hat. Ab jetzt darf die Kamera nicht mehr bewegt werden, weil sich sonst der Abstand wieder ändert und das Bild unscharf wird. Das erreicht man durch eine ruhige Körperhaltung und auf jeden Fall durch ein Stativ (darauf komme ich später noch zu sprechen).

Das Wort *Fokus* kommt von *Fokussieren*, und es bedeutet »ein Bild scharfstellen«. Das Wörtchen *Auto* bedeutet »selbst«, und *Autofokus* heißt dementsprechend, dass die Kamera die Bilder selbst scharfstellt.

Es gibt aber auch Situationen, in denen der Autofokus das Bild nur schwer oder gar nicht scharfstellen kann. Das bemerkst Du am fehlenden Signal oder am Symbol, das dann nicht angezeigt wird. Dann legst Du an der Kamera den Schalter **AF/MF** (Autofokus/manueller Fokus) um und drehst mit der Hand am Objektiv einen Ring, bis Du auf dem Monitor ein scharfes Bild siehst. Weil Du das Bild mit der Hand scharfgestellt hast, nennt man das *manuell fokussieren* (*manuell* bedeutet »etwas mit der *Hand* machen«).

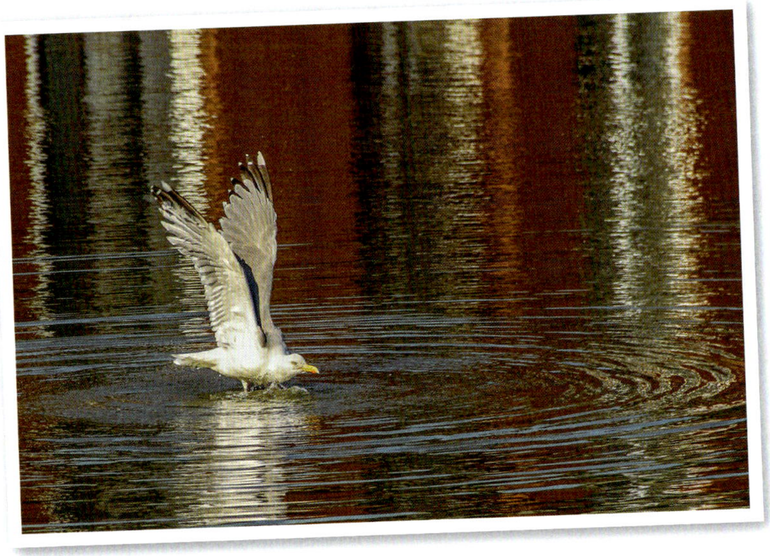

^ *Um diese Möwe richtig scharfzustellen, brauchst Du viel Übung und auch ein bisschen Glück!*

Und jetzt Du!

- Präge Dir ein, wo bei Deiner Kamera der Schalter für das Wechseln zwischen manuellem Fokus und Autofokus ist.
- Schalte den Autofokus ein und übe Dich im Fokussieren.
- Schalte jetzt auf den manuellen Fokus um und übe Dich im Fokussieren.

Das kleine Fotoprojekt

Wenn wir Menschen Dinge erschaffen, geben wir ihnen eine Form, die uns gefällt. Aber auch in der Natur treffen wir immer wieder auf Objekte, die wir sofort an ihren charakteristischen Formen erkennen. In solchen Objekten stecken oft auch andere Objekte, die durch eine besondere Form auffallen. So kannst Du in Deiner Umgebung sicher sowohl große als auch kleine Objekte finden, in denen Buchstaben versteckt sind. Suche diese und halte sie im Foto fest! Diese Art von Bildern zu finden, macht viel Freude. Die Suche kann aber auch ziemlich mühselig sein, da wirst Du lange sammeln müssen" Wenn Du irgendwann das ganze Alphabet zusammen hast, kannst Du damit anfangen, Wörter oder sogar ganze Sätze aus Deinen Fotos zu bilden. Schau Dich erst einmal aufmerksam in Deinem Zimmer und Eurer Wohnung um, ob Du dort nicht schon Buchstaben entdeckst.

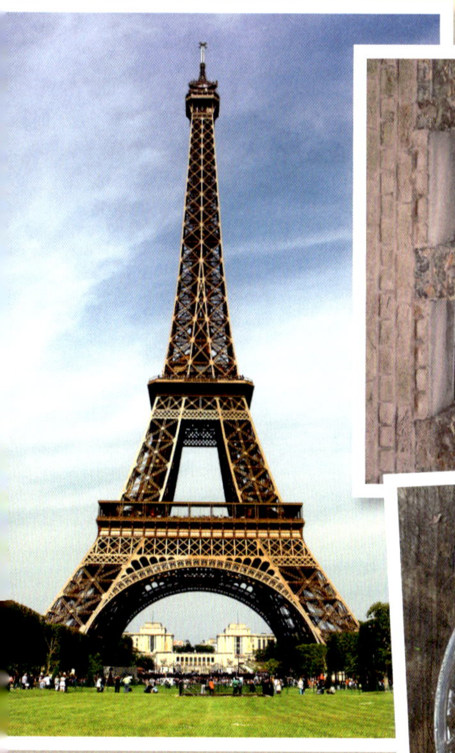

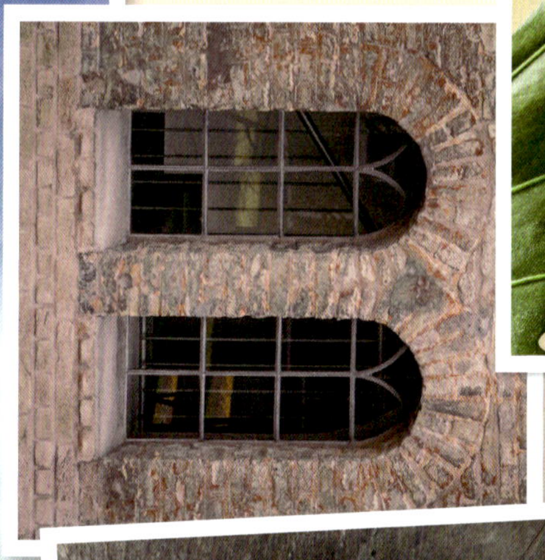

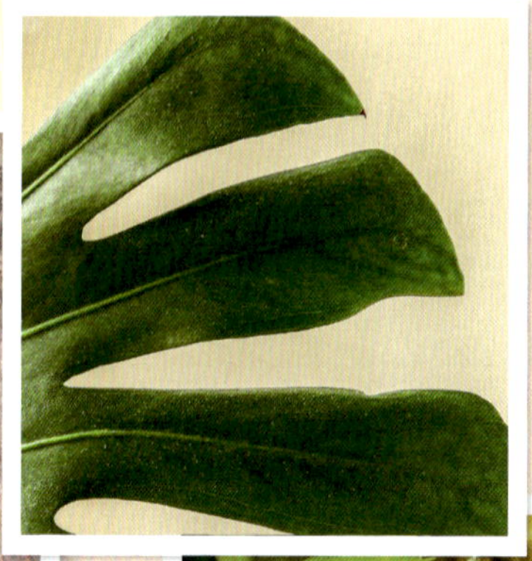

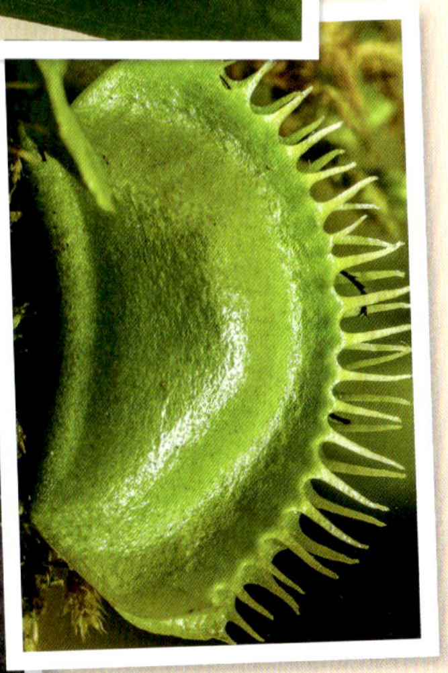

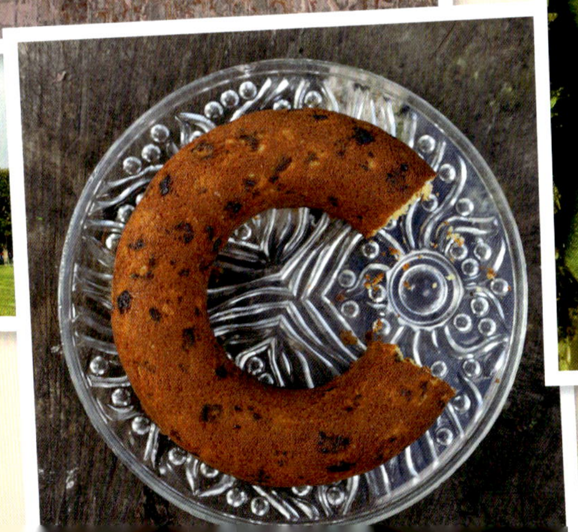

1.9 Der Autofokus hat Messfelder

Der Familienurlaub steht an, und jedes Mitglied soll seinen Koffer selbst packen. Als Packraum wurde ein geräumiges Zimmer ausgewählt. Als Du während der Reisevorbereitungen einmal das Zimmer betrittst, kommt Dir die Idee, dass das ein tolles Bild für das Urlaubsalbum wäre. Gesagt, getan! Aber was macht der Autofokus nun? In dem Zimmer sind vier *Objekte* (so nennen Fotografen die Dinge, die sie fotografieren möchten) in unterschiedlichem Abstand zur Kamera zu sehen:

- Objekt 1: Koffer, Hut und Tasche stehen gleich vorn an der Tür.
- Objekt 2: Brille und Kleid sind etwa einen Meter von der Tür entfernt.
- Objekt 3: Ein Koffer und zwei Taschen mit dem Notebook stehen gut zwei Meter weit im Zimmer.
- Objekt 4: Der leere Koffer befindet sich hinten an der Wand, etwa drei Meter sind es bis dorthin.

Die Urlaubssachen sind für den Autofokus Objekte, auf die er scharfstellen kann.

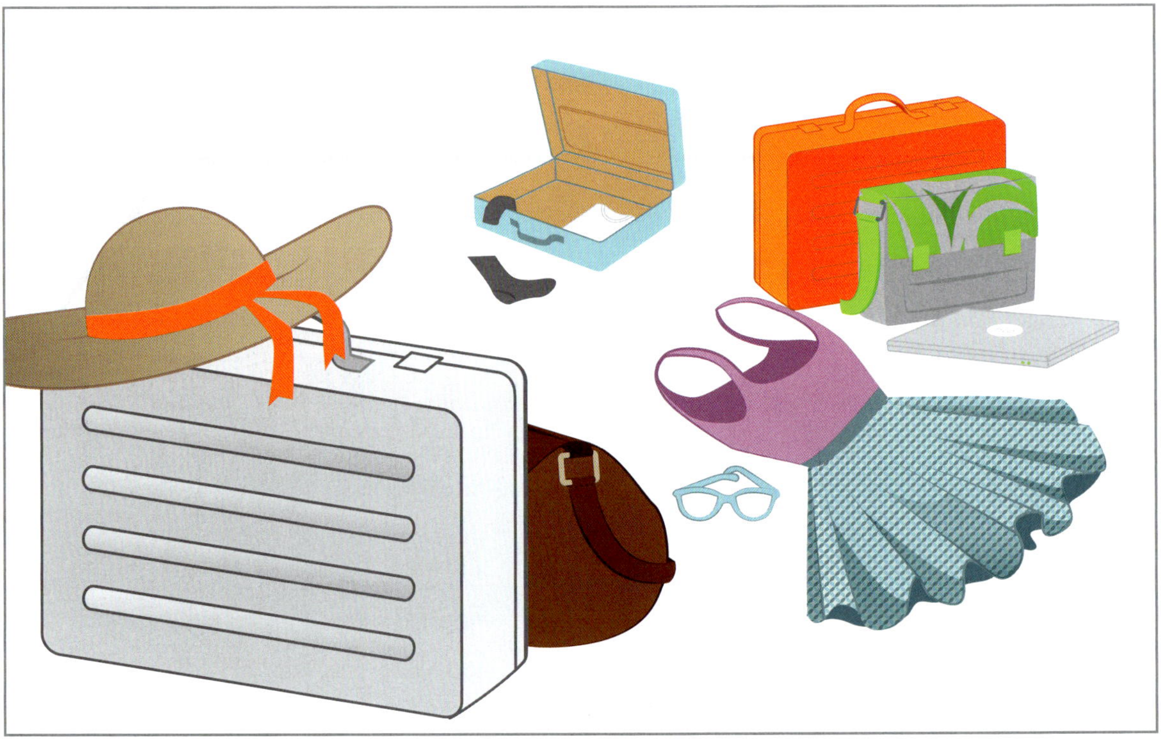

Um scharfzustellen, benötigt der Autofokus Informationen, die er von den sogenannten *Messfeldern* bekommt. Die erkennst Du auf dem Monitor der Kamera als kleine Winkel oder Quadrate, die einen Bereich des Bildes eingrenzen. Bei manchen Kameras kann man verschiedene Messfelder einstellen. In Bild ❶ zeigt das Messfeld an, dass der Autofokus alle Objekte beim Scharfstellen berücksichtigen soll. Wie der Autofokus so unterschiedlich weit entfernte Objekte im Bild scharfstellen kann, erfährst Du später auf der Seite 54, wo es um die *Schärfentiefe* geht. In Bild ❷ stellt der Autofokus nur den Koffer scharf, der an der hinteren Zimmerwand steht Alle anderen Objekte sind im Bild nicht deutlich zu erkennen, der Fotograf sagt, die Objekte sind *unscharf*.

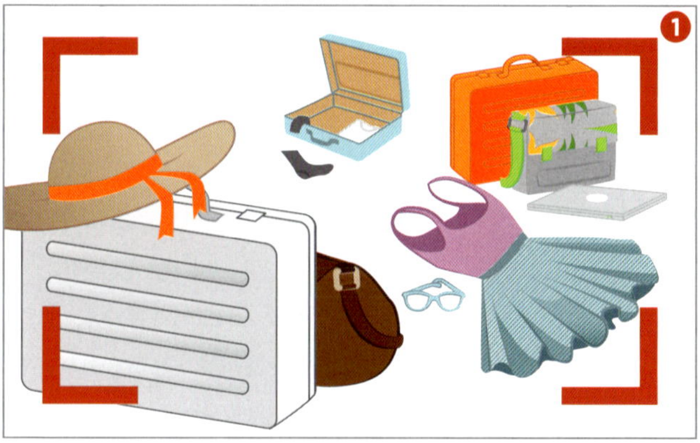

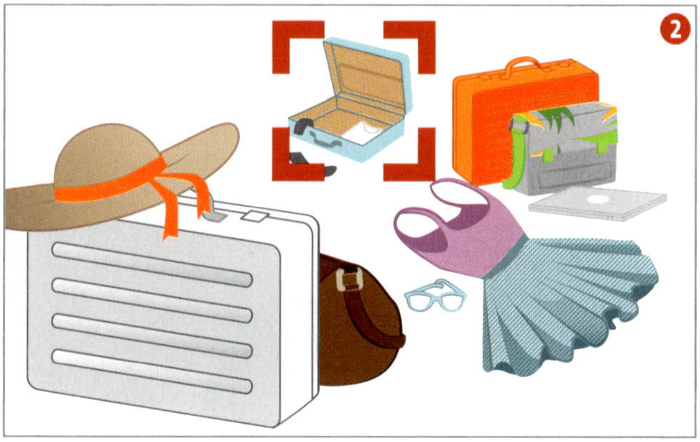

Der Autofokus beachtet beim Scharfstellen alle Objekte, Du kannst ihn aber auch anweisen, nur auf ein bestimmtes Objekt scharfzustellen.

Und jetzt Du!

Informiere Dich im Handbuch Deiner Kamera, ob und wie auf dem Monitor die Autofokus-Messfelder angezeigt werden. Lassen sich die Messfelder verschieben? Wenn ja, finde heraus, wie das funktioniert.

1.10 Die Blende lässt das Licht herein

Diese Situation kennst Du bestimmt: Gerade als Du morgens wach geworden bist, kommen Deine Eltern ins Zimmer und ziehen die Jalousien hoch. Das helle Sonnenlicht trifft Dich plötzlich, und Du siehst auf einmal gar nichts mehr. Denn im Schlaf hattest Du die Augen zu, so dass es für die Augen dunkel war. Und deshalb hatten sich die Pupillen sehr weit geöffnet. Nun ist es aber plötzlich sehr hell, und die Pupillen müssen sich erst so weit schließen, dass ordentliche Bilder entstehen. So sorgen die Pupillen dafür, dass immer die richtige Lichtmenge in Deinen Augen ankommt und Du alles gut sehen kannst. So eine Pupille existiert auch in einer Kamera, dort heißt sie *Blende*.

Die Blende besteht aus mehreren dünnen Metallblechen, die sich so übereinanderschieben, dass in der Mitte eine Öffnung bleibt. Diese Öffnung ist verstellbar, sie kann also kleiner und größer werden.

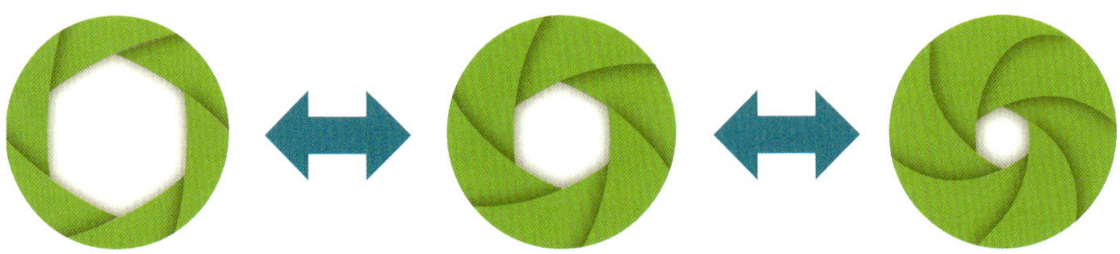

> *Die Blende kann wie die Pupille in Deinem Auge ihre Größe verändern.*

Je größer die Blendenöffnung ist, desto mehr Licht kann durch die Blende auf den Sensor gelangen. Je kleiner die Öffnung ist, desto weniger Licht kommt dorthin. Für Dich als Fotograf ist es deshalb wichtig zu wissen, wie groß die Öffnung der Blende in Deiner Digitalkamera gerade ist. Der Fotograf sagt: »Du musst den eingestellten *Blendenwert* kennen.« Dieser Wert wird von Deiner Kamera (meist auf dem Monitor) mit einer Zahl angegeben. Manche Kameras haben Blendenwerte von 2 • 2,8 • 4,0 • 5,6 • 8,0 • 11 • 16, andere noch Werte zwischen diesen oder auch größer als 16.

Falls Du nun denkst, dass der Blendenwert 2 Dir sagt, dass dies die Blende mit der kleinsten Öffnung ist und deshalb nur ganz wenig Licht hindurchlässt, dann hast Du dich geirrt – es ist nämlich genau umgekehrt! Dahinter steckt ein bisschen Mathematik, und um das zu verstehen, müssten wir ein bisschen rechnen. Aber es ist für den Anfang einfacher, wenn Du dir diese zwei Regeln hier merkst:

- kleiner Blendenwert ↔ große Blendenöffnung ↔ viel Licht
- großer Blendenwert ↔ kleine Blendenöffnung ↔ wenig Licht

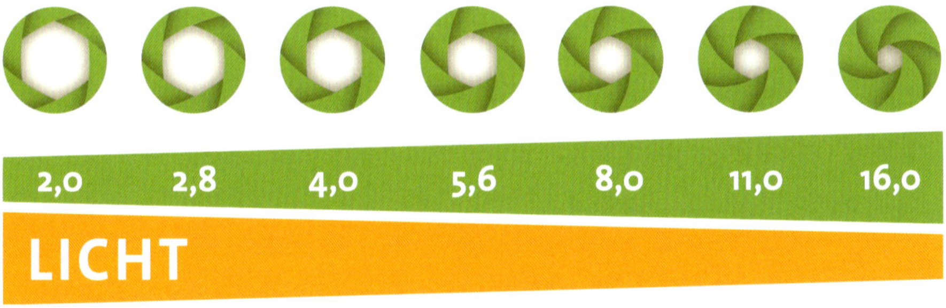

< *Die Blendenregeln kannst Du Dir auch mit Hilfe dieser Grafik verdeutlichen.*

Übrigens: Dem Bildsensor in Deiner Digitalkamera würde es auch wie Dir beim Erwachen gehen, bekäme er plötzlich das volle Tageslicht ab. Es könnte kein gutes Bild entstehen. Der Fotograf hat dafür den Begriff *überbelichtet* und meint damit, dass zu viel Licht auf den Sensor eingewirkt hat.

∨ *Die Blendenöffnung und die Lichtmenge, die auf den Sensor treffen kann*

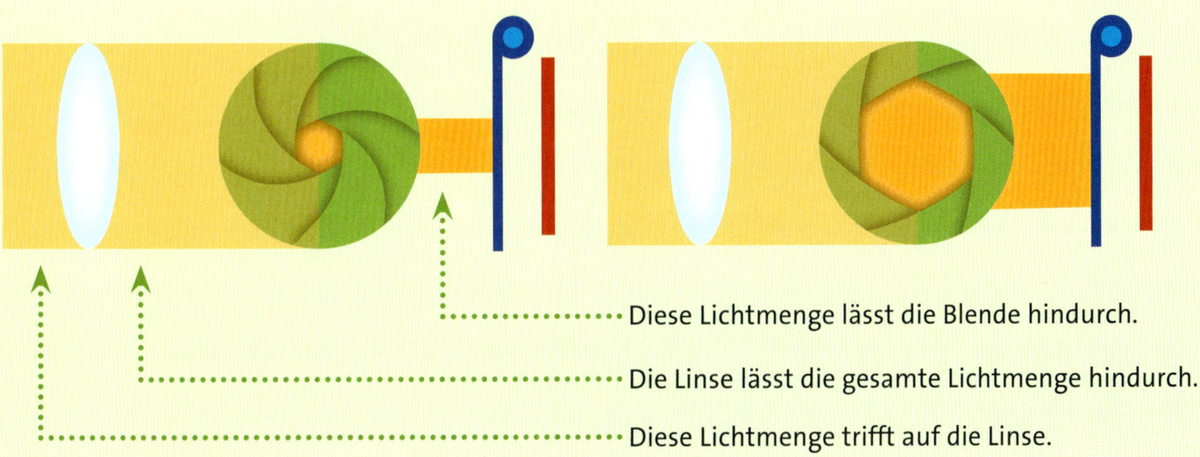

1.11 Verschluss und Belichtungszeit

Ein sehr wichtiger Teil der Digitalkamera ist der *Verschluss*. Wenn Du den Auslöser nicht gedrückt hast, befindet sich der Verschluss (im Bild unten blau) wie ein Vorhang vor dem Bildsensor (im Bild orange). Und zwar so, dass auf den Sensor kein Licht fallen kann. Erst wenn Du den Auslöser ganz durchdrückst, wird das Verschlussrollo aufgerollt. Jetzt fällt Licht auf den Bildsensor, und das Bild entsteht. Nach der eingestellten Zeit schiebt sich das Rollo wieder vor den Bildsensor, und das Bild ist fertig aufgenommen.

> In der oberen Reihe siehst Du, wie es von der Seite aussieht, wenn sich der Verschluss aufrollt, und darunter ist der ganze Vorgang von vorn dargestellt.

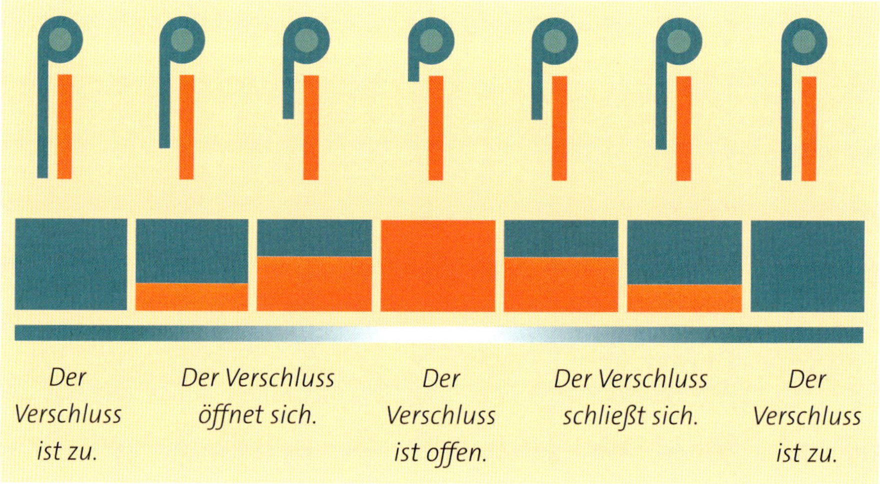

Die Zeit, die vom Öffnen bis zum Schließen des Verschlusses vergeht, das ist die *Verschlusszeit*. Aber wie wird denn die eingestellte Zeit ermittelt? Die Zeit, in der der Verschluss offen bleibt, hängt auch von der Blende ab, die Du im vorherigen Abschnitt kennengelernt hast. Wurde eine kleine Blendenzahl eingestellt, dann ist die Blendenöffnung groß, und es strahlt viel Licht in die Kamera. Der Verschluss braucht dann nur einen kurzen Moment geöffnet zu sein. Ist aber eine große Blendenzahl eingestellt, so ist die Blendenöffnung klein, und es fällt nur wenig Licht in die Kamera. Der Verschluss muss dann natürlich länger offen bleiben, damit der Bildsensor die richtige Menge an Licht bekommt.

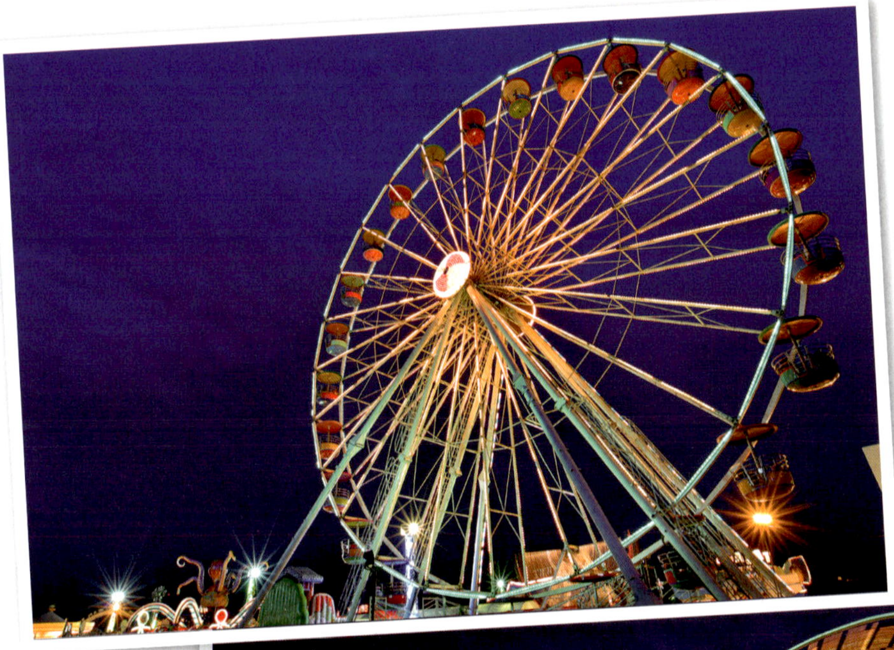

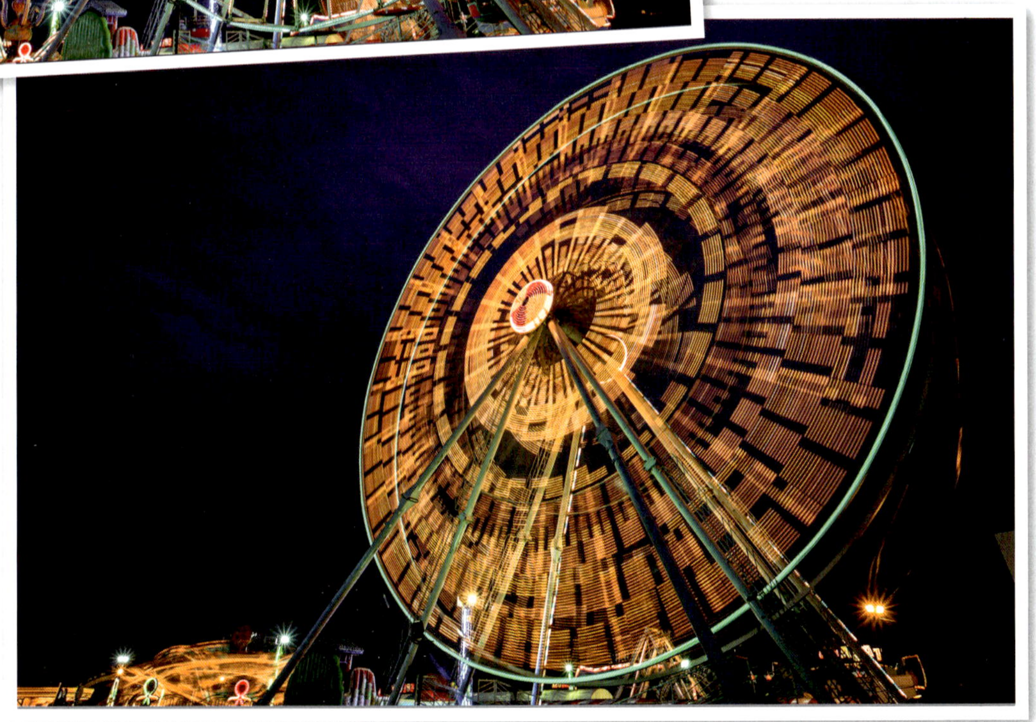

Die Verschlusszeit ist sehr wichtig, wenn es darum geht, wie Motive, die sich bewegen, im Foto festgehalten werden. Im oberen Bild kannst Du zum Beispiel alle Gondeln des Riesenrads einwandfrei erkennen, im unteren Bild aber ist alles verschwommen. Warum das so ist, das werde ich Dir auf der Seite 60 noch genauer erklären.

Auch hierzu gibt es zwei einfache Regeln, die Du dir merken kannst:

- große Blendenzahl (kleine Blendenöffnung) ↔ lange Verschlusszeit
- kleine Blendenzahl (große Blendenöffnung) ↔ kurze Verschlusszeit

> *Blende und Verschlusszeit hängen voneinander ab. Beim Merken der Verschlussregeln hilft Dir dieses Schaubild.*

Ist die Blendenöffnung klein ...	... muss die Verschlusszeit lang sein.
Diese Lichtmenge ist notwendig für ein gutes Bild.	
Ist die Blendenöffnung groß ...	... muss die Verschlusszeit kurz sein.

Die Verschlussregeln erscheinen Dir vielleicht ein bisschen kompliziert und nicht einfach zu verstehen, daher will ich versuchen, Dir mit einem Experiment zu helfen. Bitte dabei eine andere Person, Dein Assistent zu sein, zum Beispiel Deine Mutter oder Deinen Vater oder jemanden aus Deinem Freundeskreis:

- Schaltet im Zimmer möglichst viele Lampen an, es soll sehr hell sein. Nun setzt euch beide an den Tisch, Du schließt die Augen, und Dein Assistent legt einen Gegenstand vor Dich auf den Tisch. Du weißt aber nicht, um welchen Gegenstand es sich handelt.
- Nun gibt Dein Assistent ein Kommando, und Du machst Deine Augen so schnell Du kannst auf und genauso schnell wieder zu. Hast Du ein Bild gesehen und den Gegenstand erkannt? Bestimmt!

Das Verschlussexperiment hilft Dir, zu verstehen, wie Deine Kamera das Licht sieht.

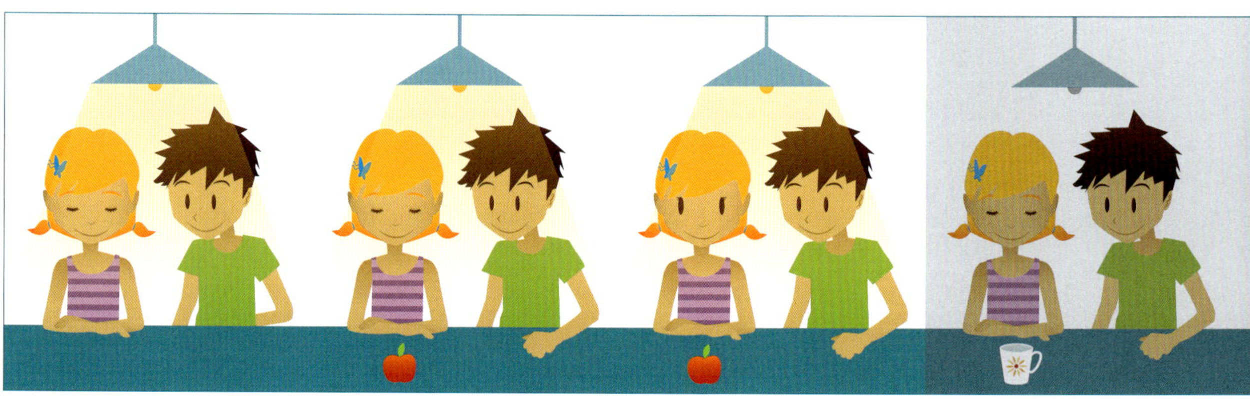

- Schaltet nun alle Lampen bis auf eine einzige aus, es soll jetzt im Zimmer eher dunkel sein. Nun wiederholt Ihr das Experiment, aber Dein Assistent stellt jetzt einen anderen Gegenstand auf den Tisch.
- Auf das Kommando hin machst Du die Augen nun genauso schnell auf und zu wie beim ersten Experiment. Hast Du ein Bild gesehen? Ein Bild hast Du bestimmt gesehen, aber Du hattest wahrscheinlich Schwierigkeiten, den Gegenstand zu erkennen. Es fehlt eben das Licht. Das könntest Du ändern, wenn Du deine Augen zwar ganz schnell aufmachst, aber länger als beim zweiten Experiment offen lässt. So funktioniert das mit dem Verschluss Deiner Digitalkamera.

Blende und Verschlusszeit sind voneinander abhängig – verändert sich der eine Wert, muss sich der andere auch ändern. Geschieht das nicht, ist das Bild schlecht. Der Fotograf sagt, es sei *falsch belichtet*.

Du weißt jetzt, dass die Zeitspanne, die zwischen dem Öffnen und dem Schließen des Verschlusses liegt, die *Verschlusszeit* ist. Und Du kennst auch die *Belichtungszeit*; das ist die Zeit, in der das Licht auf den Sensor fällt. Aber wo ist der Unterschied?

Und jetzt Du!

Was trifft zu? Kreuze die richtige(n) Aussage(n) an:

☐ Die Verschlusszeit ist kürzer als die Belichtungszeit.
☐ Die Verschlusszeit ist genauso lang wie die Belichtungszeit.
☐ Die Verschlusszeit ist länger als die Belichtungszeit.

Wie Du sicher herausbekommen hast, sind Verschlusszeit und Belichtungszeit gleich lang. Der Verschluss öffnet und schließt sich und gibt für das Licht den Weg zum Sensor frei. Wenn der Verschluss zu ist, bekommt der Sensor kein Licht. Das passiert erst, wenn sich der Verschluss öffnet. Fotografen sprechen dann von einer kurzen oder langen Verschlusszeit beziehungsweise Belichtungszeit. Denke also immer daran, dass das zwei Begriffe für ein und dieselbe Sache sind!

Das kleine Fotoprojekt

Ein Tierporträt, auf dem das Tier in einer schönen Position sitzt oder steht und auch richtig ordentlich aussieht, das ist schon eine feine Sache! Richtig interessant wird ein Foto aber erst, wenn Du Tiere in voller Aktion fotografierst! Dazu solltest Du sie in aller Ruhe und über längere Zeit beobachten, ohne auf sie einzuwirken. Bis Du an gelungene Aufnahmen kommen kannst, wird es unter Umständen eine ganze Weile dauern, Du musst also Geduld haben. Wenn Du als erstes tierisches Modell Euren Hund oder Eure Katze wählst, hast Du den Vorteil, dass Du deren Verhalten kennst und so bestimmte, interessante Aktionen hervorrufen kannst. Lohnenswert kann es sein, wenn Dir dabei eine andere Person hilft, indem sie mit dem Tier spielt und sich einfach mit ihm beschäftigt. Du fotografierst dann so, dass die helfende Person nicht im Bild erscheint.

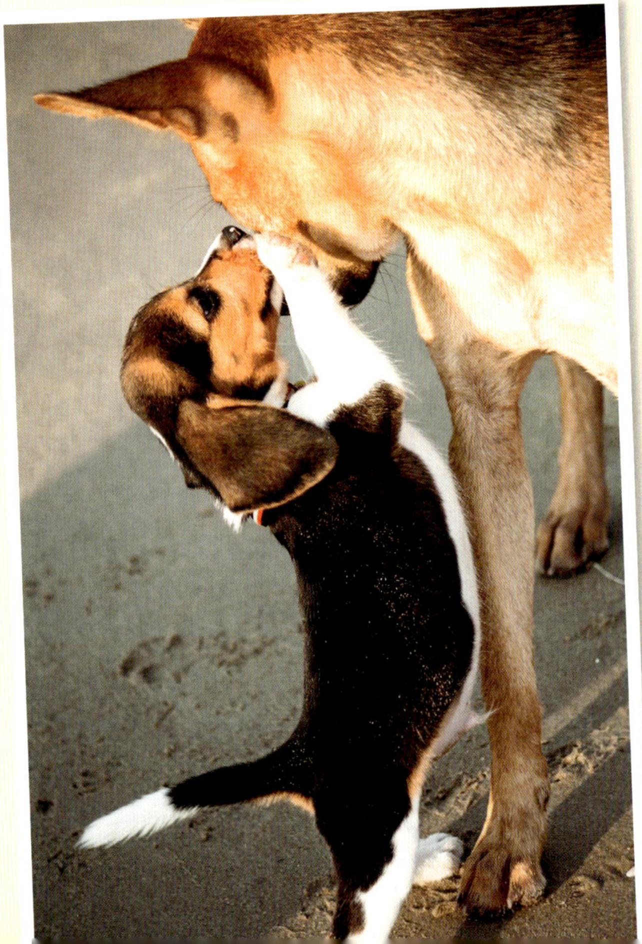

Schwieriger wird es, wenn Du keine Haustiere, sondern Tiere in freier Wildbahn fotografieren möchtest. Du solltest dann Folgendes wissen:

- wo sich die Tiere aufhalten
- wie Du möglichst nah an die Tiere herankommen kannst, ohne sie zu stören
- wo Du dich so verstecken kannst, dass der Wind vom Tier zu Dir weht (weil das Tier Dich sonst riechen könnte)
- zu welcher Tageszeit Du am besten auf Fotopirsch gehst
- welche Sitzgelegenheit Du mitnimmst
- welche Verpflegung Du einpackst
- wie Du dich und Deine Ausrüstung vor einem möglichen Regenguss oder zu starker Sonneneinstrahlung schützen kannst

Am Tag vor der Fotopirsch solltest Du dich in diesem Buch noch einmal informieren:

- über das Motivprogramm »Sport/Tempo« (Tiere bewegen sich unerwartet und schnell) → Seite 68
- über die Belichtungszeit → Seite 42

In der Bedienungsanleitung für Deine Kamera kannst Du auch erfahren, ob diese die Serienbildfunktion hat. Falls ja, dann informiere dich darüber und nutze sie – nicht nur in diesem Projekt. Stelle nun Deine Kamera entsprechend ein, lade den Akku Deiner Kamera voll auf, und sorge dafür, dass die Speicherkarte leer ist. Auch ein Ersatzakku und eine Ersatzspeicherkarte sind nicht schlecht. Im Versteck verhalte Dich dann ganz still, und denke unbedingt daran, Dein Smartphone auszuschalten, denn Wildtiere haben sehr gute Ohren und sind recht scheu!

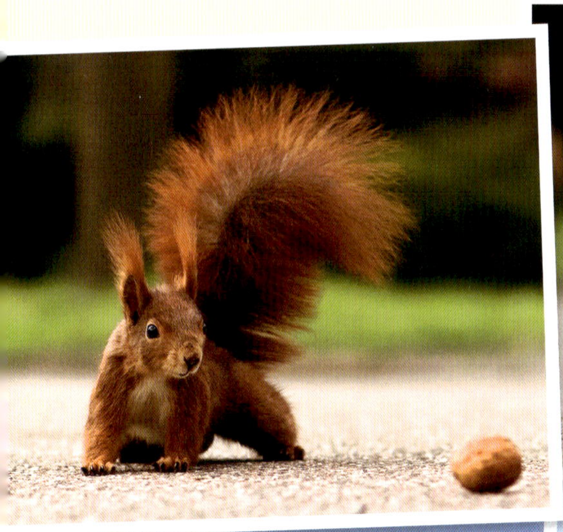

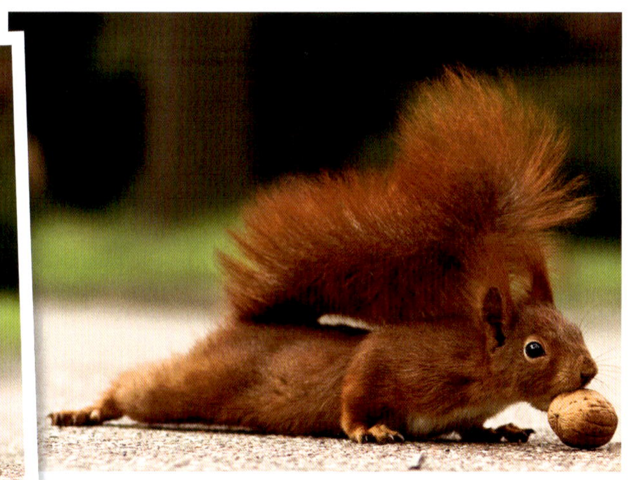

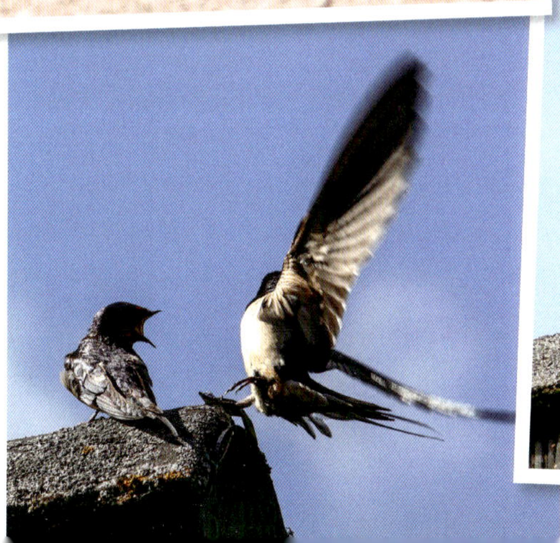

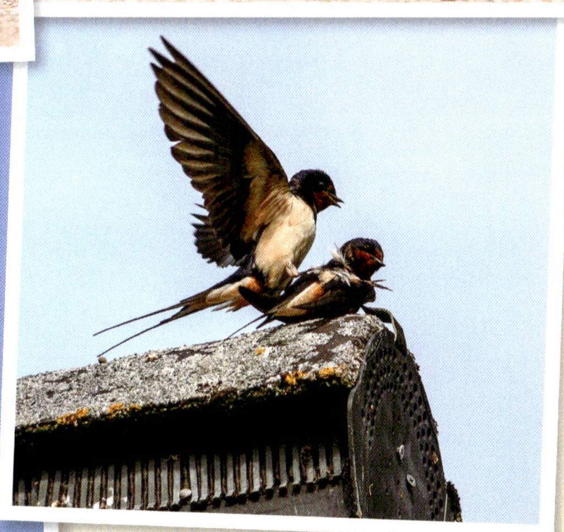

1.12 Du kannst auch mit wenig Licht fotografieren

»Sei nicht so empfindlich!« oder »Huch, ist der aber empfindlich.« Solche Aussagen kennst Du bestimmt aus dem täglichen Leben. Damit ist gemeint, dass ein Mensch auf bestimmte Dinge in besonderer Art und Weise reagiert. Deine Geschwister auf dem Spielplatz zum Beispiel fühlen sich in dem Lärm, der dort herrscht, durchaus wohl. Sie sind hier weniger empfindlich als die Eltern, die neben dem Spielplatz auf der Bank sitzen. Und während etwa Dein Bruder erst bei Frost Handschuhe trägt, braucht Deine Schwester diese schon ab 5 °C. Dein Bruder ist gegenüber niedrigen Temperaturen also weniger empfindlich als Deine Schwester.

Auch der Bildsensor Deiner Digitalkamera ist empfindlich, und zwar für Licht. Wie empfindlich er ist, das wird mit einer Zahl angegeben. Diese Zahl nennt man den *ISO-Wert*. Für den Sensor Deiner Kamera lassen sich unterschiedliche ISO-Werte einstellen: Der ISO-Wert 100 ist oft der niedrigste eines Sensors. Die ISO-Werte können aber auch bei einigen Tausend liegen. Es gilt: Je höher der ISO-Wert ist, desto empfindlicher ist der Sensor für Licht.

> *Merke Dir den Zusammenhang zwischen dem ISO-Wert, der Lichtempfindlichkeit des Bildsensors und der Bildqualität.*

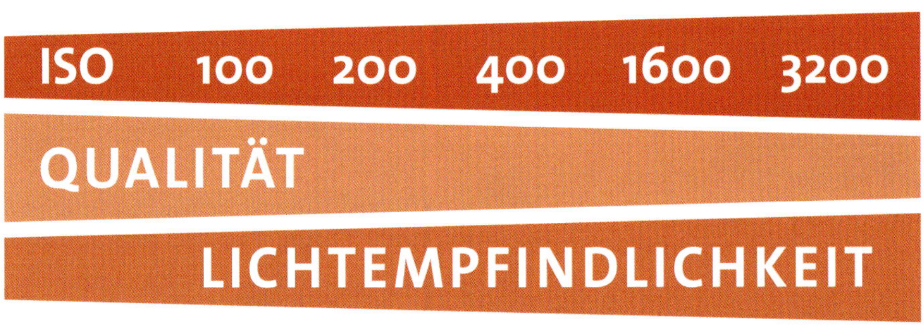

Du kannst also auch dann noch fotografieren, wenn es schon etwas dunkel ist, Du musst dann nur einen höheren ISO-Wert einstellen. Denn wie Du ja schon weißt, braucht der Sensor eine bestimmte Menge an Licht, um ein gutes Bild zu erzeugen. Je dunkler es wird, desto länger muss die Belichtungszeit werden und desto eher kann es passieren, dass Dein Bild verwackelt und unscharf wird. Mit einem höheren ISO-Wert kann die Belichtungszeit kurz bleiben und Deine Bilder scharf.

Dabei ist aber zu bedenken, dass die Bildqualität unter hohen ISO-Werten leidet. Das nennt man *Rauschen*, und Du erkennst es daran, dass plötzlich viele kleine Pünktchen auf dem Bild zu sehen sind, die in Wirklichkeit gar nicht da waren.

Eine kleine Leselampe gibt zwar genug Licht zum Lesen, für die Kamera aber reicht das Licht nur mit einer langen Belichtungszeit. Dann verwackeln die Bilder schnell ①. In solchen Fällen kannst Du den ISO-Wert erhöhen, musst dann aber bedenken, dass das unschöne Bildrauschen auftreten kann ②.

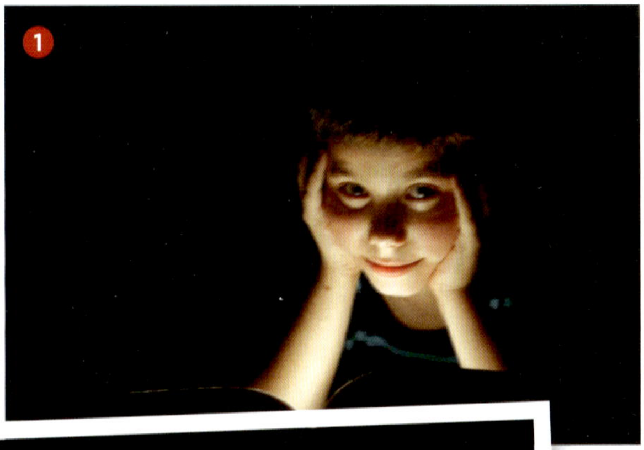

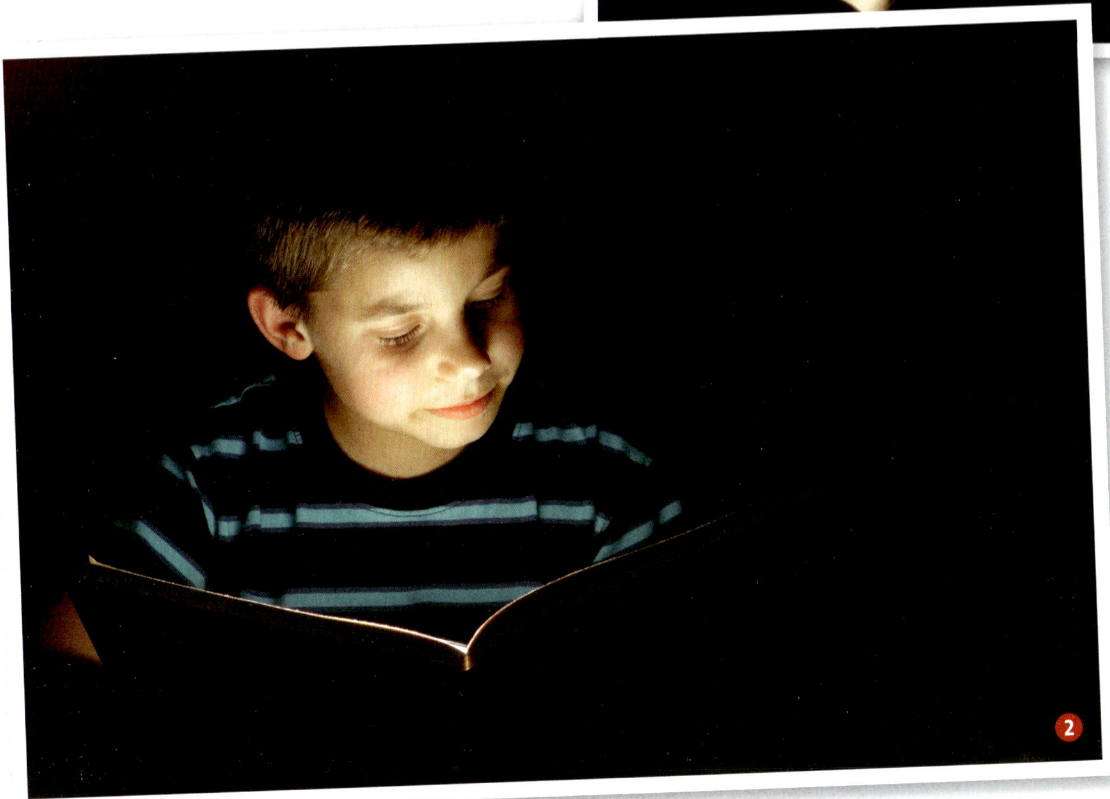

Wenn weniger Licht vorhanden ist, kannst Du aber nicht nur den ISO-Wert erhöhen. Deine Digitalkamera hält noch einen weiteren Helfer bereit: das *Blitzlicht*. Mit dem Blitzlicht kannst Du bei wenig Licht, sogar bei kompletter Dunkelheit, doch noch fotografieren, Schatten aufhellen, Aufnahmen mit bewegten Objekten machen und Farben leuchten lassen. Allerdings können die fotografierten Personen (und auch Tiere) auf den Blitzbildern rote Augen bekommen. Daher haben viele Kameras eine Einstellung, die das verhindert. Der Effekt lässt sich auch mit einem Bildbearbeitungsprogramm beseitigen.

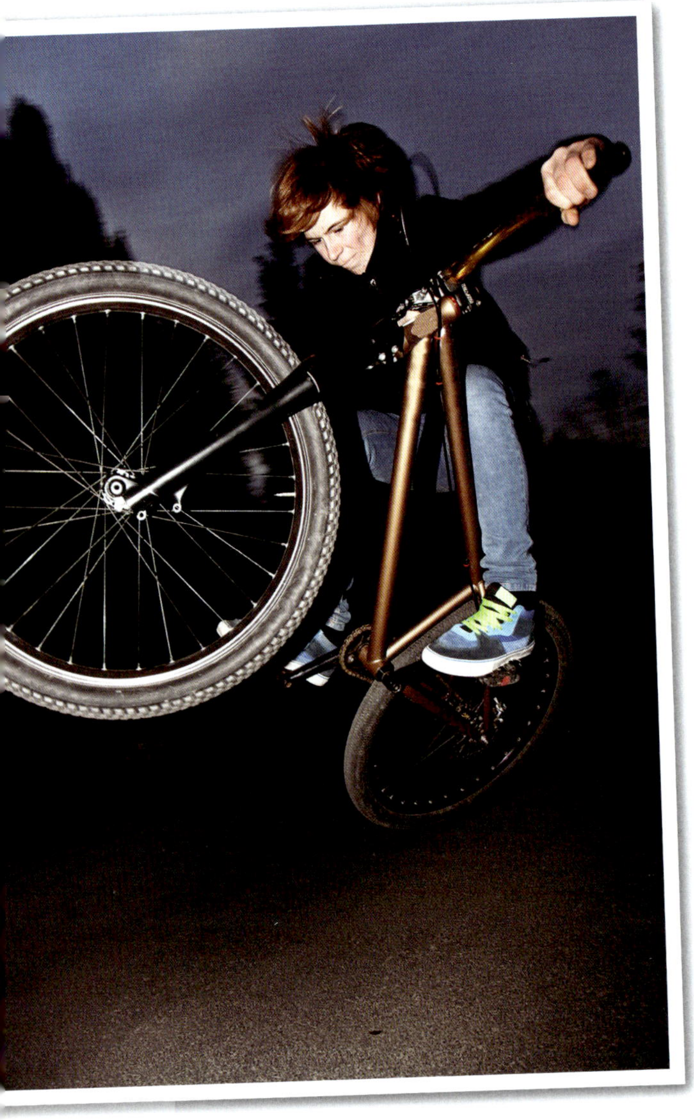

Und jetzt Du!

Informiere Dich im Handbuch Deiner Kamera, ob und wie Du rote Augen bei fotografierten Personen verhindern kannst. Falls das möglich ist, nimm die entsprechenden Einstellungen vor.

< Mit dem Blitz kannst Du auch dann noch fotografieren, wenn es schon ganz dunkel ist.

1.13 Mit dem Zoom bestimmst Du den Bildausschnitt

Schau Dir einmal die beiden Fotos auf dieser Seite an. Beim Betrachten stellst Du bestimmt fest, dass auf beiden Bildern dieselbe Person abgebildet ist und dass sie auf beiden Fotos dasselbe tut: Sie schläft.

In Bild ❶ sieht man nur, dass da ein Mann schläft. Wegen des grünlichen Hintergrunds kann man vermuten, dass die Aufnahme nicht in einem Zimmer, sondern draußen – vielleicht in einem Garten – aufgenommen wurde. Das Bild ❷ verrät uns schon viel mehr: Der Mann sitzt in der Natur auf einer Bank. Hinter der Bank sieht man ein Fahrrad, und um den Hals hat er einen Fotoapparat hängen. Dieser Mann war vielleicht auf einer Radtour und hat dabei fotografiert.

Wie sind die beiden Bilder entstanden? Bei der Aufnahme ❷ war an der Kamera nur ein minimaler Zoom eingestellt – in Zahlen 90 mm. Die Aufnahme ❶ entstand mit dem stärksten Zoom, den die Kamera hatte, das waren 300 mm. Diese Zahl ist die sogenannte *Brennweite*, die Dir anzeigt, ob Du ein Motiv von Deiner Fotoposition aus groß ins Bild setzen kannst – das ist bei den großen Brennweitenzahlen der Fall – oder ob das Motiv kleiner auf dem Bild erscheint. Dann hast Du auch eine kleinere Brennweitenzahl, und auf dem Bild ist mehr Umgebung zu sehen, so wie in Bild ❷.

∨ Mit dem Zoom holst Du Motive nah heran und überwindest Hindernisse.

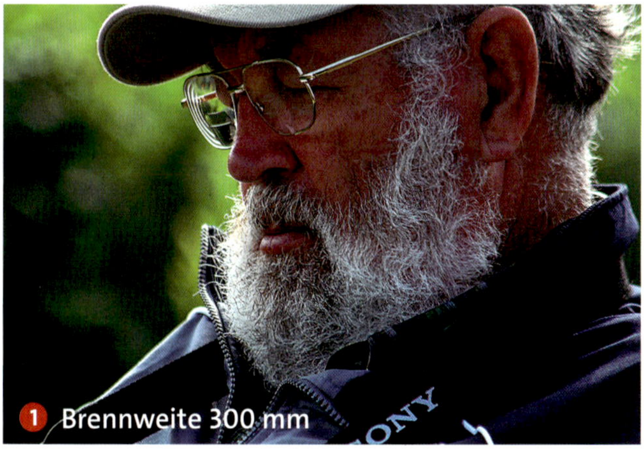

❶ Brennweite 300 mm

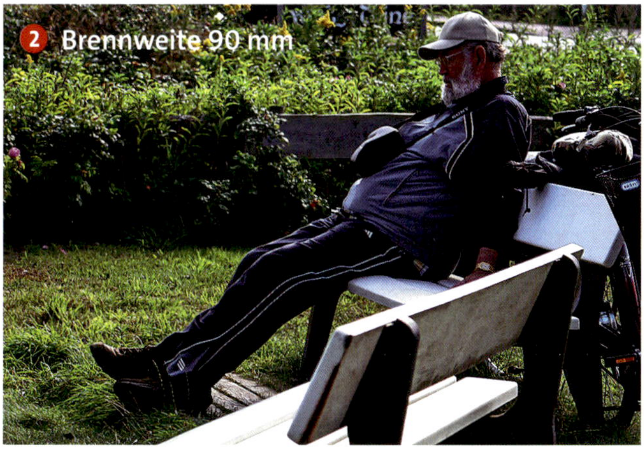

❷ Brennweite 90 mm

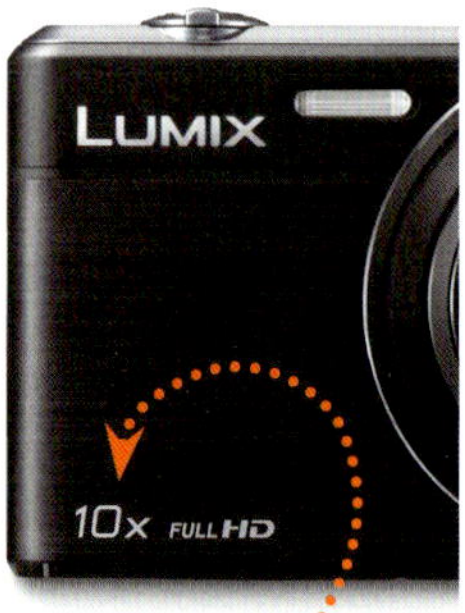

Zoomangabe an einer Digitalkamera

Oft findest Du an einer Kamera nicht die Angabe der Brennweite, sondern nur den sogenannten *Zoomfaktor*, zum Beispiel **10x**. Dabei gilt genauso wie bei der Angabe der Brennweite: Je größer die Zahl des Zoomfaktors ist, desto größer ist die Brennweite und desto größer kannst Du ein Motiv ins Bild setzen. Außerdem verringert sich die sogenannte *Schärfentiefe*. Diese ist ein ganz wichtiges Merkmal bei vielen Fotos, und ich werde im folgenden Abschnitt 1.14, »Die Schärfentiefe macht Deine Bilder interessant«, genauer darauf eingehen. Für den Moment kannst Du dir erst einmal merken, dass die Schärfentiefe darüber entscheidet, ob der Hintergrund in einem Foto scharf ist oder nicht.

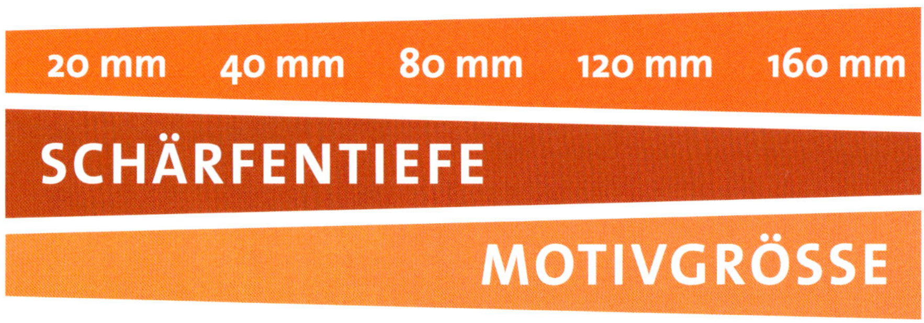

Zwischen der Brennweite (dem Zoomfaktor), der Größe des abgebildeten Motivs und der Schärfentiefe besteht ein direkter Zusammenhang.

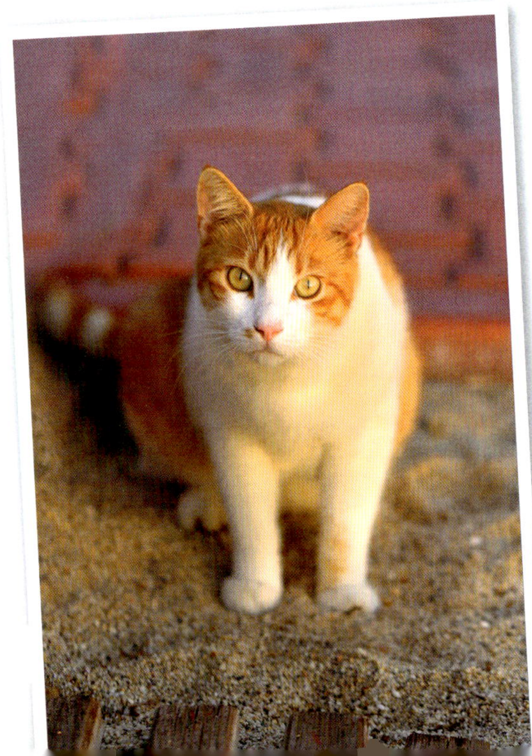

Bleibt die Frage, wann Du welche Zoomeinstellung verwenden solltest. Die Antwort ist eigentlich ganz einfach: Überlege Dir, was Dein Foto dem Betrachter erzählen soll, und sorge dafür, dass im mit dem Zoom gewählten Bildausschnitt alle notwendigen Informationen zu sehen sind – aber auch nicht mehr! Denn sonst wird ein Foto schnell unübersichtlich.

Nur Haustiere lassen uns Menschen näher heran und sich sogar anfassen. Hier kannst Du dann auch mit geringer Zoomeinstellung ein Foto machen.

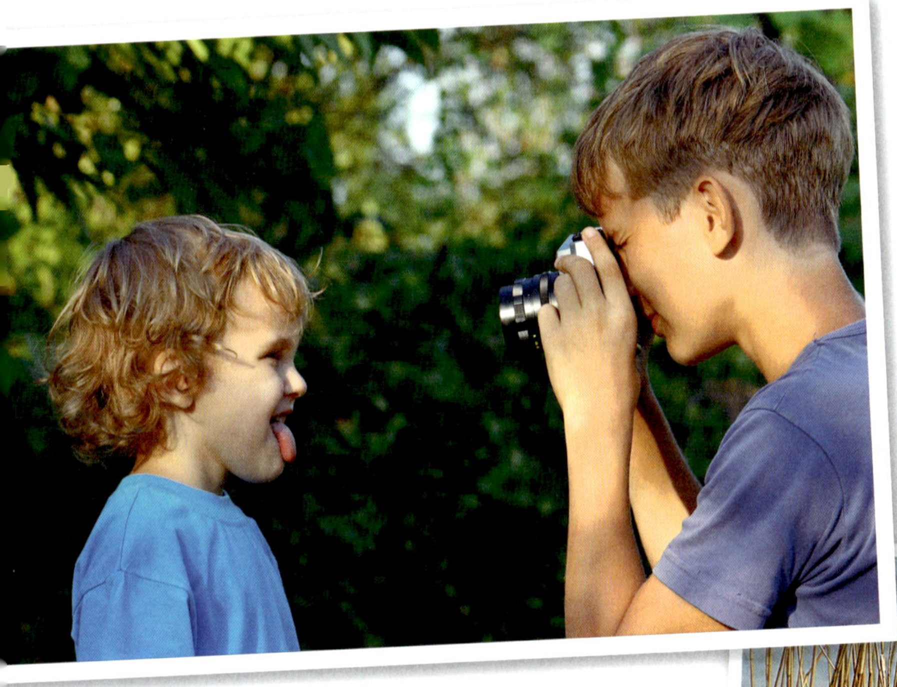

Menschen, die gerade mit etwas anderem beschäftigt sind, achten meist nicht auf ihre Umgebung. Mit dem Zoom kannst Du dann aus einem größeren Abstand interessante und vor allem sehr natürliche Bilder aufnehmen.

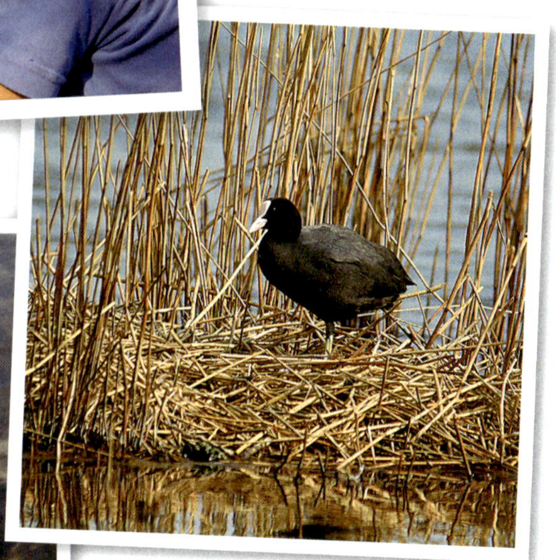

Dieses Blässhuhn entdeckte ich mit dem Fernglas auf einer kleinen Insel. Ich konnte unmöglich näher an das Nest heran, und wilde Tiere lassen Menschen auch nicht dicht heran. Mit dem Zoom überbrückte ich die Entfernung.

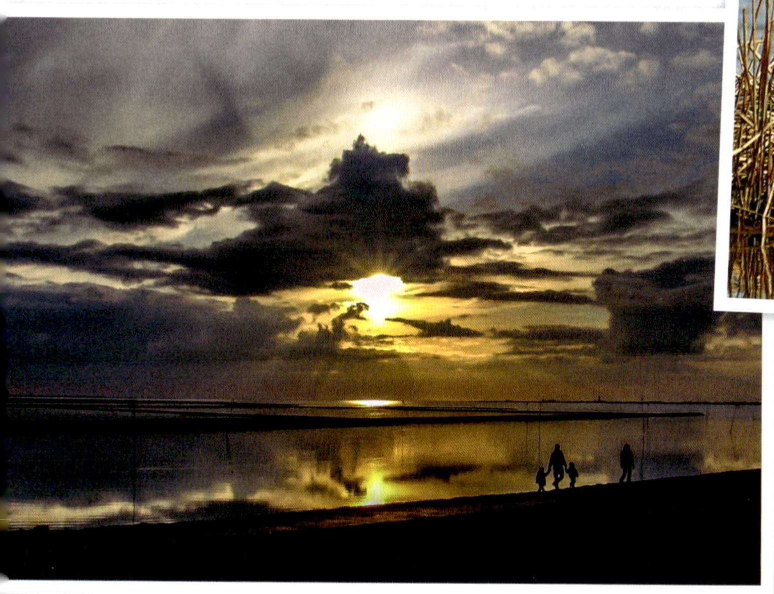

Das Bild lebt von der Vielzahl der Objekte, die durch eine geringe Brennweite abgebildet werden: der Weg mit der Familie und damit das Land, das Wasser mit der Spiegelung und schließlich der Himmel in seiner ganzen Schönheit.

1.14 Die Schärfentiefe macht Deine Bilder interessant

Die *Schärfentiefe* ist Dir als Begriff nun schon mehrmals begegnet, und jetzt werden wir einen genauen Blick darauf werfen. Schau Dir dazu einmal die gezeichnete Geschichte von dem Vater und seinen drei Kindern an. Die drei Kinder schwimmen um die Wette, und der Vater fotografiert diesen Wettkampf mit seiner Kamera.

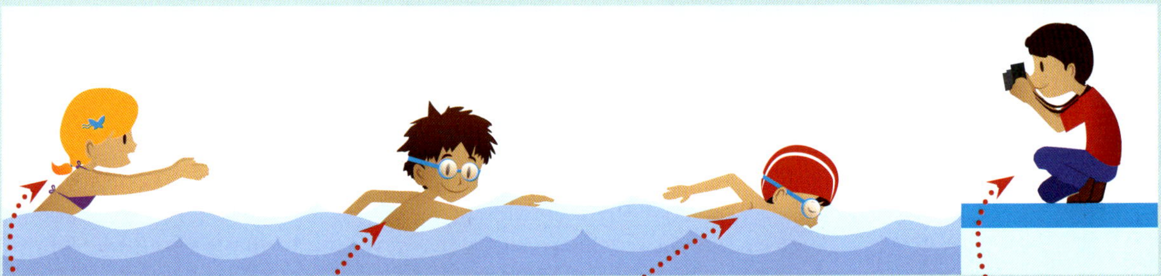

Ilka startet als Letzte. Sie ist von der Linse der Kamera am weitesten entfernt.

Sven will seinen Bruder einholen. Er schwimmt in mittlerer Entfernung von der Kamera.

Tobias schwimmt vorneweg. Er befindet sich am nächsten zum Vater mit der Kamera.

Der Vater stellt auf Tobias scharf und macht drei Bilder mit drei unterschiedlichen Einstellungen der Blende.

❶ Blende 2,8

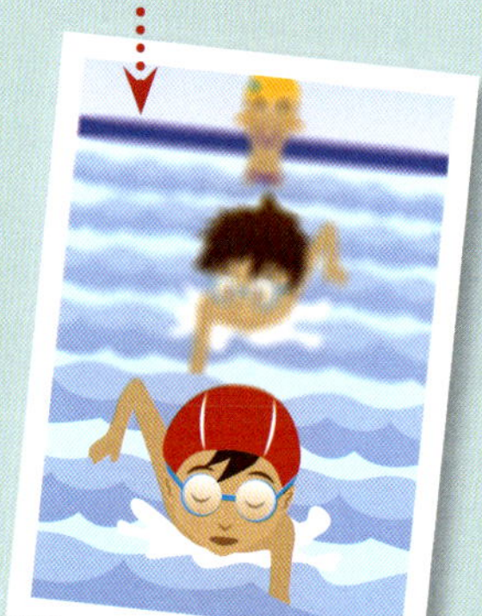

❷ Blende 8

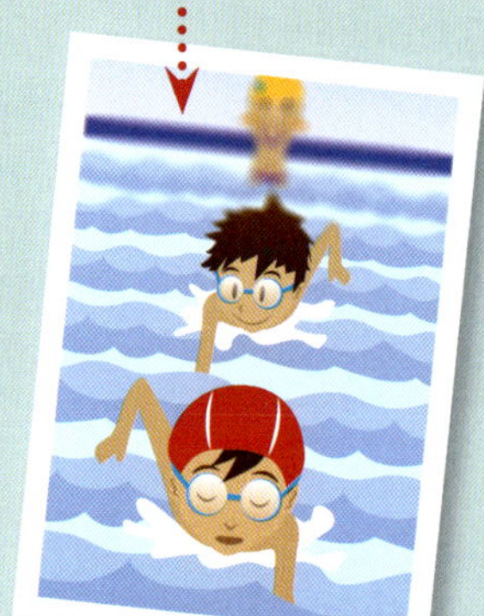

❸ Blende 16

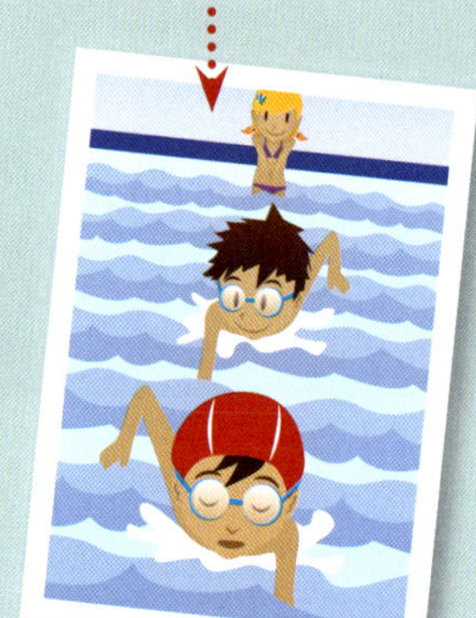

Wenn Du dir nun die drei entstandenen Bilder anschaust, so fallen Dir sicherlich Unterschiede auf:

- In Bild 1 ist nur Tobias klar und deutlich zu erkennen.
- In Bild 2 sind sowohl Tobias als auch Sven scharf abgebildet.
- In Bild 3 sind alle Kinder scharf zu sehen.

Aber warum ist das so? Um die ganze Angelegenheit mit der Schärfentiefe wirklich bis ins kleinste Detail zu verstehen, müssten wir erst einmal Mathematik und Physik studieren. Die Zeit haben wir natürlich jetzt nicht, aber zum Glück ist das auch gar nicht nötig. Denn es reicht vollkommen, dass Du verstehst, was Du tun musst, damit Du deine Bilder mit der Schärfentiefe aufnehmen kannst, die Du haben willst. Das ist die Hauptsache! Denn Du weißt ja zum Beispiel auch, dass im Fernseher Bild und Ton ankommen, sobald Du ihn anschaltest. Wie das funktioniert, ist dabei gar nicht so wichtig.

Aber nun zurück zu den drei Bildern! Woran liegt es nun, dass in Bild 1 nur Tobias klar und deutlich zu erkennen ist? Wie Du schon weißt (siehe Seite 35), muss zwischen Motiv und Linse ein bestimmter Abstand herrschen, damit das Motiv scharfgestellt werden kann. Das gilt ganz besonders, wenn an der Kamera eine große Blendenöffnung eingestellt ist, etwa eine Blendenzahl 2 oder 2,8. Dann kann ein kleiner Bereich scharfgestellt werden. In Beispielbild 1 reicht dieser gerade eben so, um Tobias in der Schärfe zu haben. Alle anderen Bereiche vor und nach Tobias werden unscharf abgebildet. Der Fotograf sagt: »Die Blende 2 sorgt für eine geringe Schärfentiefe.«

Bei einer großen Blendenöffnung dehnt sich die Schärfe vor und hinter dem scharfgestellten Motiv kaum aus. Die Schärfentiefe ist gering.

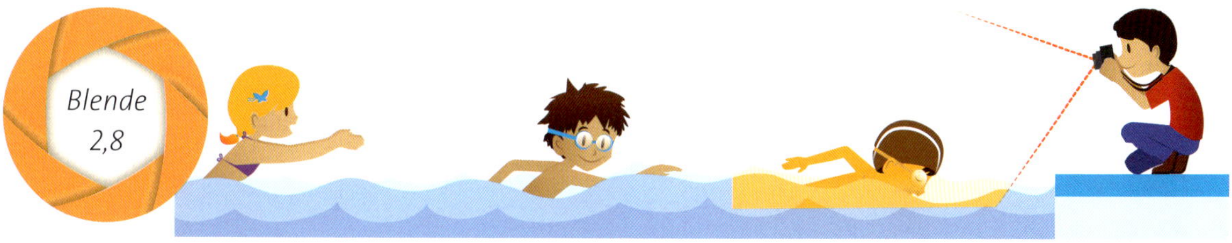

Du weißt, dass die Blende aus mehreren dünnen Metallblechen besteht, die ineinander verschoben werden können. Eine große Blendenöffnung kann so kleiner und eine kleine größer werden. Bei einer großen Blendenöffnung lenkt die Linse das Licht anders als bei einer kleinen Blendenöffnung. Ist eine große Blendenöffnung eingestellt, so kann die Linse nur einen kleinen Bereich (dort, wo Tobias gerade schwimmt) scharf einstellen. Wird nun die Blendenöffnung verkleinert – wie es in Bild ❷ passiert ist –, dann wird der Bereich, den die Linse scharf abbilden kann, größer. Jetzt umfasst die Schärfentiefe neben Tobias auch Sven. Bis zu Ilka reicht die Schärfe aber noch nicht.

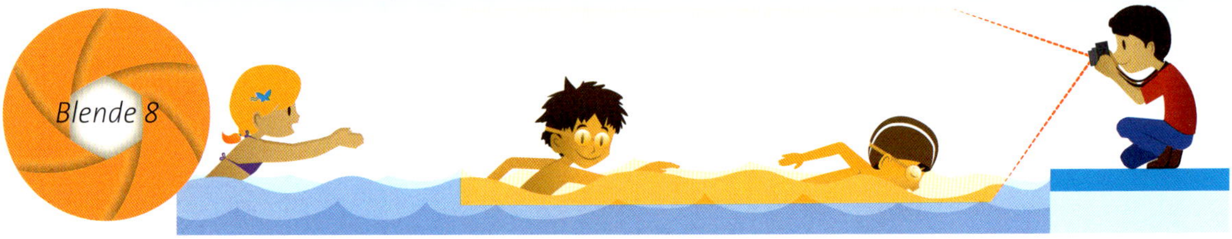

^ Wenn Du die Blendenöffnung verkleinerst, dehnt sich die Schärfe vor und hinter dem scharfgestellten Motiv immer weiter aus. Die Schärfentiefe wird größer.

v Damit die Schärfe für Ilka, Sven und Tobias reicht, muss die Blende weit geschlossen werden.

Warum auf dem dritten Bild alles scharf ist, ahnst Du jetzt bestimmt schon. Für das Bild ❸ hat der Vater die Blendenöffnung noch kleiner gestellt oder wie der Fotograf sagt: »Er hat die Blende weiter geschlossen.« Merke Dir: Mit jeder Verkleinerung der Blendenöffnung vergrößert sich die Schärfentiefe.

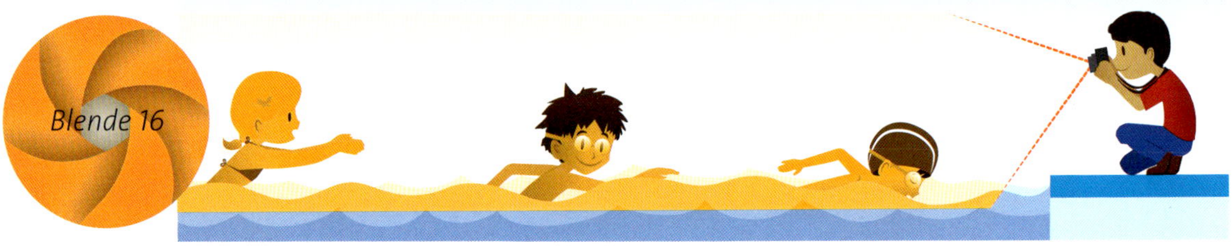

Das kleine Fotoprojekt

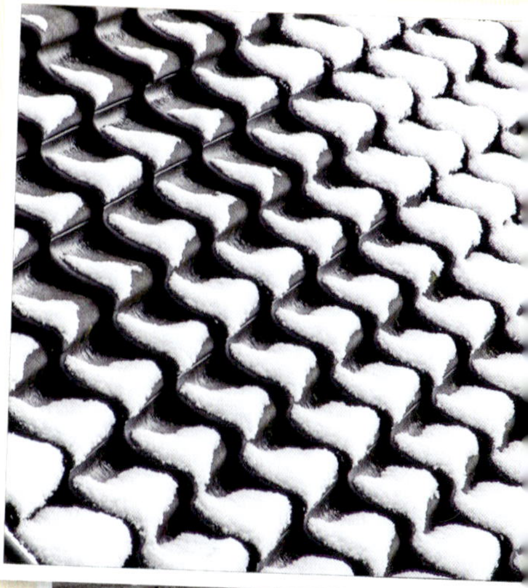

Sammle Bilder mit Mustern darauf! Wenn Du hinterher viele solcher Bilder in einer Collage nebeneinanderstellst, erhältst Du wieder neue Muster und mit Sicherheit ein tolles, neues Bild! Muster entstehen, wenn Einzelteile in einer bestimmten Art und Weise angeordnet sind, wobei sie nicht immer ganz exakt angeordnet sein müssen. Denn nicht nur der Mensch gestaltet Muster, sondern auch in der Natur kannst Du viele tolle Muster und Farben finden. Die Dachziegel im Schnee und die Autospur im Sand sind Beispiele für menschengemachte Muster. Im Holz und auf Blättern kannst Du unregelmäßigere Muster finden. Muster, die im Inneren des Holzes existieren, werden erst sichtbar, wenn das Holz geschnitten wird. Tolle Musterungen erschafft auch das Wasser. Diese sieht man aber erst, wenn das Wasser wieder abläuft, zum Beispiel bei Ebbe an der Nordsee. Wenige Stunden später werden mit der aufkommenden Flut die alten Spuren im Sand durch neue Muster ersetzt. Suche auch Straßen, Gehwege, Mauern und Häuserwände nach interessanten Mustern ab. Und auch im Fell und Gefieder von Tieren gibt es viele Muster zu entdecken!

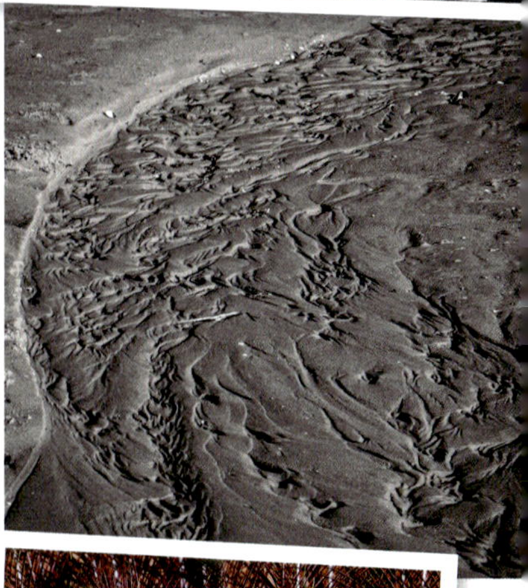

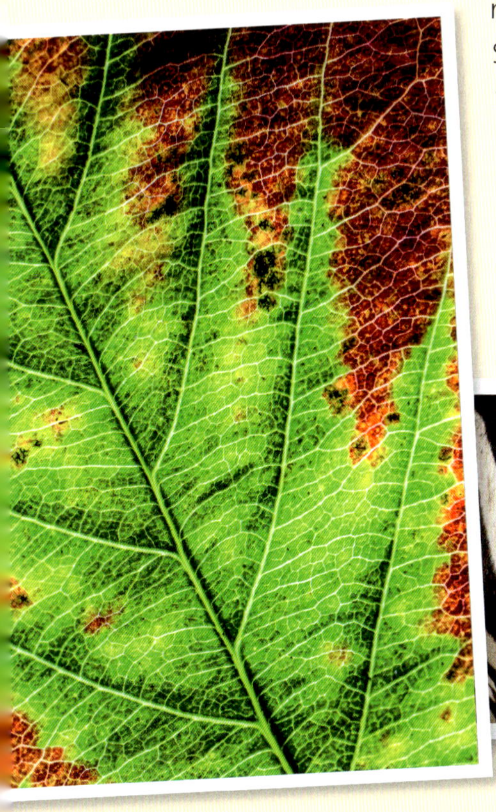

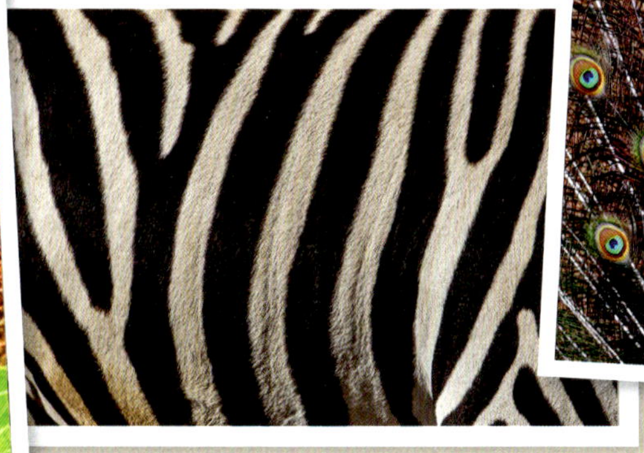

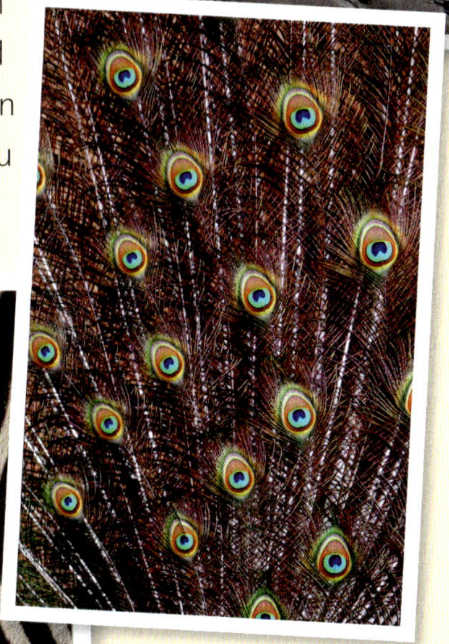

1.15 Du bestimmst die Blende

Wie Du im vorigen Abschnitt sehen konntest, ist die Blende eine sehr wichtige Einrichtung in Deiner Kamera. Mit ihrer Hilfe kannst Du die Qualität Deiner Bilder stark beeinflussen. Gleichzeitig hast Du die Möglichkeit, einem Bild mit der richtigen Blende eine Aussage zu verleihen. Du kannst so nämlich bestimmte Motivteile scharf oder eben unscharf werden lassen und sie dadurch unterschiedlich stark betonen.

Weil das so ist, gibt es an Deiner Kamera eine besondere Einstellung genau dafür: die *Blendenvorwahl*, die manchmal auch *Blendenpriorität* genannt wird. Wer die *Priorität* hat, der ist als Erster dran. Hier ist es also die Blende, die zuerst kommt. Denn in der Blendenvorwahl bestimmt nicht die Kamera die Blende, sondern Du als Fotograf legst fest, mit welchem Blendenwert Dein Foto entstehen soll. Alle anderen Einstellungen, wie zum Beispiel das Festlegen der Belichtungszeit oder des ISO-Werts, übernimmt die Kamera. So entsteht ein richtig belichtetes Foto, das aber genau die Schärfentiefe aufweist, die Du dir vorgestellt hattest.

Und jetzt Du!

- Informiere Dich in der Bedienungsanleitung für Deine Kamera, wie die Blendenvorwahl eingestellt wird.
- Stelle an Deiner Kamera die Blendenvorwahl ein.
- Informiere Dich weiter in der Bedienungsanleitung, wie Du die verschiedenen Blendenwerte einstellst.
- Übe Dich im Einstellen verschiedener Blendenwerte und mache Vergleichsfotos.

Übrigens: Damit Du dir alle Zusammenhänge am Anfang besser merken kannst, lade Dir doch Grafiken aus diesem Buch als »Spickzettel« zum Ausdrucken für Deine Fototasche von dieser Webseite herunter: **www.vierfarben.de/4029**. Dort klickst Du auf **Materialien zum Buch**.

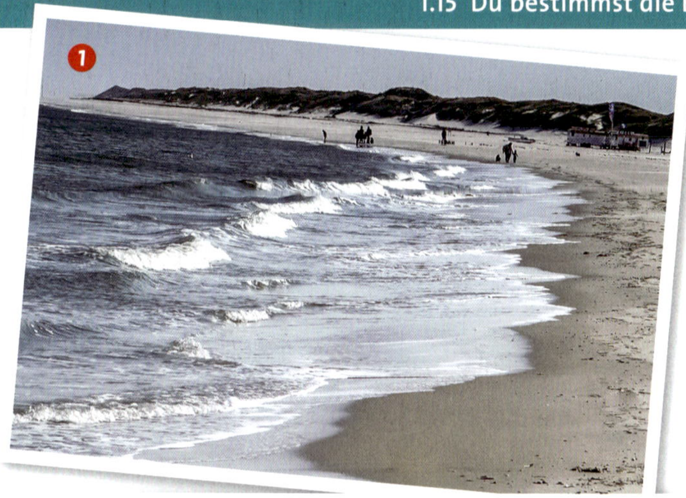

> Die Weite der Küstenlinie wollte ich bei diesem Bild betonen. Von ganz vorn über die Menschen bis zu den Dünen am Horizont sollte alles scharf sein. Mit der richtigen Blende ist das kein Problem.

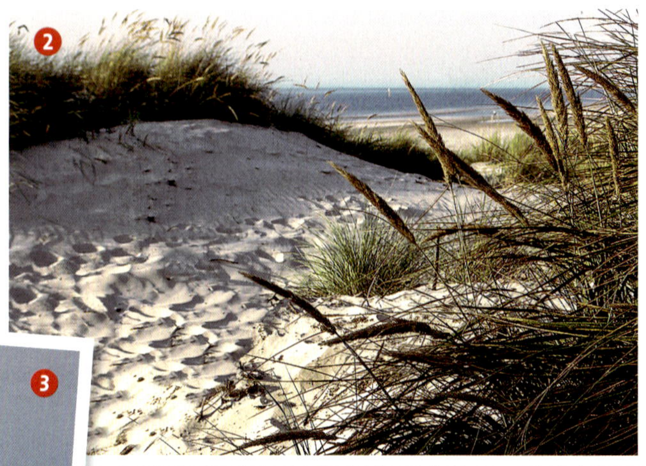

> Bei diesem Bild von der Insel Amrum sollten die Grasbüschel im Vordergrund das Hauptmotiv, die Umgebung aber noch zu erkennen sein. Das Gras in der Mitte ist fast noch scharf, die Nordsee aber erscheint nur noch als verschwommene blaue Fläche.

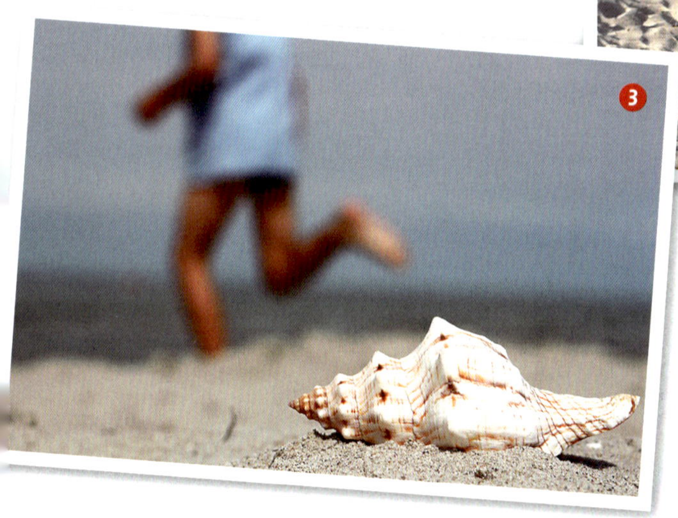

^ Hier sollte die schöne Muschel im Vordergrund betont werden, der Hintergrund war dem Fotografen nicht so wichtig. Also ging er mit der Kamera möglichst nah heran und stellte eine entsprechende Blende ein.

Und jetzt Du!

Notiere hier die Blendenwerte, mit denen die Fotos auf dieser Seite möglicherweise aufgenommen wurden:

1. Blende ________
2. Blende ________
3. Blende ________

Lies eventuell noch einmal den Abschnitt 1.14, »Die Schärfentiefe macht Deine Bilder interessant«, ab Seite 54, um eine Lösung zu finden.

1.16 Du bestimmst die Belichtungszeit

Im vorigen Abschnitt hast Du die Blendenvorwahl kennengelernt. Für das Voreinstellen der Belichtungszeit kennt Deine Kamera ein ähnliches Programm: die *Zeitvorwahl*, auch *Zeitpriorität* genannt. Hier legst Du als Fotograf fest, mit welcher Belichtungszeit Dein Foto aufgenommen werden soll. Alle anderen Einstellungen übernimmt die Kamera für Dich.

Das Festlegen einer bestimmten Belichtungszeit ist besonders dann wichtig, wenn sich Dein Motiv bewegt. Auf der Seite 42 in Abschnitt 1.11, »Verschluss und Belichtungszeit«, hast Du schon zwei Bildbeispiele gesehen, die mit unterschiedlich langen Belichtungszeiten aufgenommen wurden. Beim Betrachten dieser Fotos wirst Du feststellen, dass manche Teile des Motivs (nämlich die, die sich bewegt haben) verschwommen erscheinen, wenn die Belichtungszeit länger wird. Wie das kommt, möchte ich Dir nun erklären. Ganz einfach ist es nicht, aber auch nicht so schwer, als dass Du es nicht verstehen könntest!

Schau Dir einmal die Grafiken auf der rechten Seite an. Im oberen Bild ❶ ist die Brücke klar und deutlich zu erkennen, und dass ein Zug über die Brücke fährt, sieht man auch. In Bild ❷ ist die Brücke immer noch gut zu erkennen, nur der Zug ist nicht mehr klar und deutlich (also scharf) abgebildet. Man kann aber noch sehen, dass da ein Zug fährt. In Bild ❸ schließlich fiele es schwer, zu sagen, was da überhaupt fotografiert wurde, so unscharf ist der Zug abgebildet! Er ist zu einem Farbstreifen verwischt, die Brücke aber ist immer noch gut zu erkennen.

Was ist hier passiert? Die Brücke ist scharf, aber der Zug auf der Brücke ist es nicht, dabei hat der Zug doch den gleichen Abstand zur Kamera wie die Brücke! Zur Erklärung musst Du noch etwas über die Belichtungszeit wissen: Wie Du schon von der Seite 42 weißt, befindet sich vor dem Bildsensor der Verschluss, der für Licht nicht durchlässig ist. Drückst Du den Auslöser, so öffnet sich dieser und schließt sich nach einer bestimmten Zeit wieder. Das kennst Du als die Verschluss- oder Belichtungszeit. An Deiner Kamera kannst Du aber natürlich verschieden lange Belichtungszeiten einstellen. Das macht die Kamera entweder automatisch, oder Du entscheidest Dich mit der Zeitvorwahl für eine bestimmte Belichtungszeit.

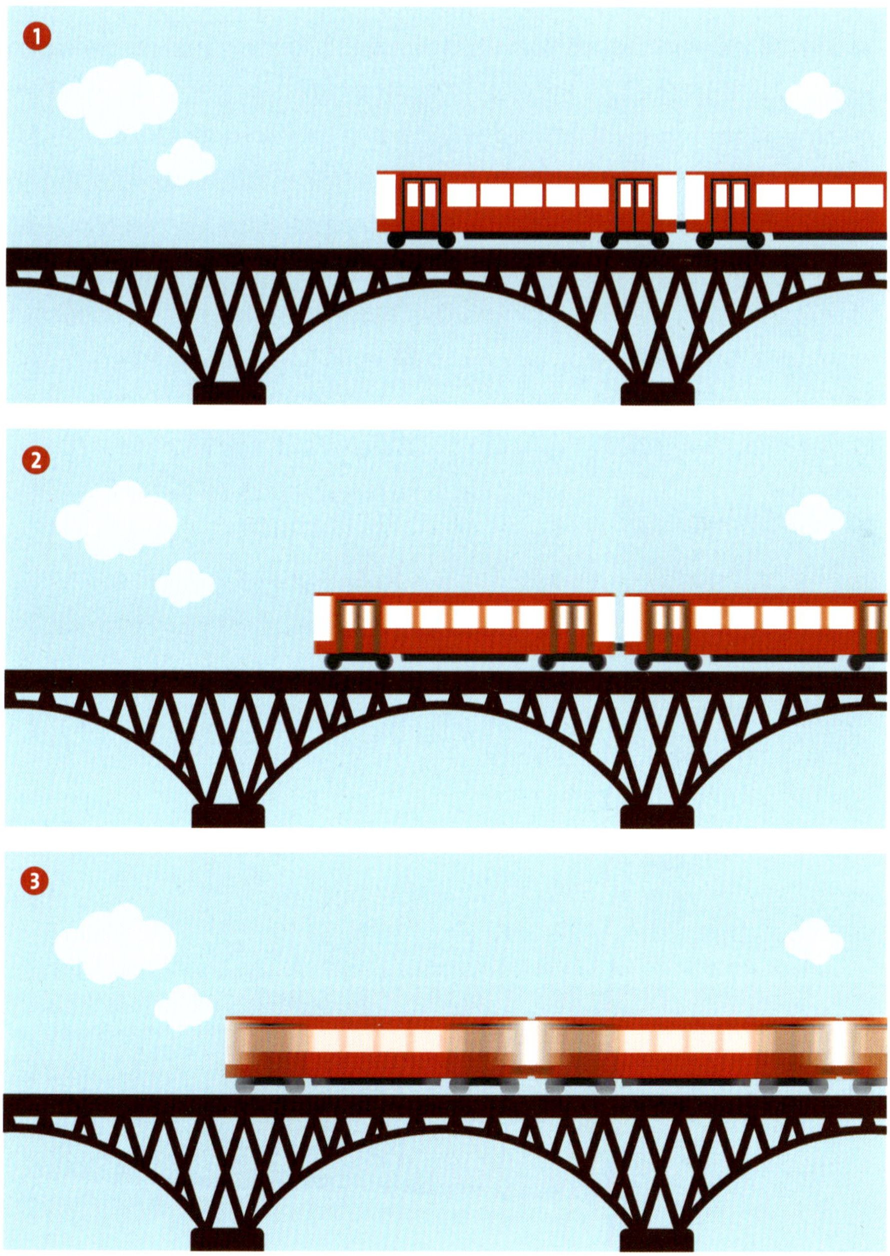

< Die Art und Weise, wie Motive, die sich bewegen, in einem Foto erscheinen, hängt von der Belichtungszeit ab. Ist sie sehr kurz, so kriegst Du meist ein scharfes Bild. Je länger die Belichtungszeit wird, desto mehr verwischen die bewegten Motive.

Bei meiner eigenen Kamera ist die längste Belichtungszeit 30 Sekunden, die kürzeste 1/2000 Sekunde – ein winziger Bruchteil einer Sekunde. 1/2000 Sekunde bedeutet: Der Verschluss öffnet und schließt sich so schnell, dass er das in einer Sekunde (!) 2000 Mal machen könnte. Das ist ein Tempo, das wir uns gar nicht vorstellen können.

Obwohl sich der Zug aus dem Bildbeispiel bewegt, ist es doch so, dass er zu einem bestimmten Zeitpunkt an einer ganz bestimmten Stelle auf der Brücke ist. Und weil er sich schnell bewegt, ist er an dieser einen bestimmten Stelle nur für einen ganz, ganz kurzen Moment – für den Bruchteil einer Sekunde, zum Beispiel für 1/1000 Sekunde. Wenn der Verschluss sich nun gerade in diesem ganz, ganz kurzen Moment auch für 1/1000 Sekunde öffnet, wird der Zug scharf abgebildet. So würdest Du dann ein Foto bekommen, das ähnlich aussähe wie Bild 1 auf der vorigen Seite, oder auch das Foto 4 links unten. Der Fotograf sagt: »Der Verschluss muss schneller sein als das Objekt«, und das erreichst Du über eine kurze Belichtungszeit.

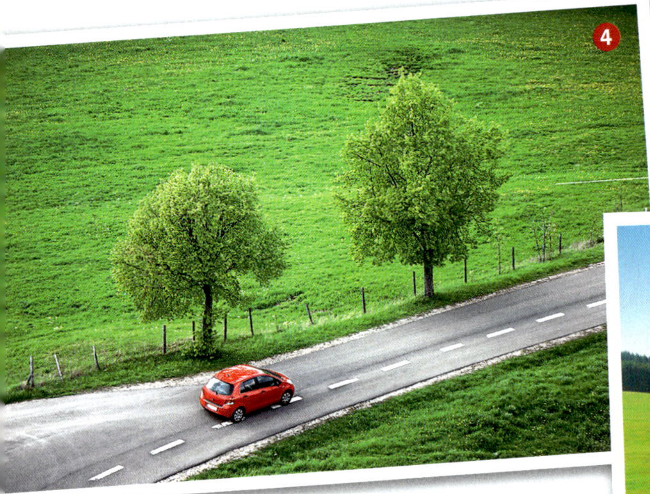

Was aber passiert, wenn sich der Zug 1/1000 Sekunde an einem Punkt auf der Brücke aufhält, die Belichtungszeit aber auf 1/500 Sekunde eingestellt ist? 1/500 Sekunde ist

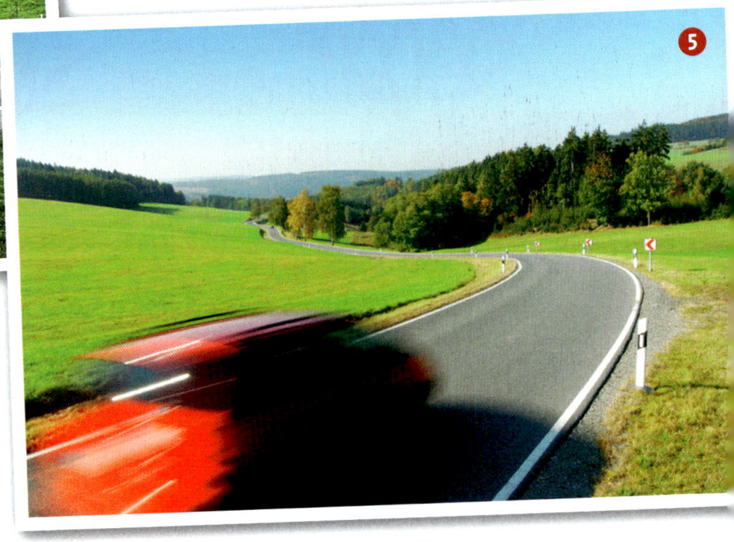

^ > Mit der Zeitvorwahl kannst Du bewegte Motive ganz unterschiedlich aussehen lassen: Welches der beiden Bilder vermittelt Dir den Eindruck, dass das rote Auto schnell ist?

genauso lang wie 2/1000 Sekunden. Dann bekommt der Sensor von der ersten 1/1000 Sekunde ein Bild und von der zweiten 1/1000 Sekunde noch ein Bild vom gleichen Zug. Weil sich der Zug aber in der zweiten 1/1000 Sekunde ein winzig kleines Stückchen weiterbewegt hat, steht auf dem Sensor das zweite Bild auch ein winzig kleines Stück weiter. Der Sensor sieht alles doppelt und macht daraus ein verschwommenes Bild, so wie in den Bildern ❷ und ❸ oder in Foto ❺ unten rechts. Der Fotograf sagt: »Der Verschluss ist langsamer als das Objekt«, und das bedeutet, die Belichtungszeit ist lang.

Und jetzt Du!

- Informiere Dich in der Bedienungsanleitung für Deine Kamera, wie die Zeitvorwahl eingestellt wird, und stelle sie ein.
- Informiere Dich weiter, wie Du die Belichtungszeiten einstellst.
- Übe Dich im Einstellen verschiedener Belichtungszeiten.
- Befestige Deine Kamera auf einem Stativ. Du kannst die Kamera auch auf das Fensterbrett oder eine Mauer legen. Hauptsache, sie liegt ruhig.
- Stelle das Stativ an einem Ort auf, an dem Du Objekte fotografieren kannst, die sich bewegen (Autos, Radfahrer, Motorradfahrer, Züge, Läufer, Tiere, ...).
- Stelle zunächst sehr kurze Belichtungszeiten ein und mache mehrere Fotos.
- Stelle schließlich längere und auch sehr lange Belichtungszeiten ein und mache Fotos.
- Damit Dein Bild bei langen Belichtungszeiten nicht verwackelt – beim Auslösen erschütterst Du nämlich die Kamera ganz leicht –, nutze am besten den Selbstauslöser.
- Finde mit der Bedienungsanleitung Deiner Kamera heraus, wie Du den Selbstauslöser einstellst, und aktiviere ihn.
- Löse aus, nimm die Hand von der Kamera und warte, bis Du das Auslösegeräusch gehört hast.

1.17 Das Smartphone als Kamera

In den bisherigen Abschnitten des Buches hast Du allerlei darüber gelesen, wie das Fotografieren mit einer digitalen Kamera funktioniert. Du hast gesehen, wie Du das Aussehen Deiner Bilder mit Hilfe der Blende und der Belichtungszeit verändern kannst. Nun kannst Du ja nicht nur Deine Digitalkamera zum Fotografieren einsetzen, sondern auch Dein Smartphone – ich muss Dir sicher nicht beschreiben, wie das genau geht. An Deinem Smartphone kannst Du natürlich viel weniger einstellen als an einer Digitalkamera, aber trotzdem hat das Smartphone ein paar Vorteile:

- Weil Du immer erreichbar sein möchtest und das Smartphone so klein und leicht ist, hast Du es immer bei Dir und damit auch immer eine Kamera. Die Digitalkamera ist größer und schwerer, so dass Du sie vielleicht nicht immer einsteckst. Mit dem Smartphone kannst Du also jederzeit Momente in einem Foto festhalten.
- Das Smartphone eignet sich wunderbar als fotografisches Notizbuch. Wenn Du zum Beispiel unterwegs ein tolles Motiv gefunden hast, zu dem Du mit Deiner Digitalkamera zurückkehren willst, nimm es einfach mit dem Smartphone auf.
- Viele Smartphones haben gleich zwei Kameras eingebaut, eine vorne und eine hinten im Gehäuse. So kannst Du dich auf einfache Art und Weise selbst fotografieren.
- Mit Deinem Smartphone kannst Du aber nicht nur Fotos aufnehmen, sondern

Wenn Du dein Smartphone dabei hast, hast Du gleichzeitig auch immer eine Kamera dabei.

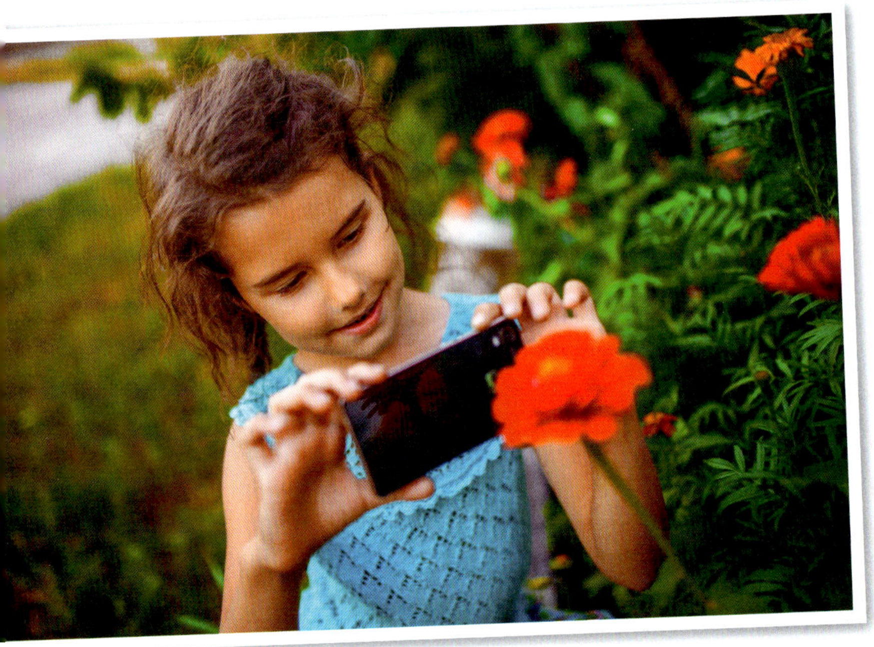

natürlich auch telefonieren, Nachrichten verschicken und Dich im Internet informieren – das alles kann Deine Digitalkamera nicht.

Wenn die Lichtverhältnisse gut sind, kann auch mit einem Smartphone ein ansehnliches Foto entstehen. In manchen Situationen ist es aber sehr schwierig, weil das Smartphone weniger Funktionen hat als eine Digitalkamera:

- Du kennst die Vorteile des Zoomobjektivs an Deiner Digitalkamera. Das Smartphone aber hat keinen optischen Zoom wie die Digitalkamera, und nur der sorgt für gute Fotos. Das Smartphone verfügt über einen digitalen Zoom, der aber immer zu einer deutlich schlechteren Bildqualität führt. Also: Hände weg vom digitalen Zoom. Den fehlenden Zoom kannst Du etwas ausgleichen, indem Du möglichst nah an das Motiv herangehst, aber dann können Deine Motive schnell verzerrt aussehen, weil das Smartphone-Objektiv nur eine einzige kurze Brennweite hat (Weitwinkel).
- Durch das Weitwinkelobjektiv bekommst Du immer viel vom Motiv aufs Foto. Dadurch werden viele Dinge im Foto sehr klein abgebildet, und die Fotos können schnell überladen wirken. Der Betrachter hat dann Mühe, das eigentliche Motiv zu sehen.
- Nach der Einstellung von Blende und Belichtungszeit suchst Du beim Smartphone vergeblich. Damit fehlen ihm bedeutende Funktionen zur Gestaltung eines Fotos.

Digitalfotos kannst Du leicht mit den entsprechenden Programmen bearbeiten und verbessern. Dazu habe ich Dir in Teil 3 des Buches ab Seite 122 ein paar Tipps aufgeschrieben. Mit Deinen Smartphone-Fotos kannst Du es ganz genauso machen. Mit Hilfe von Apps kannst Du aber auch schon direkt auf dem Smartphone Fotos mit Effekten versehen. Mehr dazu findest Du ebenfalls in Teil 3 des Buches auf Seite 165.

1.18 Motivprogramme helfen Dir beim Fotografieren

Die Vollautomatik der Digitalkamera kann viel, aber es gibt Situationen, da müsste sie aus mehreren Möglichkeiten die günstigste auswählen. Dabei kannst Du ihr helfen, indem Du das richtige *Motivprogramm* einstellst. Diese Motivprogramme sind – je nachdem für welche Motive sie gedacht sind – anders programmiert als die Vollautomatik. Dadurch werden die Fotos besser. Du erkennst die Motivprogramme an kleinen Symbolen. Einige davon sind bei allen Digitalkameras gleich, einige gibt es nicht bei allen, und andere wiederum unterscheiden sich von Kamera zu Kamera, haben aber die gleiche Bedeutung.

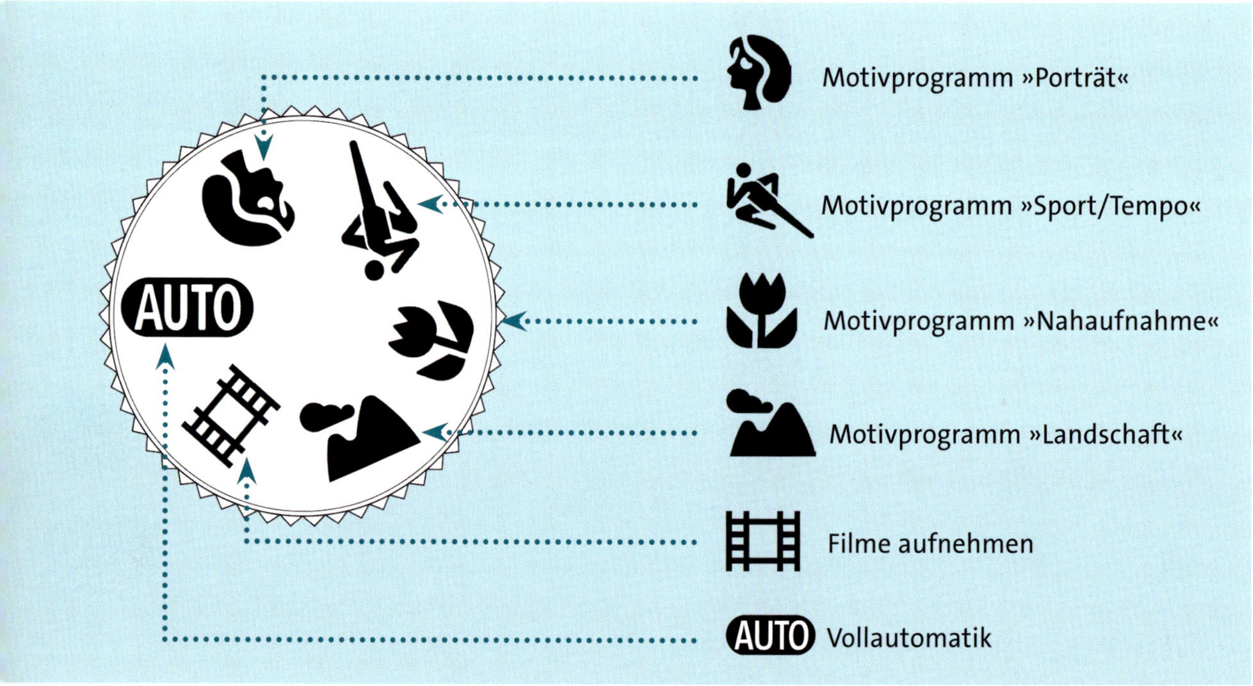

∧ Die wichtigsten Motivprogramme stellst Du je nach Kamera direkt auf einem Wahlrad ein. Manchmal musst Du aber auch das Wahlrad auf ***SCN*** *stellen, bevor Du die Motivprogramme im Menü auswählen kannst.* ***SCN*** *steht für »Scene«; das ist englisch und bedeutet »Szene« oder auch »Situation«.*

Wenn Du an Deiner Kamera das Motivprogramm »Porträt« einstellst, bekommt die Kamera die Information, dass eine Person klar und deutlich abgebildet werden soll. Alle anderen Bildteile müssen unscharf sein. Das wird erreicht, indem die Kamera eine möglichst große Blendenöffnung (kleine Blendenzahl, siehe Seite 40) einstellt. Immer dann also, wenn es Dir auf einen unscharfen Hintergrund ankommt, kannst Du das Motivprogramm »Porträt« benutzen.

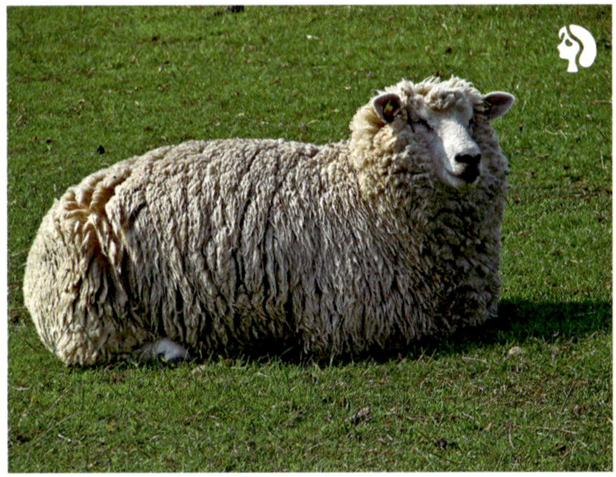

Dieses Schaf zeigt eine stolze Haltung, als wollte es sagen: »Ich, das Schaf.«

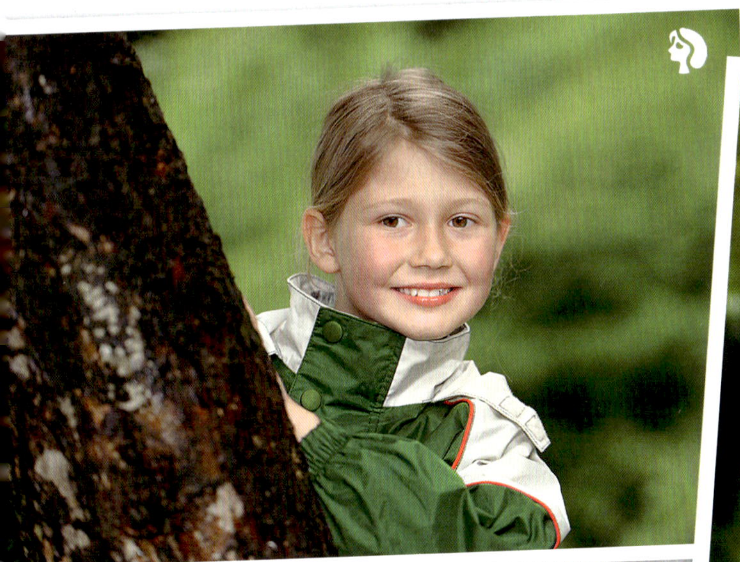

Es gibt zwar viele Porträtaufnahmen, die nur zeigen sollen, wie ein Mensch aussieht, zum Beispiel für den Ausweis. Schöner aber sind Porträts wie dieses: ein Schnappschuss beim Versteckspielen!

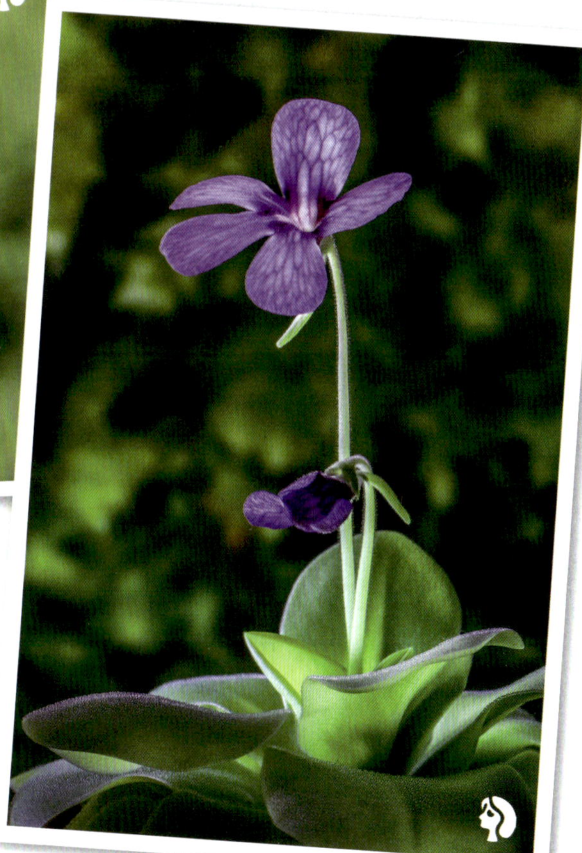

Eine Porträtaufnahme kannst Du nicht nur von einem Menschen oder einem Tier, sondern sogar von einer Pflanze anfertigen.

Im Motivprogramm »Sport/Tempo« stellt die Kamera eine kurze Belichtungszeit und eine dazu passende Blende ein. Denn mit diesem Motivprogramm sollen Objekte, die sich in schneller Bewegung befinden, scharf abgebildet werden. Das können Menschen und Tiere sein, aber natürlich auch Autos, Schiffe, Räder usw. Schnelle Bewegungen kannst Du aber auch zum Beispiel in den Blättern eines Baumes finden, etwa wenn es stürmt.

> *Der Hund bewegt sich zwar nicht nach vorn, wohl aber rasch nach oben. Auch wenn ein Tier springt oder Dein bester Freund beim Sportfest zum Hochsprung antritt, solltest Du das Motivprogramm »Sport/Tempo« wählen.*

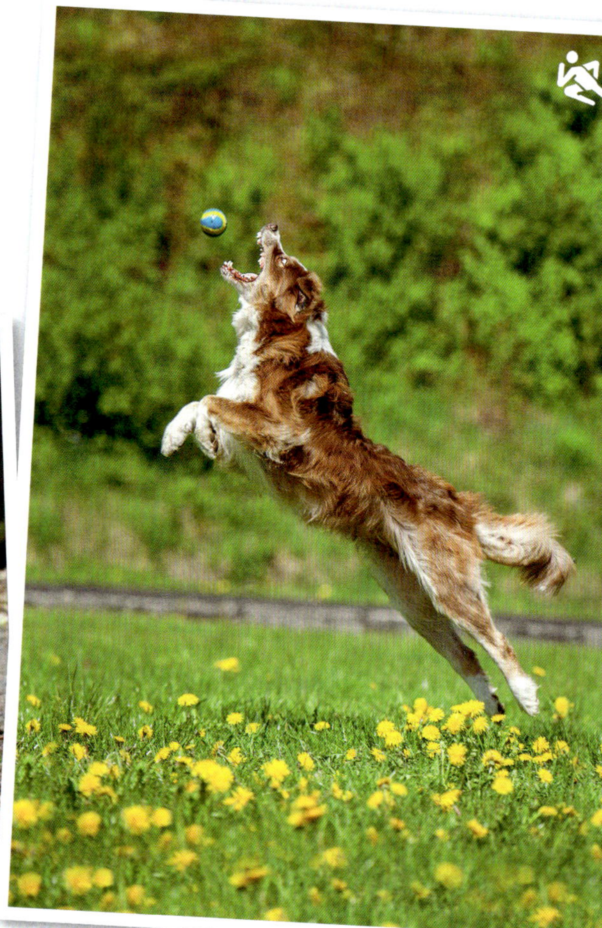

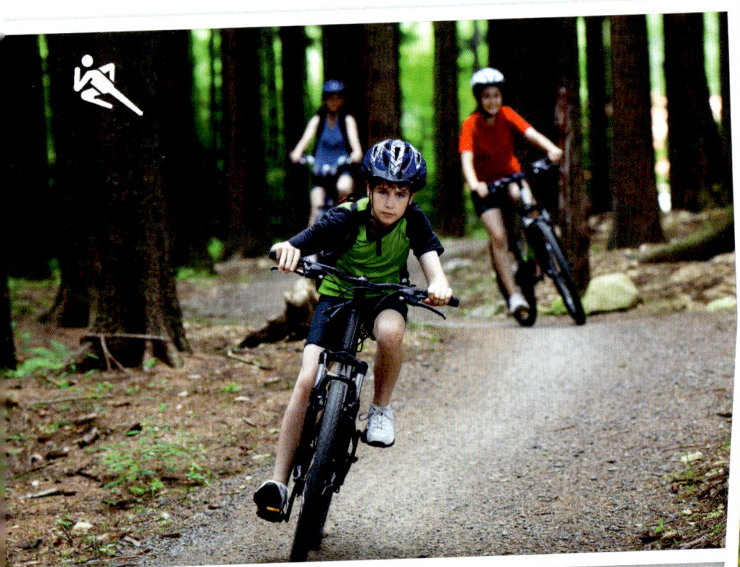

^ *Der Fotograf entschied sich dafür, nur den Fahrer an der Spitze scharf abzubilden. Der Radler kommt direkt auf die Kamera zu. Selbst wenn er sehr schnell fährt, erscheint das nicht so schnell, als wenn er an der Kamera vorbeifahren würde. So kannst Du Bewegungen leichter im Bild festhalten.*

Wenn Du das Motivprogramm »Nahaufnahme« einstellst, informierst Du deine Kamera darüber, dass Du jetzt ganz nah an eine Pflanze, ein Tier oder einen Gegenstand herangehen willst. Die Kamera wählt dann die Makroeinstellung. Das Objekt, an das Du nah herangehst, wird scharf, alle anderen Bildinhalte werden unscharf abgebildet. In einer Makroaufnahme sind kleine Dinge so groß abgebildet, dass sie das ganze Bild ausfüllen – sie sind *formatfüllend*. Auf der Seite 79 kannst Du dazu noch mehr lesen.

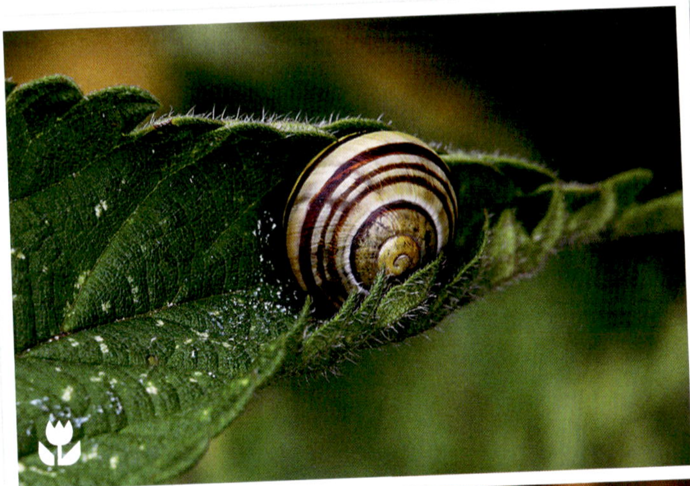

Schnecken brauchen feuchte Haut. Wenn es ihnen zu heiß wird, suchen sie sich ein schattiges Plätzchen und ziehen sich in ihr Gehäuse zurück. Dann kannst Du in aller Ruhe Deine Kamera holen und Aufnahmen machen. Die Schnecke wird sich nicht bewegen.

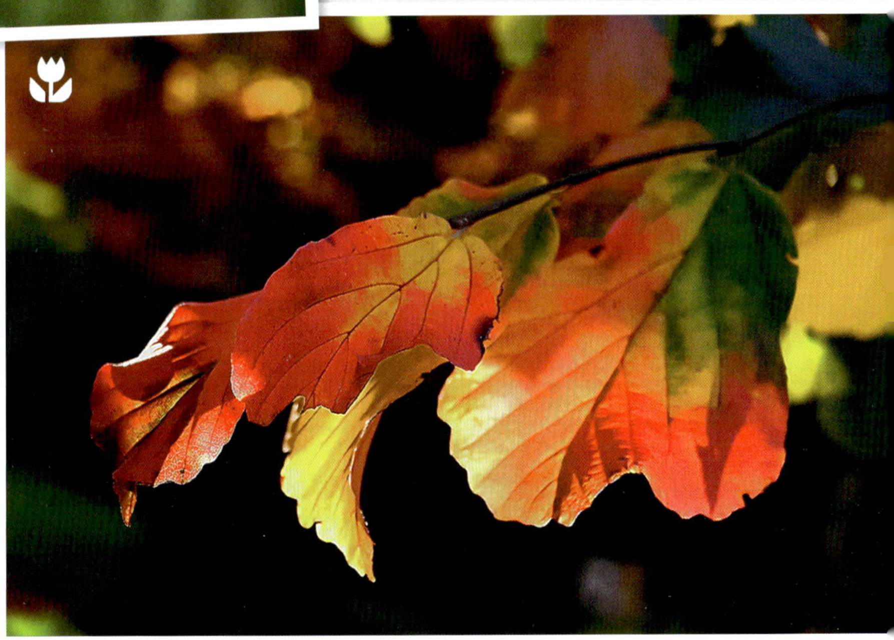

Die Laubfärbung im Herbst bietet viele schöne Motive. Durch das Motivprogramm »Nahaufnahme« sind die Blätter des Baumes scharf, der Hintergrund aber völlig unscharf. Dadurch wirkt das Bild besonders schön.

Im Motivprogramm »Landschaft« bekommt die Kamera die Information, dass von der Kamera bis zum weit entfernten Horizont alles scharf abgebildet werden soll. Daher stellt die Kamera zunächst eine kleine Blendenöffnung (große Blendenzahl, siehe Seite 40) ein und dann die dazu passende Belichtungszeit. Außerdem werden die Farben kräftiger und der Kontrast verstärkt. *Kontrast* ist der Gegensatz zwischen hell und dunkel. Zwischen Hellgrau und Dunkelgrau besteht nur ein geringer Unterschied, der Kontrast ist gering. Weiß und Schwarz hingegen unterscheiden sich sehr stark (stärker geht es nicht), der Kontrast ist hoch.

Landschaftsbilder sollen schön sein. Der Betrachter soll staunen, wo Du Urlaub gemacht hast, er soll sich dorthin wünschen.

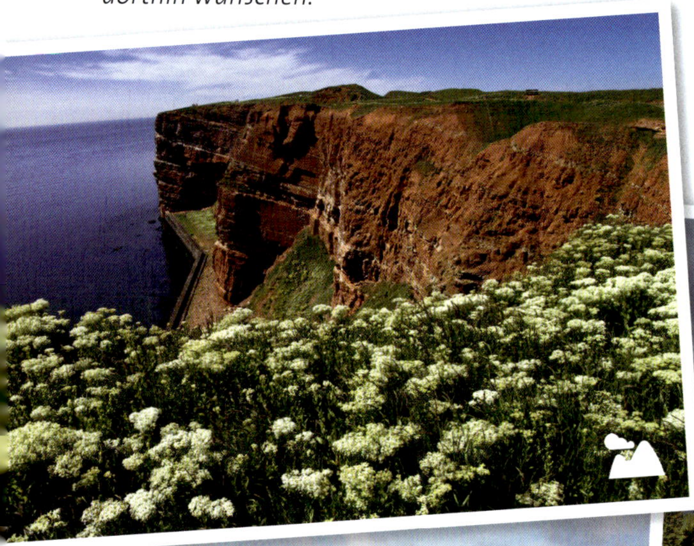

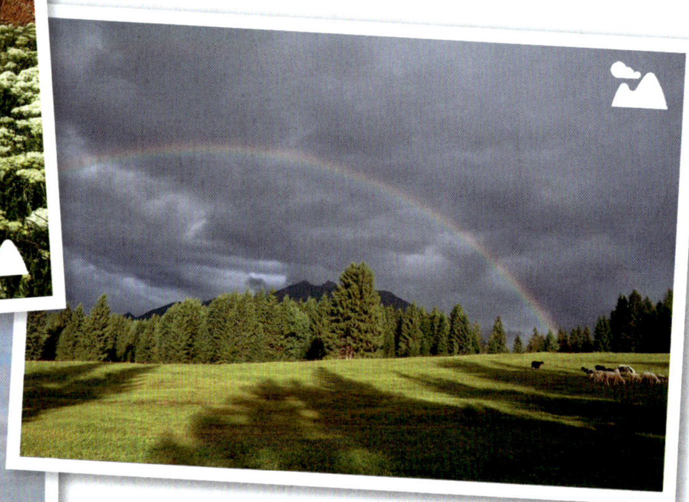

In einem Landschaftsfoto kannst Du auch Stimmungen einfangen – so wie in diesem Bild, das kurz nach einem Unwetter entstanden ist. Gehe also nicht nur bei schönem Wetter auf Fotopirsch! Schütze Dich dann durch einen Regenanzug und Deine Kamera mit einem Plastikbeutel. In den schneidest Du ein so großes Loch, dass das Objektiv durchpasst, und schon kann es losgehen.

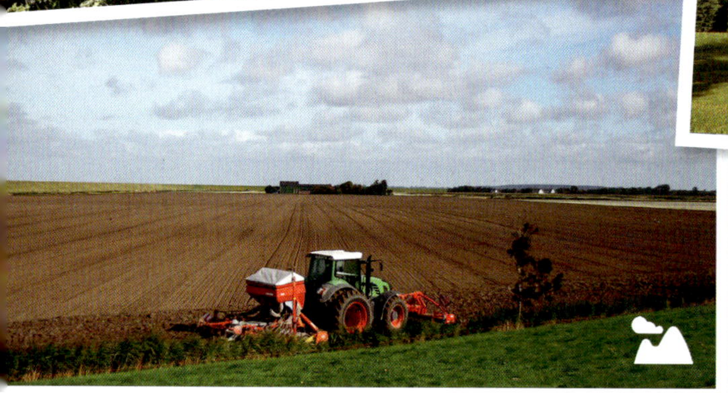

Im Herbst gefallen mir in der Landschaft auch die Brauntöne, die sich ergeben, wenn die Landwirte ihre Äcker für das kommende Jahr vorbereiten. Ich wartete eine ganze Weile am Wegesrand, bis der Traktor genau an der richtigen Stelle im Bild war.

Das kleine Fotoprojekt

Du kennst sicher den Satz »Gegensätze ziehen sich an«. Wenn Du mit offenen Augen durch die Welt gehst, entdeckst Du bestimmt Objekte, die zwar sehr unterschiedlich sind, aber doch irgendwie zusammengehören. Halte das in Bildern fest, und suche Motive für: groß und klein, dick und dünn, schwarz und weiß, laut und leise, heiß und kalt, lang und kurz, fest und flüssig, sauer und süß, grau und bunt, hell und dunkel, einfarbig und gemustert, rund und eckig, scharf und stumpf, spitz und rund, glatt und rau.

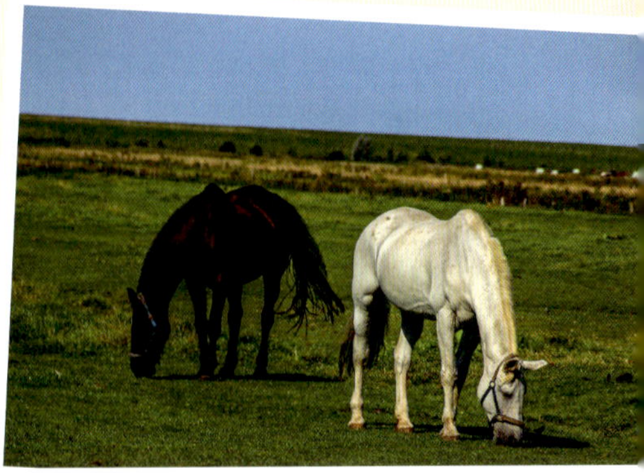

Derartige Fotos ergeben sich nicht sehr häufig. Du musst Deine Kamera immer zur Hand haben, aufmerksam sein und dann schnell reagieren. Ist die Kamera auf Automatik eingestellt, kannst Du auf ein gutes Foto hoffen. Dass ich etwa die beiden Schiffe aufnehmen konnte, verdanke ich dem Zufall. Sie verließen gerade dann den Amrumer Anleger, als ich dort auf die Fähre wartete. Das Foto der beiden Pferde kostete mich eine lange Wartezeit auf einer Bank an der Koppel. Sowohl die Pferde als auch die beiden Schiffe änderten schnell ihre Stellung zueinander, und ich konnte diese Fotos nur mit Geduld und dank einer schnellen Reaktion machen.

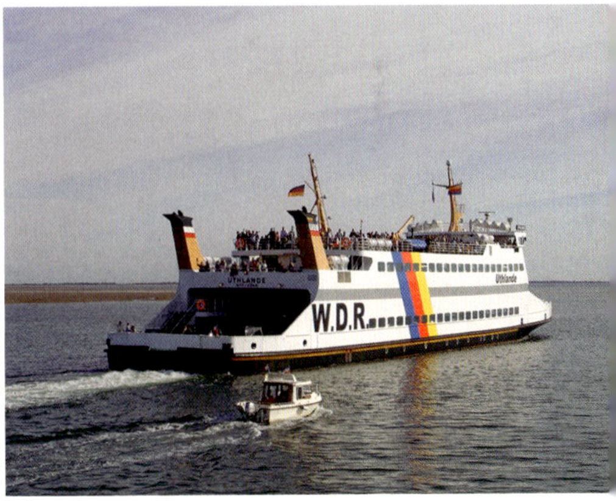

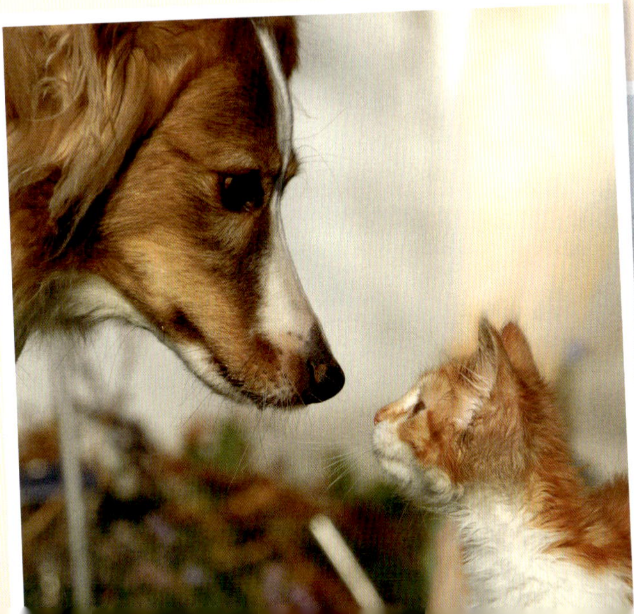

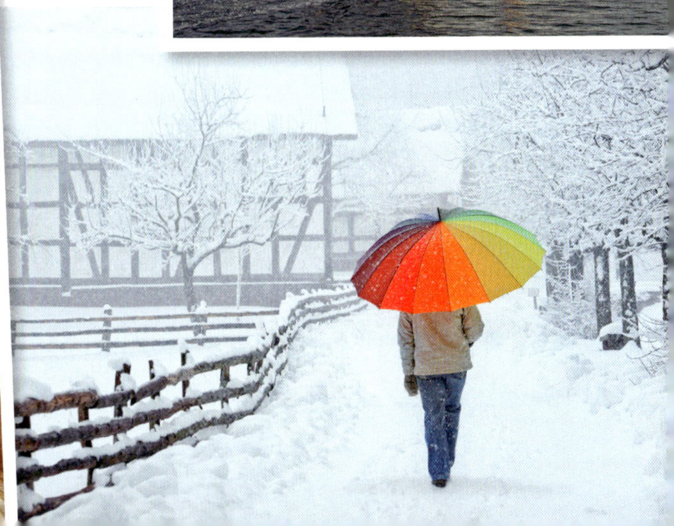

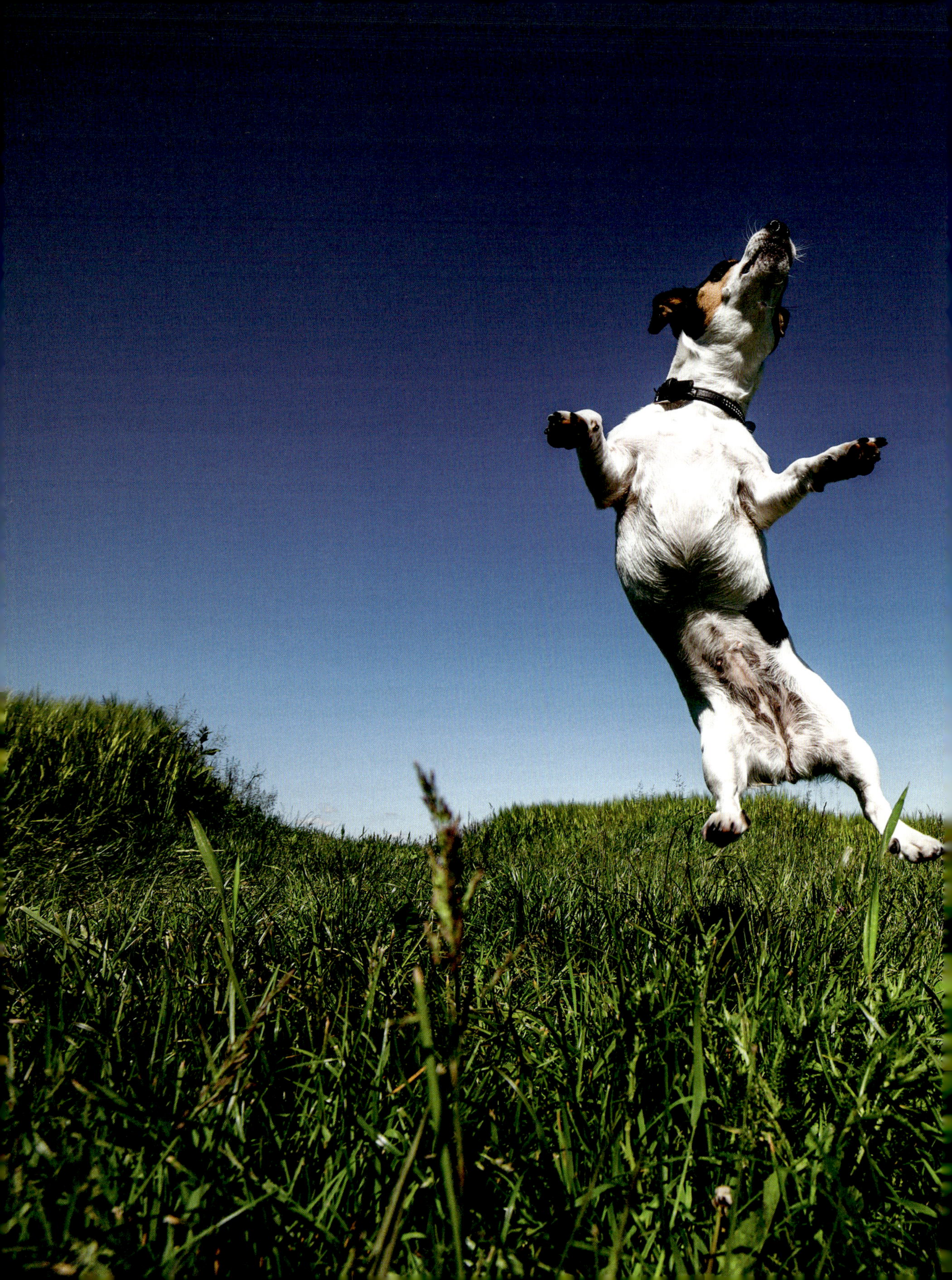

Teil 2: Fotos gestalten und Motive entdecken

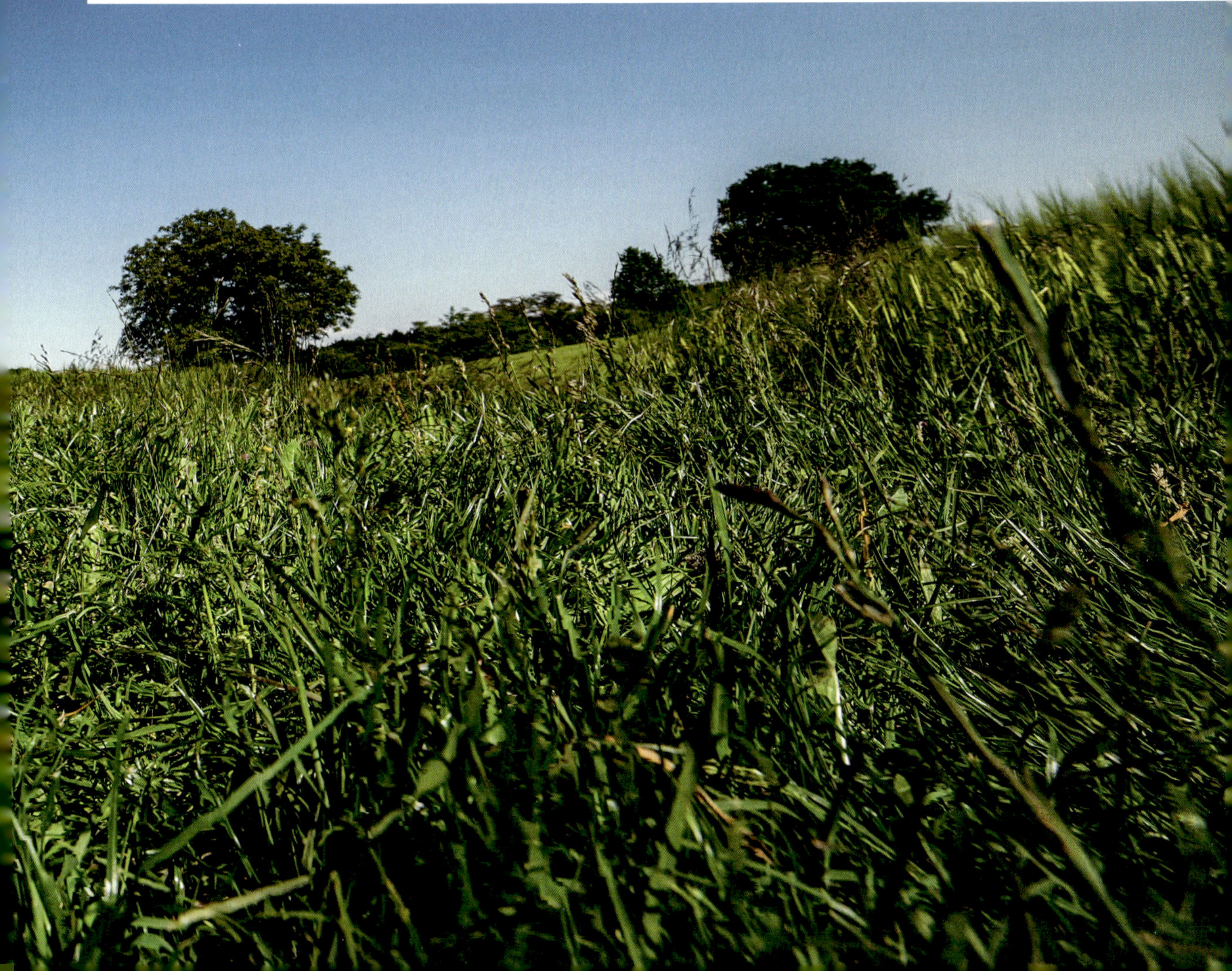

2.1 Zufall oder Planung?

Es gibt Fotos, die betrachtet man immer wieder gern und kann sich daran gar nicht sattsehen. Andere werden zwar angeschaut, aber die Augen bleiben nicht daran hängen, man legt sie weg und schaut sich lieber andere Bilder an. Ist das Zufall? Oder kann der Fotograf solche Bilder machen, die die Betrachter gar nicht mehr weglegen wollen?

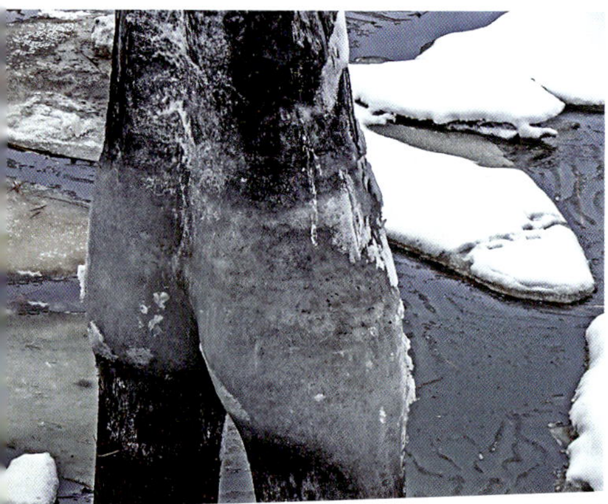

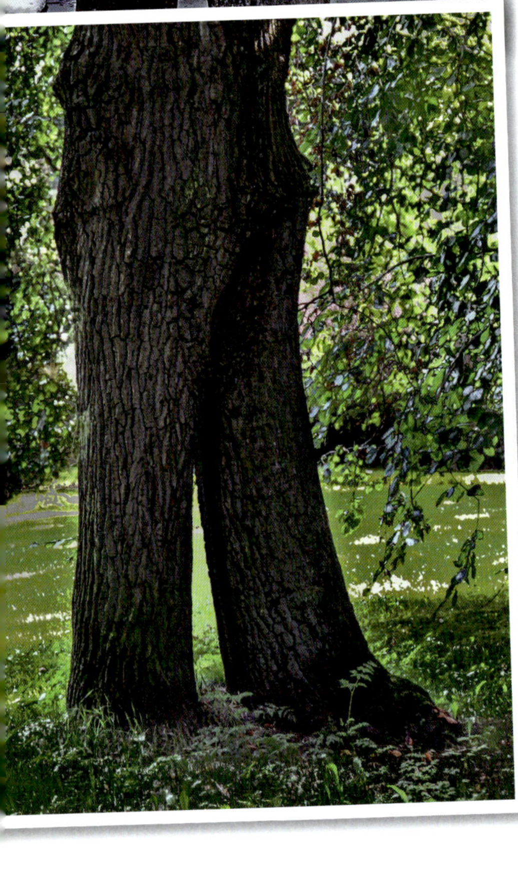

Das kann der Fotograf natürlich, aber auch der Zufall spielt eine gewisse Rolle. Schau Dir dazu einmal die beiden Fotos auf dieser Seite an. Beim Spazierengehen im Sommer fiel mir der »laufende Baum« auf, als sei dort ein Mensch zu Holz geworden! Die Kamera hatte ich zum Glück dabei, und so war das Foto schnell im Kasten. Bis zum Winter dauerte es, bis mir zufällig der nächste »Baummensch« begegnete. Sieht es nicht so aus, als hätte da einer eisige Hosen an? Und so passt das Bild schön zum laufenden Baum aus dem Sommer.

Die meisten meiner Fotos sind aber keine Zufallsbilder, so wie die Bilder der Baummenschen. Sie sind Fotos, die oft erst nach vielen Überlegungen und mit Regeln entstanden sind. Eine einzige Regel, nach der ein Bild immer gelingt, gibt es aber nicht. Fotografen haben in der langen Geschichte der Fotografie viele Regeln gefunden, nach denen Du ein gutes Bild gestalten kannst. Aber welche davon bei einem ganz bestimmten Bild angewendet werden sollen und welche nicht, darüber könnte

< Bäume oder Menschen!? Gehe mit offenen Augen durch die Welt, dann findest Du auch solche lustigen Zufallsmotive. Je nach Motiv musst Du auch einmal schnell sein und, ohne lang nachzudenken, die Kamera fertig machen, auslösen und hoffen, dass der Schnappschuss gelungen ist!

man lang und breit streiten. Zu allem Überfluss gibt es nicht wenige Fotos, die zwar gegen alle Regeln gemacht wurden, aber trotzdem (oder gerade deswegen?) hervorragende Bilder sind.

Bevor ich Dir auf den nächsten Seiten zeige, was Du tun musst, damit Deine Fotos möglichst schön werden, erinnere Dich doch einmal an den Tag zurück, an dem Du zusammen mit Deiner Familie Dein Zimmer eingerichtet hast. Da wurde viel überlegt und herumprobiert, bis jedes Möbelstück an der richtigen Stelle stand. Und nun hast Du ein Zimmer, das Dir richtig gut gefällt! Genauso gründlich muss man auch überlegen, wenn man ein Foto macht. An welcher Stelle im Bild sollen die einzelnen Teile des Bildes später erscheinen? Beim Einrichten Deines Zimmers gab es sicher auch Diskussionen um den Standort einzelner Möbelstücke. Was Dir gefiel, fand nicht immer die Zustimmung der anderen Familienmitglieder und umgekehrt. Schließlich aber hast Du über die genaue Einrichtung bestimmt, denn es ist Dein Zimmer. So wird es auch bei Deinen Fotos sein. Du wirst die Fotos machen, die Dir gefallen! Anderen gefallen sie vielleicht nicht, aber das ist nicht schlimm. Nur wenn keines Deiner Bilder auch anderen Menschen gefällt, solltest Du nachdenklich werden.

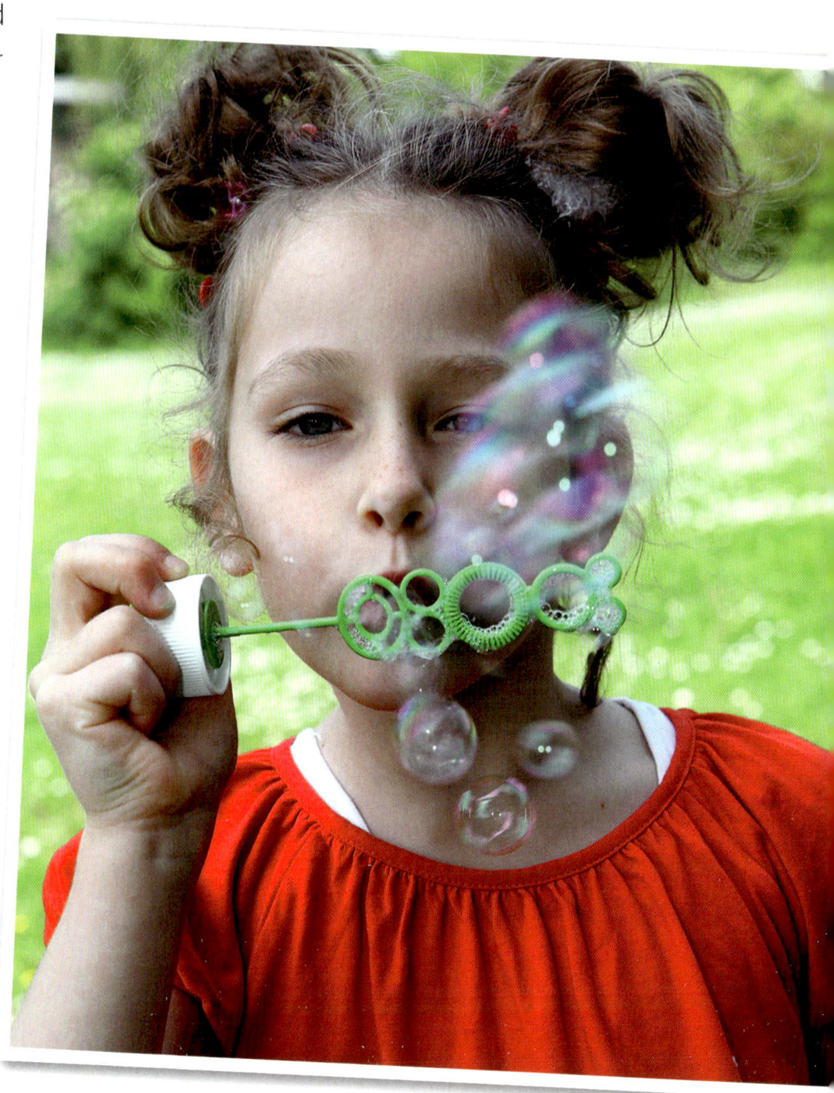

> *Bei diesem Bild hat der Fotograf sich genau überlegt, wie es aussehen sollte! Viele, viele Versuche waren dafür nötig, bis die Seifenblasen genau richtig davonschwebten.*

2.2 Was fotografierst Du gerne?

Du kennst bestimmt Menschen, die sich voll und ganz einem einzigen Hobby verschrieben haben, zum Beispiel dem Modellbau: Diese Menschen bauen und bauen und bauen … Und werden es nicht müde! Alle anderen Hobbys können sie nicht reizen. Du könntest es nun mit Deinem neuen Hobby genauso halten, indem Du fotografierst und fotografierst und immer und überall fotografierst! Und dann hast Du plötzlich ganz, ganz viele Fotos von allen möglichen Dingen, und Du weißt gar nicht mehr, welche Fotos Dir am besten gefallen. Denke noch einmal an die Modellbauer: Die bauen nicht einfach alles, was sich so bauen lässt. Der eine mag Eisenbahnen, der andere baut nur Schiffe und wieder ein anderer findet nur Flugzeuge richtig gut.

Genauso ist es auch mit den Fotografen! Der eine interessiert sich nur für Landschaften, der andere nimmt nur Menschen auf, der dritte fotografiert nur Pflanzen und wieder ein anderer sitzt stundenlang im Tarnzelt, um Tiere zu fotografieren. Damit Dir das Fotografieren möglichst viel Spaß bereitet und Du wirklich schöne Bilder machen kannst, solltest Du herausfinden, welcher Bereich für Dich geeignet ist. Dazu will ich Dir ein paar Vorschläge machen, was Du fotografieren könntest:

- das Leben Deiner Familie, etwa Deine neugeborenen Geschwister, die Geburtstagsfeiern der Familienmitglieder, besondere Feiertage, etwa Deinen Bruder bei der Ostereiersuche, Deine Schwester und das neue Fahrrad, Deine Eltern bei den Urlaubsvorbereitungen usw.
- Deine Freunde und ihre Hobbys
- eine Fotoreportage Deiner nächsten Klassenfahrt
- den Besuch im Zoo oder im botanischen Garten
- Landschaften, zu Hause und in den Ferien
- Deine Heimat in Bildern

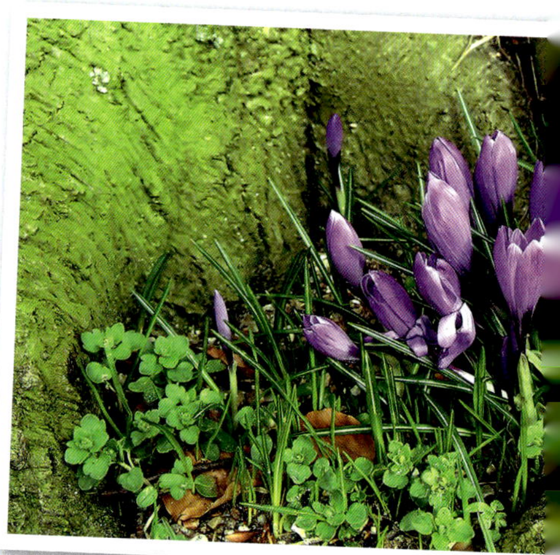

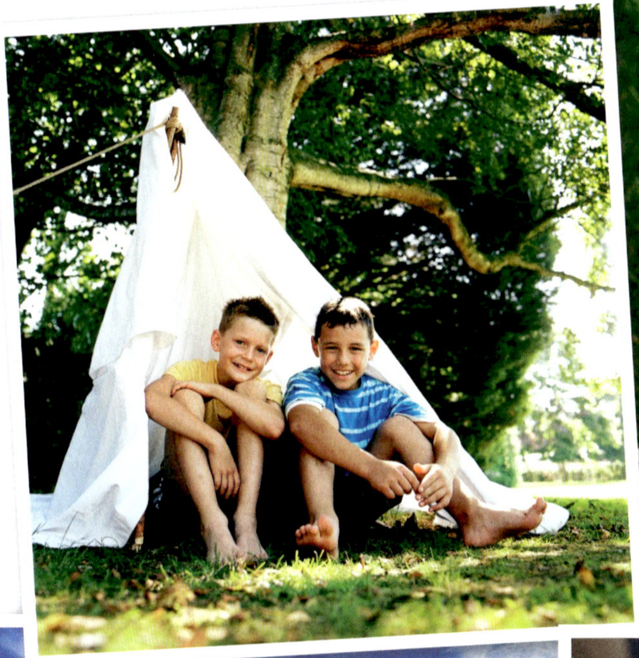

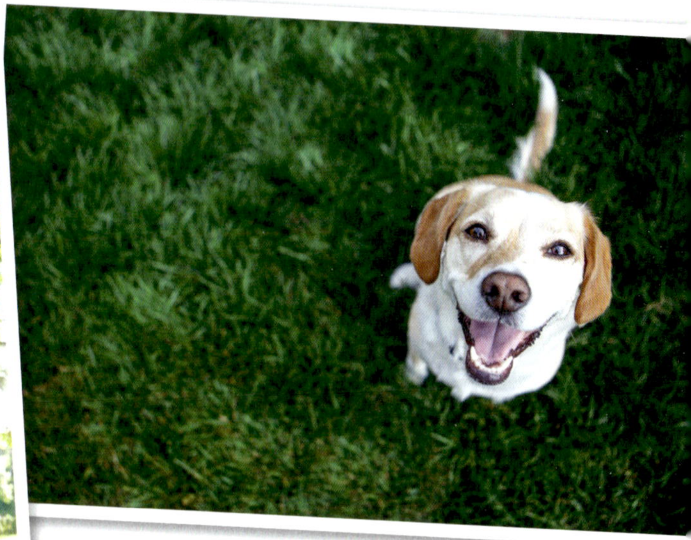

Egal was Du auch fotografierst, Du wirst mehr Spaß haben, wenn Du dich für Deine Motive interessierst.

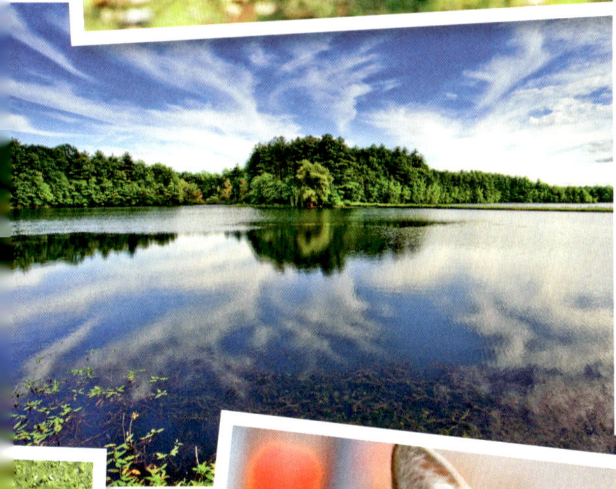

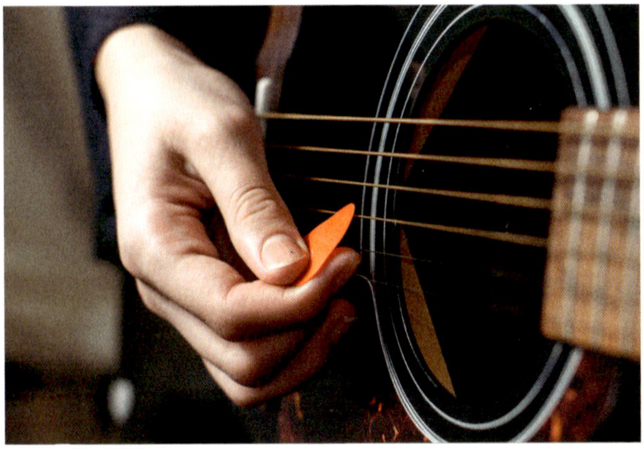

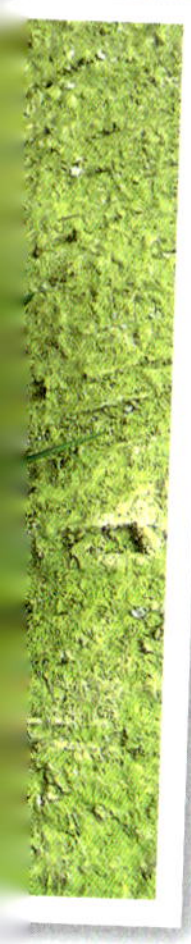

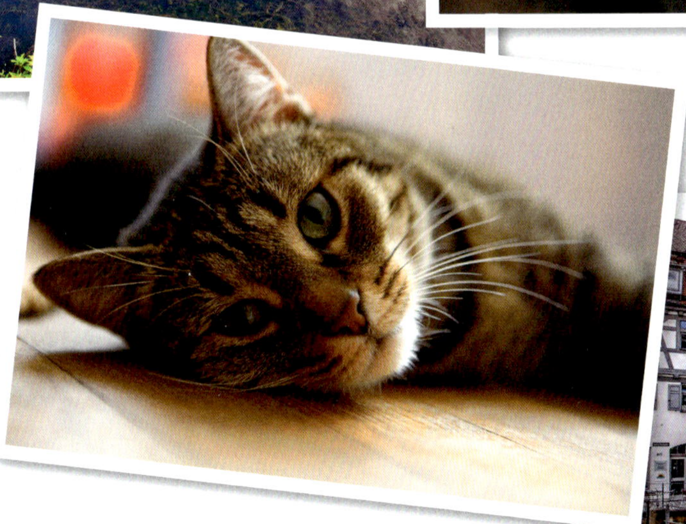

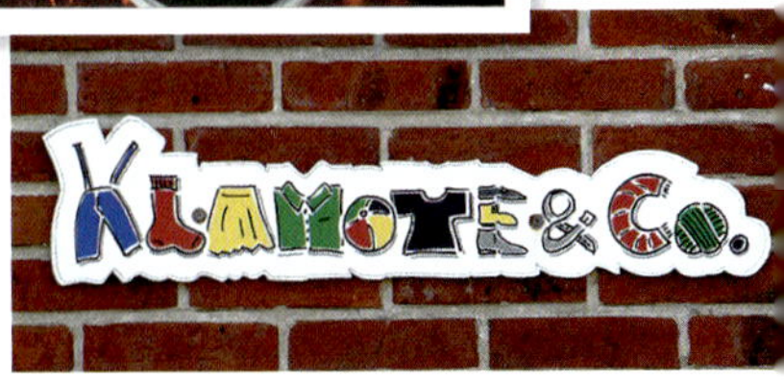

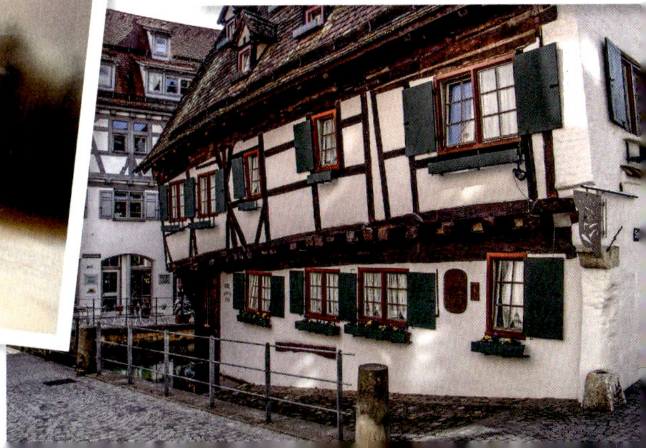

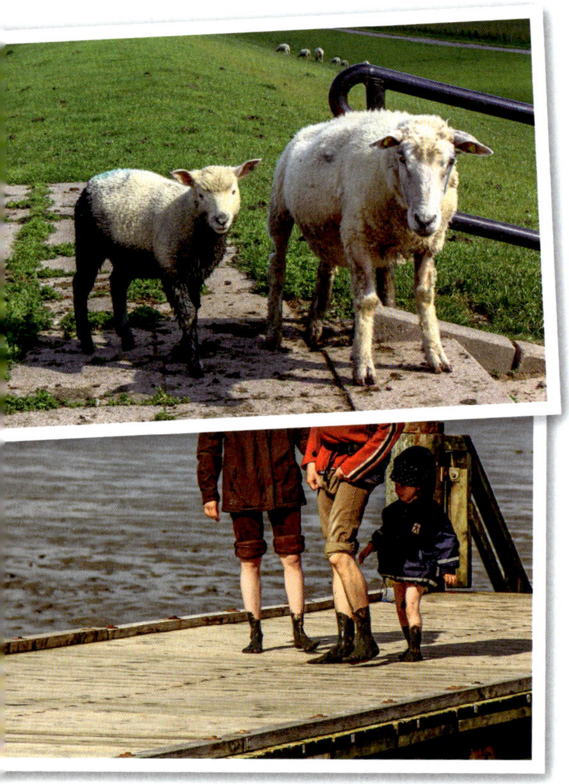

^ *Familienausflug: Beide »Familien« fotografierte ich dabei, wie sie mit schlammigen Beinen aus dem Watt zurückkamen. Die Bilder machte ich an verschiedenen Tagen, aber das ist für die lustige Zusammenstellung egal.*

- Aufnahmen vom Urlaubs- oder Ferienort
- Pflanzen, zum Beispiel Blumen aus einem Blumenstrauß, die Blütenpracht im Garten oder vor dem Haus oder in den Blumenkästen am Fenster, Blumen auf den Wiesen oder in den Wäldern
- Tiere, zum Beispiel Euren Hund, die Katze oder andere Haustiere, die bei Euch leben
- die Vögel im Winter am Futterhäuschen, auf dem Teich, auf den Feldern, im Wald usw.
- originelle und lustige Motive: Solche Fotos musst Du machen, wenn sie sich ergeben, und für eine spätere Verwendung einfach sammeln.
- Du könntest Deine Kamera oder Dein Smartphone auch als Notizbuch nutzen. Wenn Du zum Beispiel immer wieder vergisst, wann genau noch mal das Schwimmbad offen ist, fotografiere beim nächsten Besuch einfach den Aushang.
- Genauso kannst Du im Urlaub etwa Informationstafeln fotografieren, die man manchmal bei Wanderungen findet und die Du bestimmt schon direkt vor Ort liest. Wenn Du dann zu Hause ein Fotoalbum oder eine Diashow über diesen Urlaub gestaltest, kannst Du ganz einfach noch einmal die Texte von den Informationstafeln lesen und vielleicht auch gleich verwenden.

Soweit einige Vorschläge. Diese Liste ist sicher unvollständig, und Du musst nun auswählen. Vielleicht fängst Du auch mit einem bestimmten Motivgebiet an und stellst nach einiger Zeit fest, dass das doch nicht das Richtige für Dich ist. Dann probierst Du eben eine andere Seite der Fotografie aus! Das machst Du so lange, bis Du *dein* Fotogebiet gefunden hast. Oder Du fotografierst eben alles, was Dir vor die Linse kommt – Hauptsache, die entstandenen Bilder gefallen Dir!

2.3 Fülle den Bildrahmen aus

Stell Dir vor, Du wärest Gutachter, zum Beispiel bei einem Fotowettbewerb. Nun werden Dir diese beiden Fotos ❶ und ❷ eines Rhododendrons vorgelegt. Schau Dir bitte beide Bilder in Ruhe an, bevor Du weiterliest, und bilde Dir Dein Urteil. Merke Dir, was Dir gefällt und auch was Deiner Meinung nach hätte besser sein können.

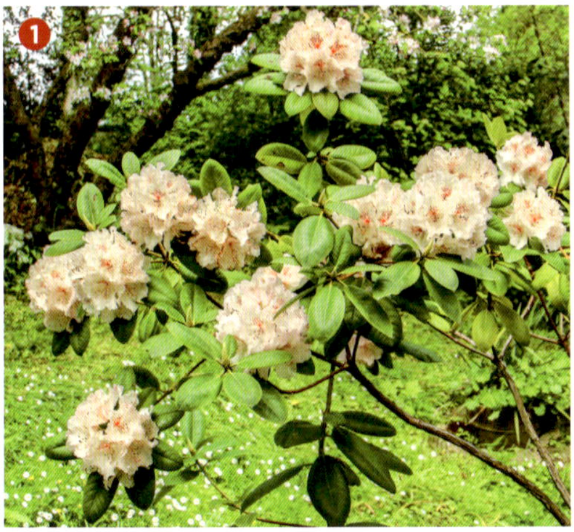

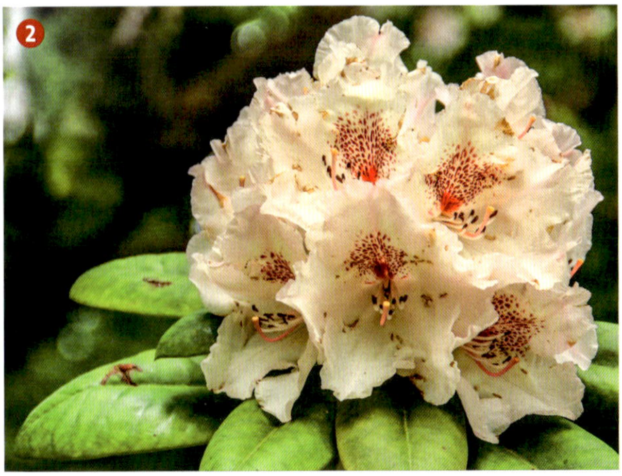

^ *Zwei ganz unterschiedliche Bilder, die beide dasselbe Motiv zeigen*

Meine Einschätzung ist: Auf beiden Fotos sind Rhododendronblüten zu sehen. Falls also beide Bilder das Ziel hatten, die Blüten dieses Gartenstrauches abzubilden, so haben beide ihr Ziel erreicht. Dennoch sind die Bilder sehr unterschiedlich:

- In Bild ❶ ist viel zu viel vom grünen Rhododendronstrauch zu sehen, und man weiß gar nicht, welche der Blüten man zuerst betrachten soll. Der Hintergrund des Bildes ist außerdem sehr unruhig und nicht unscharf genug, um nicht vom Hauptmotiv abzulenken.
- Alles, was auf dem Bild ❷ zu sehen ist, hat mit dem Hauptmotiv zu tun, nichts lenkt vom Hauptmotiv, der Rhododendronblüte, ab. Außerdem erkennt man auf diesem Bild viele Einzelheiten besser, weil das Hauptmotiv den Bildrahmen ganz ausfüllt. Der Fotograf sagt dazu, dass es *formatfüllend* fotografiert wurde.

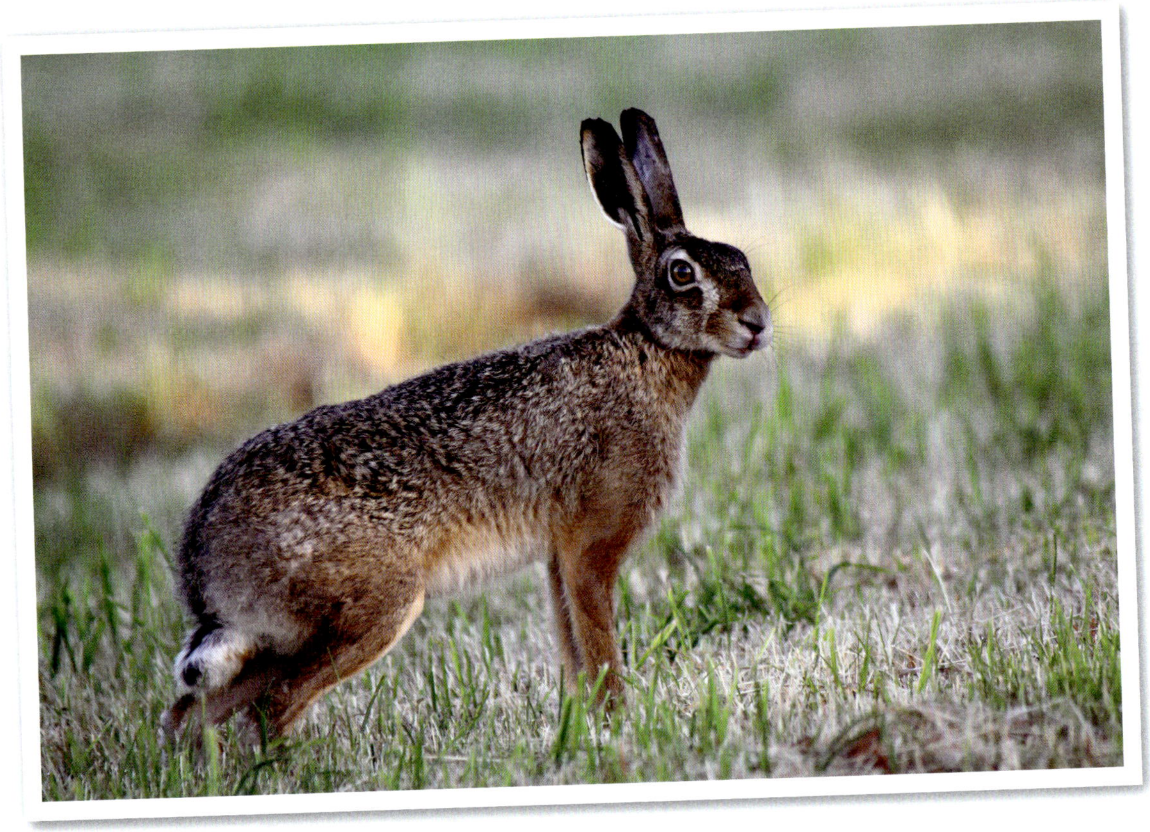

^ *Ein wunderschönes, formatfüllendes Hasenporträt! Im Bild sind keine anderen Dinge, die vom Hauptmotiv ablenken könnten.*

Mit dem Wort *Format* ist der Bildrahmen gemeint, und *füllend* bedeutet hier, dass das Objekt so groß wie möglich ins Bild gesetzt wird, aber auch nichts davon fehlt. Fotografen sagen dazu: »Das Bild ist nicht angeschnitten.«

Solltest Du den Bildrahmen nun immer ganz ausfüllen? Ja! Immer dann, wenn es nur um ein Objekt geht, wie beim Bild des Hasen oben. Du kannst auf dem Bild erkennen, dass er stutzig geworden ist; er hat etwas bemerkt, das ihn ganz aufmerksam werden lässt, und er steht in Habachtstellung, um bei der geringsten Gefahr zu verschwinden. Um das alles zu zeigen, braucht es auf dem Foto nur den Hasen und sonst nichts! Es ist aber auch wichtig, dass der Hase vollständig zu sehen ist, um seine Körperhaltung gut sehen zu können. Es wäre also weniger schön, wenn zum Beispiel seine Ohren angeschnitten wären oder seine Beine.

Es ist aber auch manchmal gut, Motivteile anzuschneiden. Die Bilder des Mädchens unten sind ein weiteres schönes Beispiel für Aufnahmen, die das Format füllen. Der Fotograf wollte Porträts anfertigen. Bild ❶ zeigt das Mädchen und auch noch einen Teil der Umgebung, in der es sich aufhält. Das Bild ❶ ist zwar schön, aber das Bild ❷ ist noch schöner! Hier machte der Fotograf den Bildausschnitt viel enger und nahm nur das mit ins Bild, was für sein Ziel (ein Porträt) unbedingt nötig war. Dazu schnitt er sogar noch etwas vom Kopf ab. Der Fotograf sagt dazu: »Der Kopf ist im Anschnitt.«

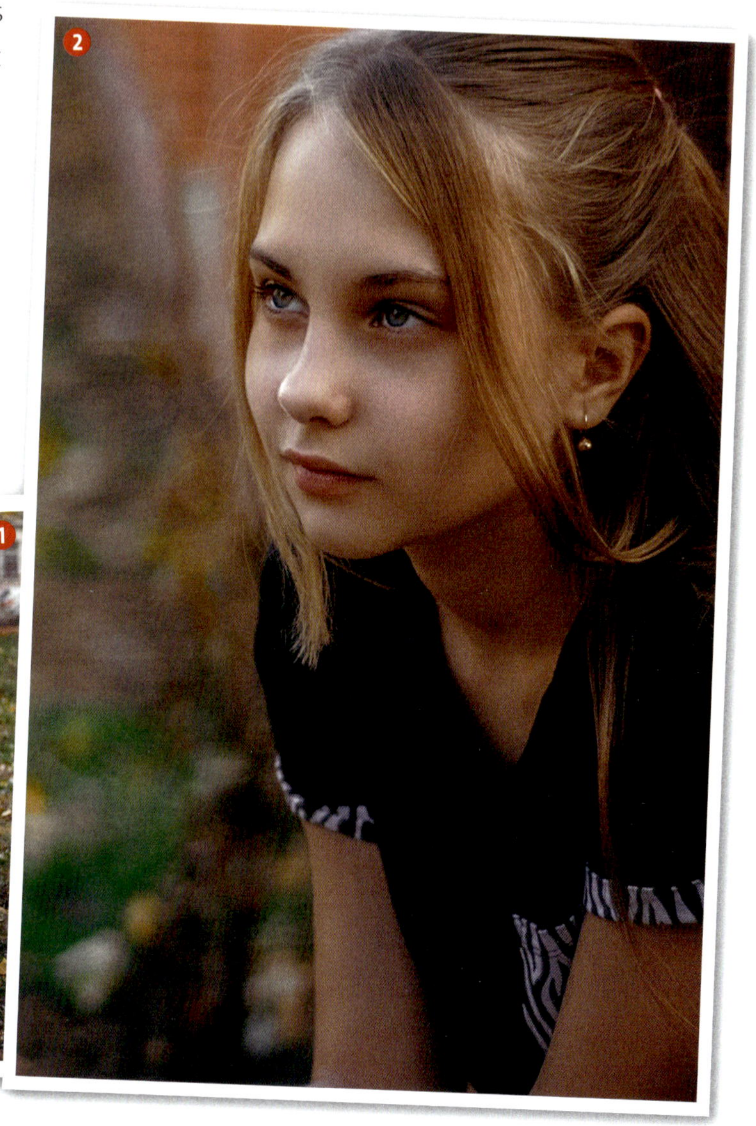

> v *Um den Blick des Betrachters auf das Wesentliche zu konzentrieren, kann es hilfreich sein, das Motiv anzuschneiden.*

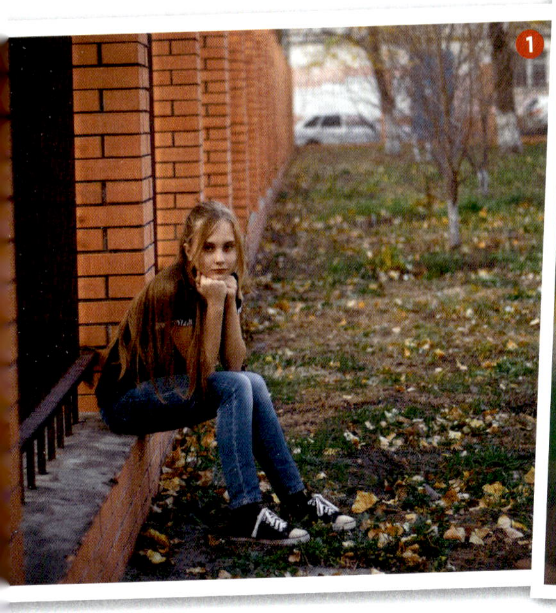

Das kleine Fotoprojekt

Im Leben eines jeden Menschen gibt es Ereignisse, an die man sich immer wieder gern erinnert. So wichtig dabei auch Erzählungen sind, mit den entsprechenden Fotos werden sie noch viel eindrucksvoller. Wie wäre es also, wenn Du dich der großen Aufgabe stellen und der Fotochronist der Familie würdest? Wichtige Ereignisse in der Familie hältst ab sofort Du im Foto fest. Mit den Bildern kannst Du zum Beispiel eine Diashow gestalten und diese vor versammelter Familie vorführen. Im Laufe der Zeit könnte so eine tolle Familienchronik entstehen. Wie die Fotos in einer solchen Chronik aussehen könnten, möchte ich Dir an einigen Beispielen zeigen.

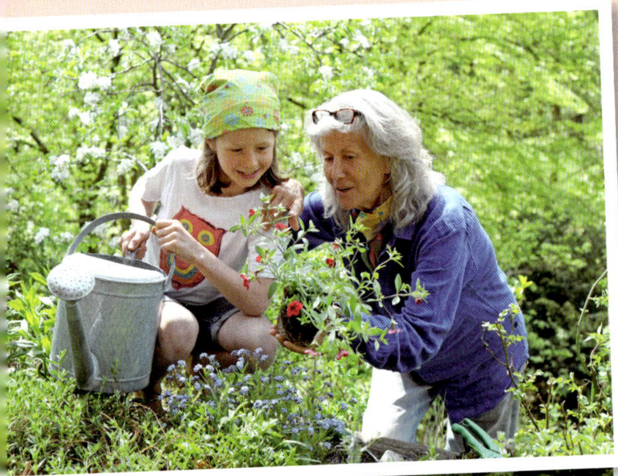

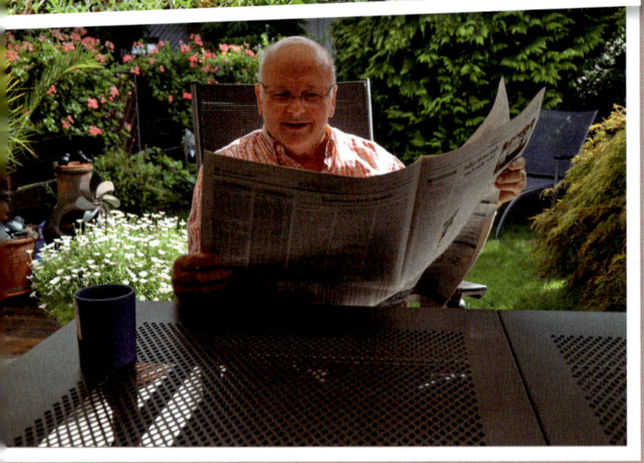

Als Chronist ist es oft vorteilhaft, wenn Du unauffällig im Hintergrund bleibst: Deine Schwester interessiert sich vielleicht für Blumen, und die Oma ist eine tolle Gärtnerin. Deshalb sind beide oft zusammen im Garten, wo sie sich über die Blütenpracht freuen und fleißig arbeiten. Du gehst auch in den Garten, machst es Dir aber als Ablenkungsmanöver im Liegestuhl mit einem Buch gemütlich. Nach einiger Zeit beachten die beiden Dich gar nicht mehr, und Du kannst mit dem Zoom an Deiner Kamera tolle Fotos machen. Und dann erwischst Du vielleicht noch Opa dabei, wie er sich am Gartentisch mit der Zeitung den Nachmittag vertreibt.

Aber auch drinnen lassen sich prima Fotos machen, zum Beispiel wenn Dein Papa und Deine kleine Schwester herumalbern. Dabei merken die beiden gar nicht, dass Du sie fotografierst, während sie Selfies machen oder sich am Computer beschäftigen.

Achte bei Deinen Chronikfotos stets darauf, dass die wichtigen Objekte in einem (!) Bild festgehalten sind. Beim Selfie zum Beispiel sollte also auch noch das Smartphone mit im Bild sein, damit die Situation einwandfrei zu erkennen ist. Manchmal aber sind allerdings auch mehrere Bilder besonders gut. Dann entstehen kleine Bildergeschichten, zu denen oft gar kein Text mehr nötig ist.

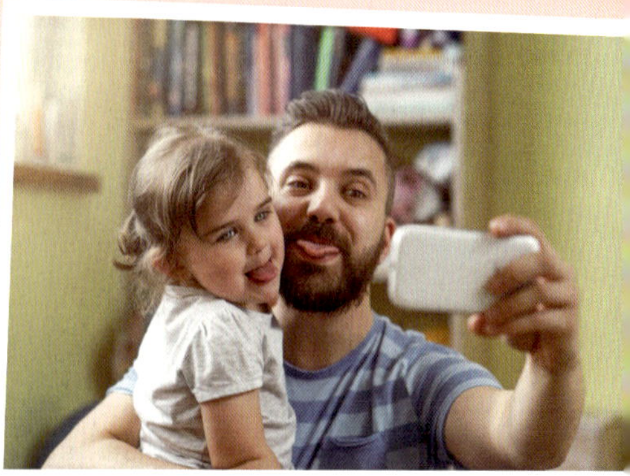

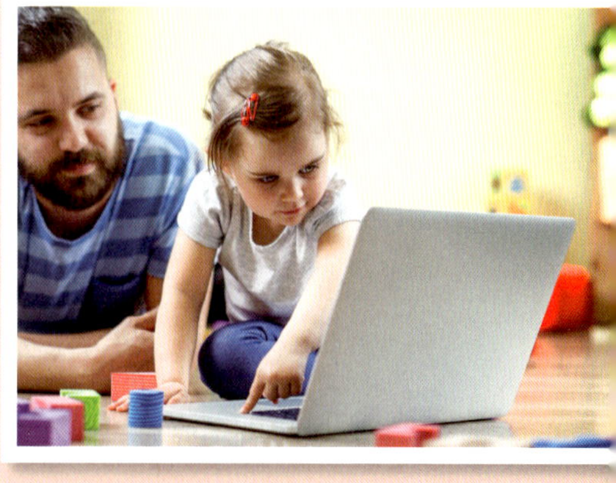

In eine Familienchronik gehören übrigens nicht nur besonders schöne und angenehme Ereignisse. Auch Sachen, die schiefgelaufen sind oder vielleicht sogar gefährlich hätten werden können, solltest Du im Foto festhalten. Für eine gute Chronik musst Du außerdem nicht nur festhalten, was geschah, sondern auch, wann es geschah. Dabei hilft Dir Deine Kamera, weil sie zusammen mit jedem Foto auch immer abspeichert, wann das Foto aufgenommen wurde. Achte also darauf, dass die Uhr in Deiner Kamera immer richtig geht!

So viel Spaß dieses Fotoprojekt auch machen kann, einen Haken hat es leider: Alle Familienmitglieder können sich über Bilder freuen, die zeigen, was sie wann gemacht haben und wie sie wann ausgesehen haben – nur Du nicht! Von Dir gibt es in der ganzen Chronik nicht ein Bild oder nur Fotos mit dem Selbstauslöser. Dem kann einerseits durch einen zweiten Fotochronisten in der Familie abgeholfen werden. Oder Du beschäftigst Dich neben diesem Projekt noch mit dem Fotoprojekt »Ich« (siehe Seite 118/119).

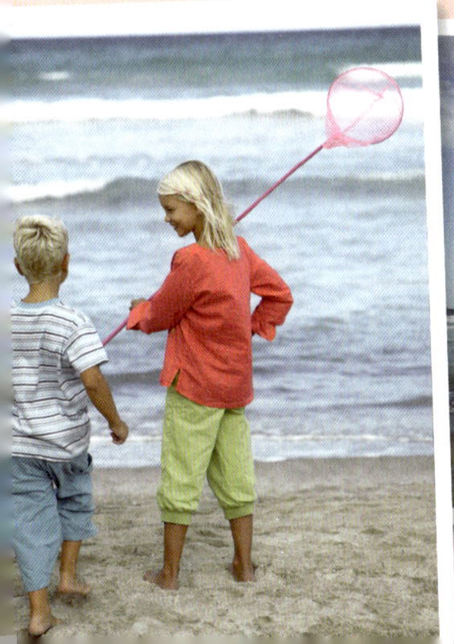

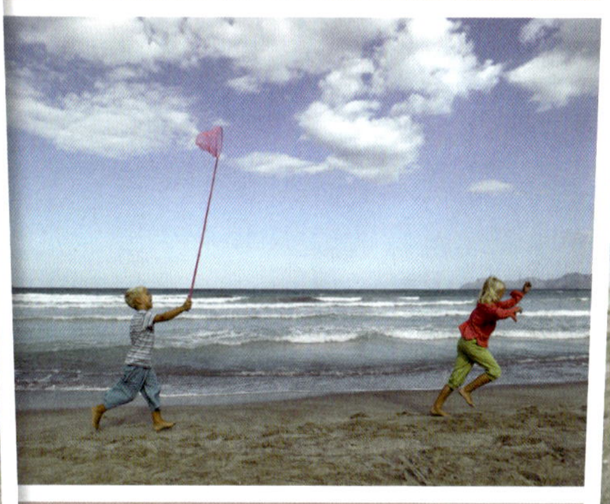

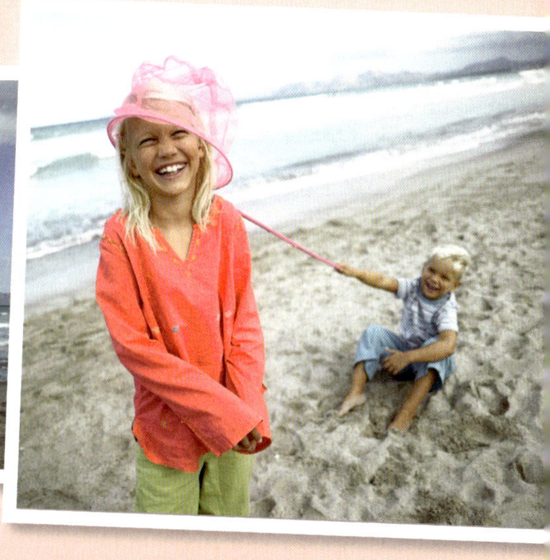

2.4 Ein Vordergrund kann Dein Bild beleben

Recht selten ist die Nordsee vor Husum so glatt, als wäre sie ein Binnensee. Dann strahlt sie sehr viel Ruhe aus, weshalb viele Menschen an solchen Tagen gerne einfach still am Deich sitzen. Die Ruhe kannst Du in einem Bild vor allem durch eine gewisse Leere vermitteln. Bei einem Foto darfst Du aber diese Leere nicht im Übermaß ins Bild nehmen. Durch einige Kleinigkeiten im Vordergrund wird die Bildwirkung nicht zerstört, sondern noch gefördert, weil das Bild interessanter wird. Hier brauchte ich nur die beiden Buhnen und die Steine vorne mit ins Bild zu nehmen.

> v Der Vordergrund eines Bildes muss nicht immer leer sein. Ein Motivteil im Vordergrund kann Deinem Bild auch eine neue Aussage geben.

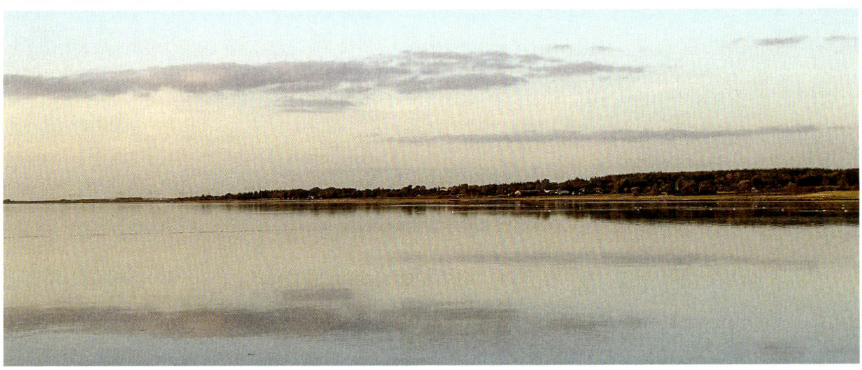

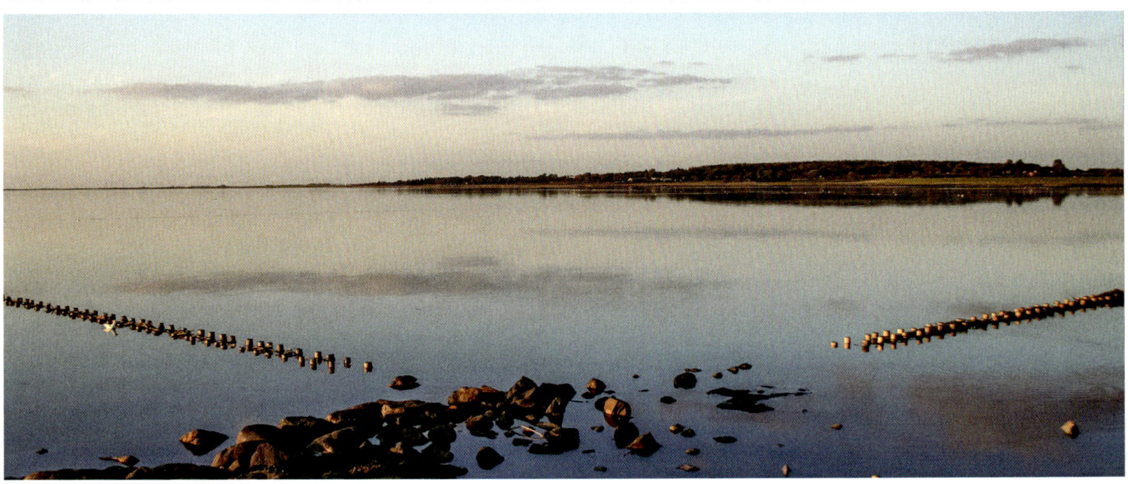

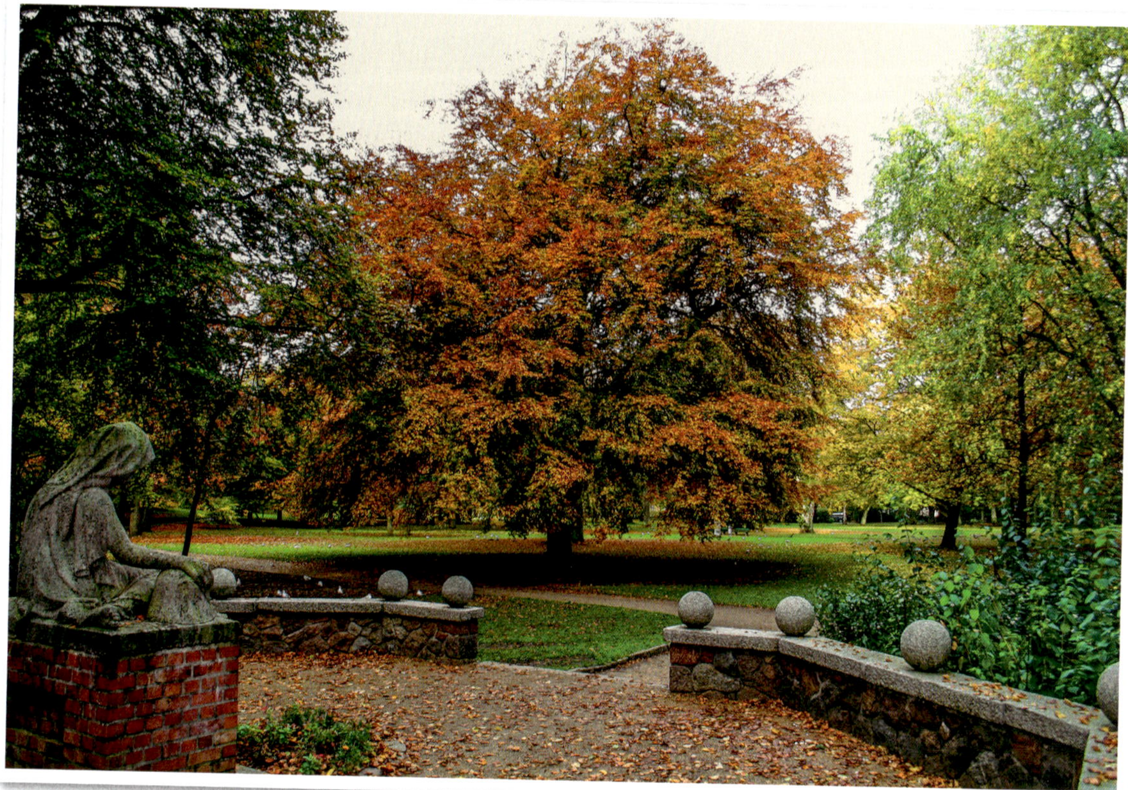

^ Beim Fotografieren der Buche war ich froh, dass ich auf dem Display meiner Kamera sofort jedes Foto anschauen und entscheiden konnte, ob es gelungen war oder nicht. Diese Möglichkeit solltest Du auch immer nutzen.

Im Husumer Schlosspark steht eine imposante Buche. Als ich sie sah, war mir sofort klar, dass ich ein Foto von ihr machen möchte. Aber von welchem Standpunkt aus? Ich ging mehrmals um den Baum herum und fand, dass er von allen Seiten herrlich aussah. Aber welche Position ich auch zum Baum einnahm, die Buche stand im Bild zwar wunderschön, aber irgendwie auch alleine da. Nun steht in der Nähe der Buche ein Denkmal mit einer Figur innerhalb einer niedrigen Mauer. Meine Kamera auf dem Stativ stellte ich nun seitlich hinter dem Denkmal auf, und zwar genau so, dass die Buche mit ihrem Stamm im Eingang des Denkmals erschien, und drückte auf den Auslöser.

So kann es gehen: Manchmal musst Du etwas anderes mit ins Bild nehmen, um das, was Du eigentlich fotografieren wolltest, richtig zur Geltung kommen zu lassen! Das kann alles Mögliche sein, und Durchblicke bringen fast immer interessantere Fotos.

2.5 Achte auf den Hintergrund

Wenn Du das Porträtfoto des Mädchens unten betrachtest, schaust Du bestimmt sofort das Mädchen an. Es scheint ihr Spaß zu machen, fotografiert zu werden. Was sie gerade tut, zeigt das Foto aber nicht, und nach einer Weile fragst Du dich vielleicht, wo das Foto denn aufgenommen wurde. So sehr Du dich aber auch anstrengst, Du kannst es nicht erkennen! Der Fotograf hat mit der richtigen Blendeneinstellung dafür gesorgt (die Sache mit der Blende hast Du ja schon in Teil 1 des Buches auf Seite 40 kennengelernt), dass nur das Mädchen scharf abgebildet ist, der Hintergrund aber völlig unscharf erscheint. Nur das Mädchen war dem Fotografen wichtig, ob sie da in einem Garten oder im Wald oder vor irgendwelchen Sträuchern oder Bäumen steht, das spielt gar keine Rolle.

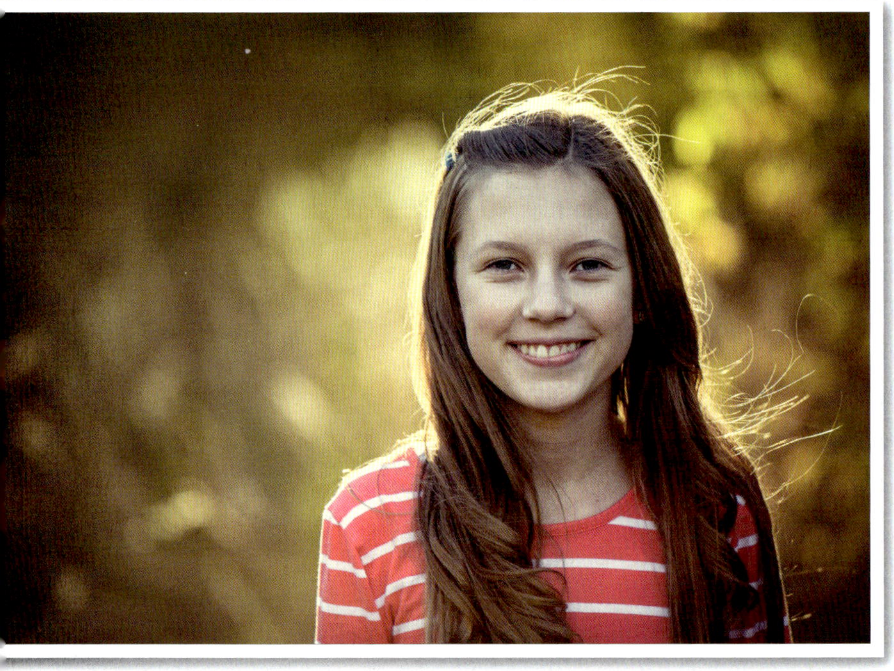

^ Ein Porträt mit einem unscharfen Hintergrund. So wird das Mädchen im Bild besonders betont.

Auch auf den beiden Fotos auf der rechten Seite schaust Du dir bestimmt erst einmal die abgebildeten Personen an. Aber schon bald wandert Dein Blick zum Hintergrund. Das gleichmäßige Muster der Ziegelwand drängt sich in den Vordergrund – vor allem deshalb, weil eine Wand ja nie so schief gebaut wird. Beim Hintergrund des zweiten Bildes handelt es sich offenbar um das Bild eines Geweihs. Der Junge ist so platziert, dass ihm das Geweih aus dem Kopf zu wachsen scheint – sein Gesichtsausdruck auf dem Bild legt das auch nah. Dieses Foto soll sicherlich ein Jux sein, dann sollte aber auch der Hintergrund entsprechend scharf abgebildet sein. Das würdest Du erreichen, indem Du die Blende weiter schließt. Dann wäre das Bild natürlich vollkommen in Ordnung. Du siehst an diesem Beispiel wieder, wie wichtig es ist, genau zu überlegen, bevor Du auf den Auslöser drückst. Denn alle Teile eines Bildes haben eine Wirkung, und die wichtigen musst Du immer ins rechte Licht rücken!

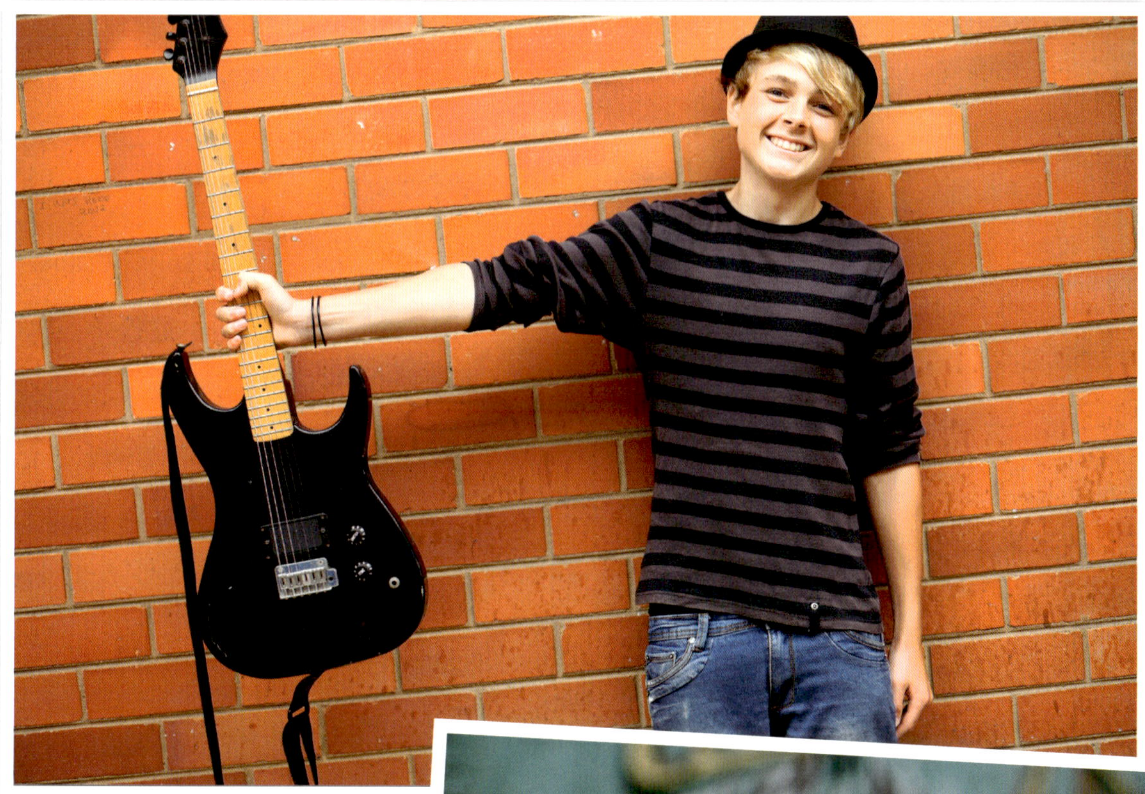

^ > Ein Bildhintergrund, der viele Strukturen und Muster aufweist, kann etwas über den Porträtierten aussagen. Falls das nicht der Fall ist, ist ein ruhiger Hintergrund besser.

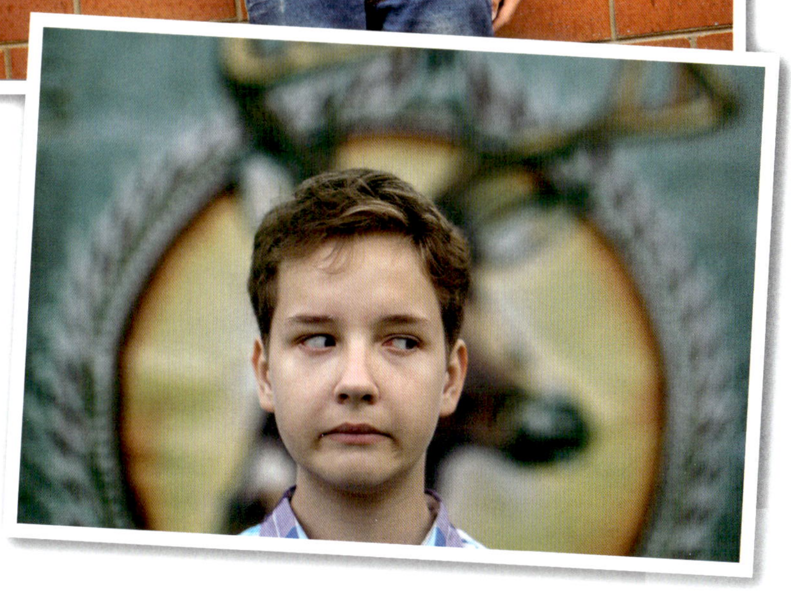

2.6 Wähle den richtigen Standort

Stell Dir vor, Du möchtest ein bestimmtes Bauwerk aufnehmen. Welchen Standort solltest Du dafür am besten wählen? Dafür kommt es natürlich darauf an, was Dein Foto über das Bauwerk aussagen soll! Willst Du die Umgebung zeigen, in der es steht? Willst Du etwas über seine Beschaffenheit aussagen? Oder interessiert es Dich vielleicht, wie sich das Gebäude im Laufe der Zeit verändert? Entscheide, was für Dich das Wichtigste ist, und wähle dann den richtigen Standort und auch die richtige Zeit für Dein Foto.

Bei den Beispielbildern der Zwillingsmühlen in Greetsiel kannst Du sehen, wie sich der Standortwechsel auswirkt. Wie weit die beiden Mühlen voneinander entfernt sind, lässt sich zum Beispiel besonders gut in dem Bild sehen, dass von einer der Mühlen aus aufgenommen wurde. Und dass die Mühlen aus Holz sind, siehst Du erst, wenn Du wirklich nah herangehst und ein Foto machst. Auch dass die Mühlen am Wasser stehen, kannst Du leicht sehen, aber wird das nicht im Bild rechts unten besonders deutlich, in dem nur die Spiegelung der Mühle im Wasser zu sehen ist? Halte also die Augen offen, und suche auch immer wieder nach Ansichten, die Du von dem Bauwerk noch nicht kennst, und die die Betrachter Deiner Fotos noch nie gesehen haben.

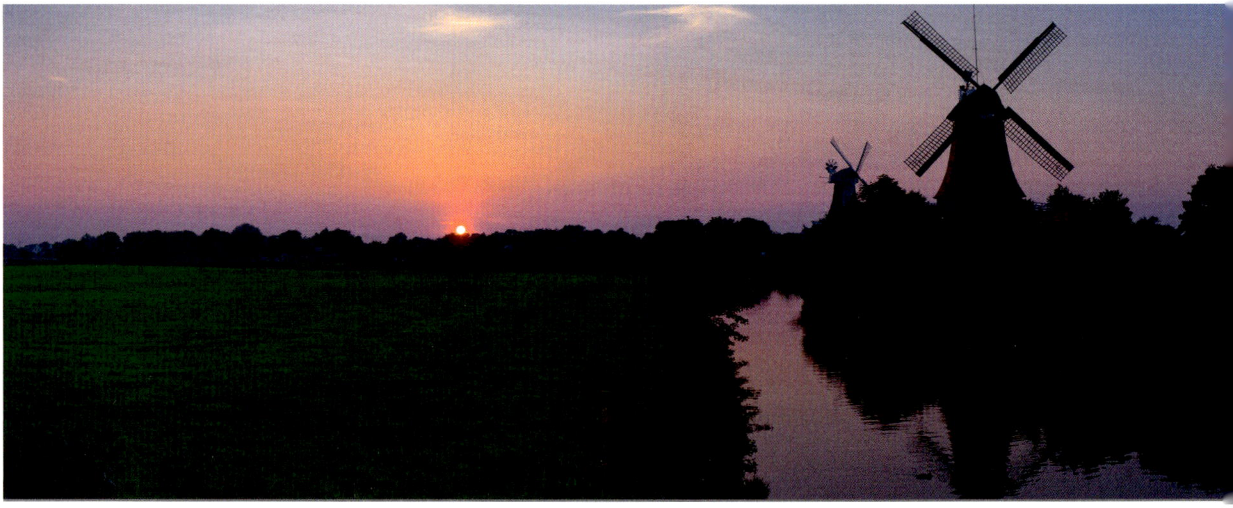

Jedes einzelne Bild enthält also eine andere Information, und Du könntest niemals alle gleichzeitig in einem einzigen Foto unterbringen. Eine Fotoserie hilft! Die Serie wird umso spannender, je mehr verschiedene Standorte Du finden kannst.

Und jetzt Du!

In Deiner Stadt gibt es bestimmt ein interessantes Bauwerk, an dem Du ausprobieren kannst, den richtigen Standort zu finden. Vielleicht kannst Du dein Objekt sogar zu unterschiedlichen Tages- oder sogar Jahreszeiten aufnehmen.

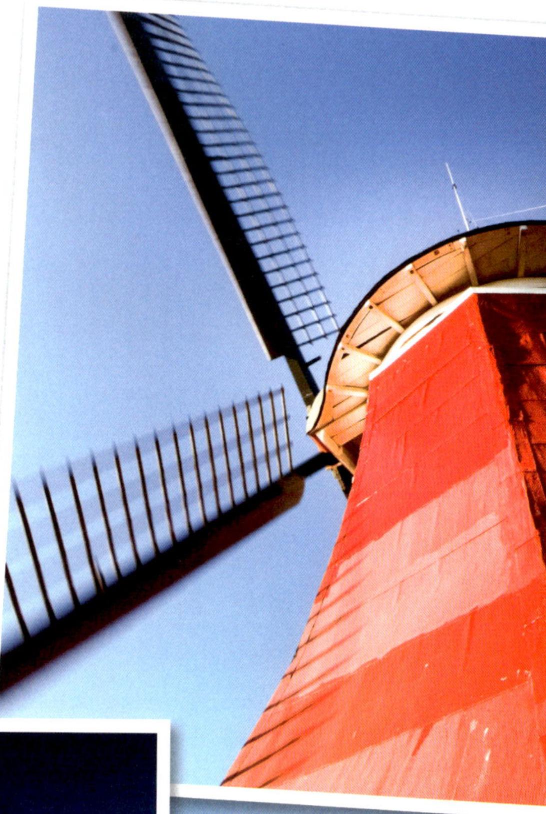

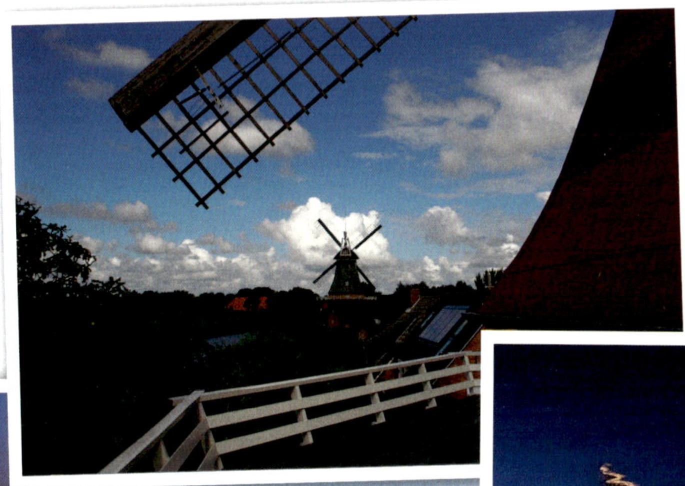

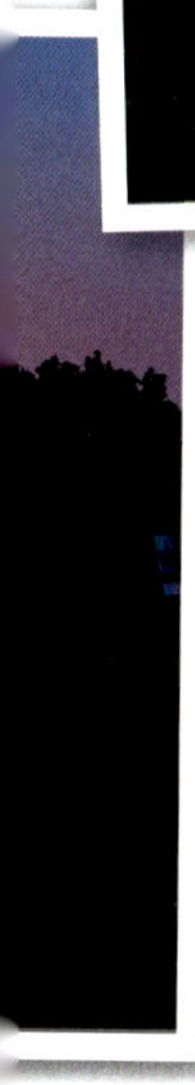

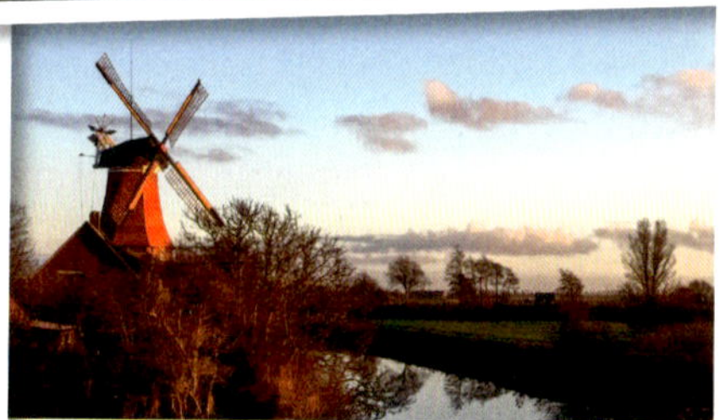

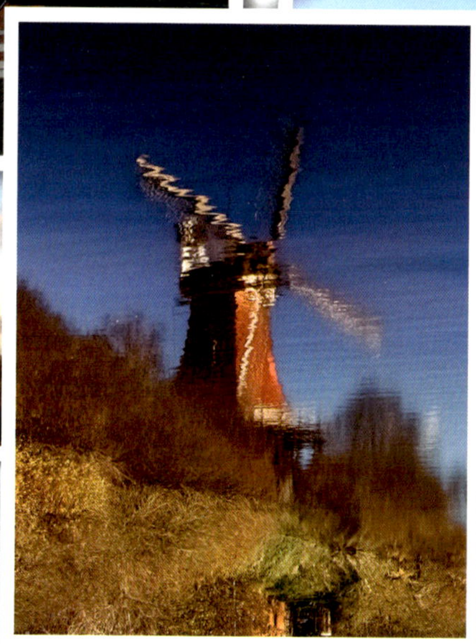

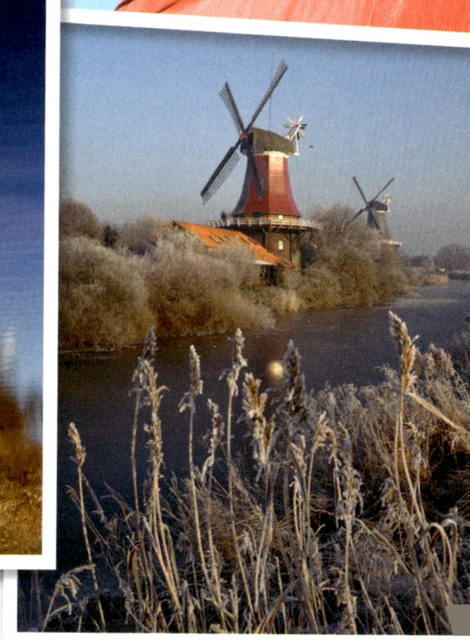

< ^ > Um möglichst viel über ein Objekt zu berichten, reicht ein einziges Foto in aller Regel nicht aus.

2.7 Fotos »zerschneiden« für bessere Bilder

Die Drittelregel ist einfach anzuwenden: Platziere wichtige Motivteile auf oder in der Nähe der Kreuzungspunkte der Drittelungslinien, die Du im Bild sehen kannst.

Eine Regel, die Du bei vielen Fotos anwenden kannst, ist der *Goldene Schnitt* oder besser dessen vereinfachte Form, die *Drittelregel*. Dazu teilst Du den Monitor Deiner Kamera gedanklich senkrecht und waagerecht in drei gleiche Abschnitte. Stelle Dir am besten über dem Bild ein Gitter vor, wie Du es im Bild unten sehen kannst. Wenn Du darauf achtest, wichtige Bildteile auf diesen Gitterlinien oder auf deren Schnittpunkten zu platzieren, ist das für den Betrachter des Bildes sehr angenehm. Dein Bild wirkt dann besonders harmonisch. Der Fotograf sagt: »Das Motiv befindet sich im Goldenen Schnitt.«

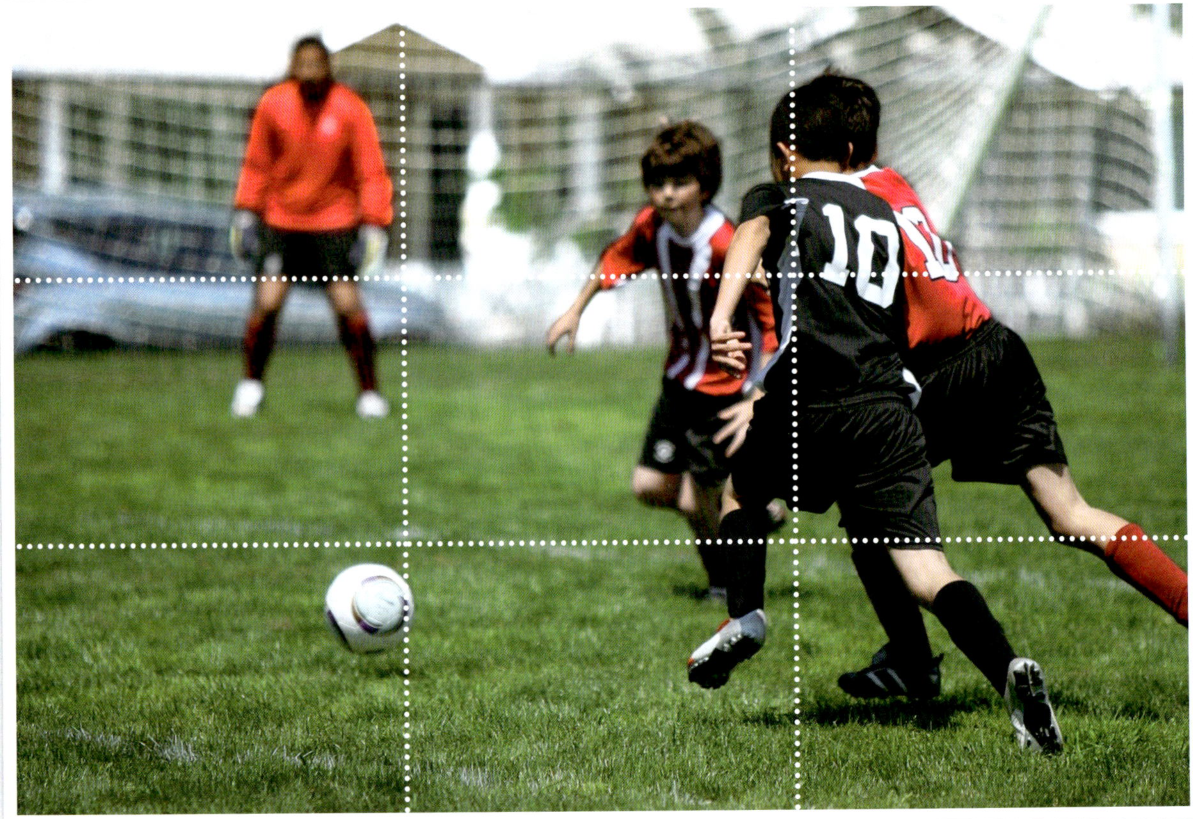

Die Drittelregel gilt natürlich auch, wenn Du formatfüllend und/oder im Anschnitt fotografierst, zum Beispiel bei Porträts, wie Du es auf der Seite 81 schon gesehen hast. Sobald das Foto auch etwas über den Aufnahmeort aussagen soll, erhältst Du ein besseres Foto, wenn sich die Person im Goldenen Schnitt befindet, wie beim Bild des aufs Tor zulaufenden Fußballers.

Das gilt auch für viele Tier- und Pflanzenfotos. Landschaftsfotos gewinnen durch einen Vordergrund an Wirkung, egal ob es ein Gebäude, ein großer Stein oder auch ein Baum ist. Immer aber sollten sich diese Bildteile im Goldenen Schnitt befinden.

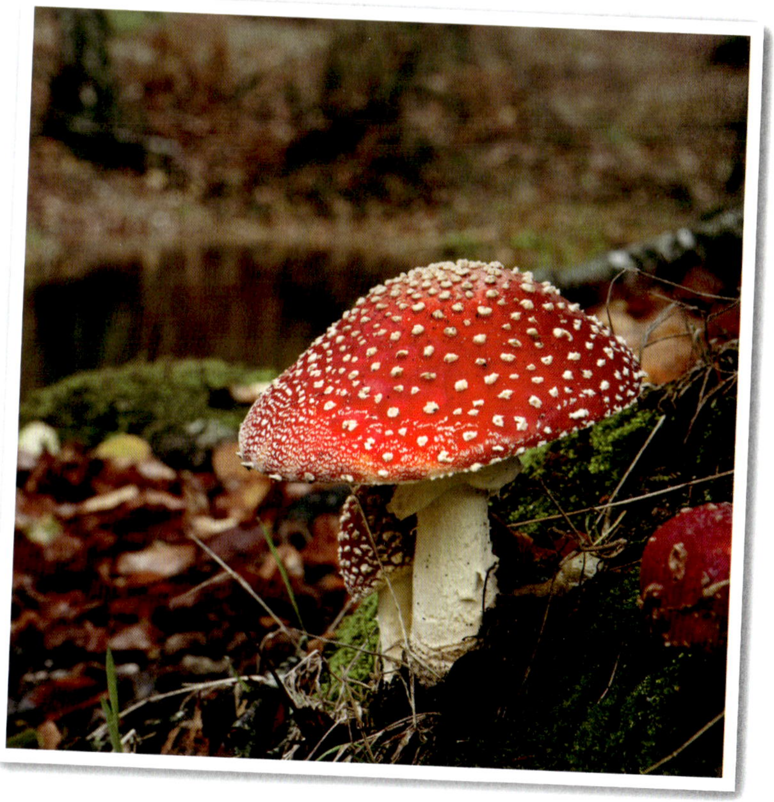

^ *Auch bei formatfüllenden Motiven hilft Dir die Drittelregel dabei, bessere Bilder zu machen.*

Und jetzt Du!

Um ein Bild mit der Drittelregel zu gestalten, halte die Kamera zunächst so, dass sich das Hauptmotiv genau in der Mitte des Displays befindet. Nun drückst Du leicht auf den Auslöser (aber löse noch nicht aus!), damit die Kamera scharfstellt. Halte den Auslöser gedrückt und bewege die Kamera dann so, dass Dein Hauptmotiv an einem der Kreuzungspunkte links, rechts, oben oder unten ist. Wenn Du die Bildvariante gefunden hast, die Dir am besten gefällt, löse aus und nimm Dein Bild auf.

2.8 Lass Deinen Motiven Raum

Die Drittelregel, die Du im vorhergehenden Abschnitt kennengelernt hast, ist sehr hilfreich, wenn Du bessere Fotos aufnehmen willst, aber sie ist nicht alles! Schau Dir zum Beispiel die beiden Fotos auf dieser Seite an. Beide zeigen Menschen in Bewegung. Die fliegenden Haare des Mädchens zeigen, dass sie schnell läuft, und die Skiläuferin macht gerade einen kräftigen Schritt. Beide Personen befinden sich im Goldenen Schnitt. Das Bild von der Skiläuferin wirkt aber viel schöner als das vom laufenden Mädchen. Die Ursache dafür ist der freie Raum, den die Skiläuferin in der Richtung ihrer Bewegung hat. Denn wenn wir laufen, dann laufen wir natürlich in einen freien Raum, also dorthin, wo Platz ist. Bei dem Mädchen auf dem Schulhof hat man den Eindruck, als würde es im nächsten Moment gegen eine Wand – nämlich den Bildrand – laufen.

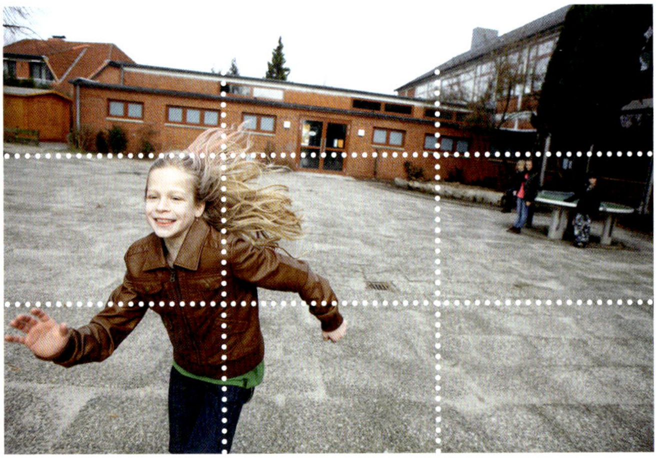

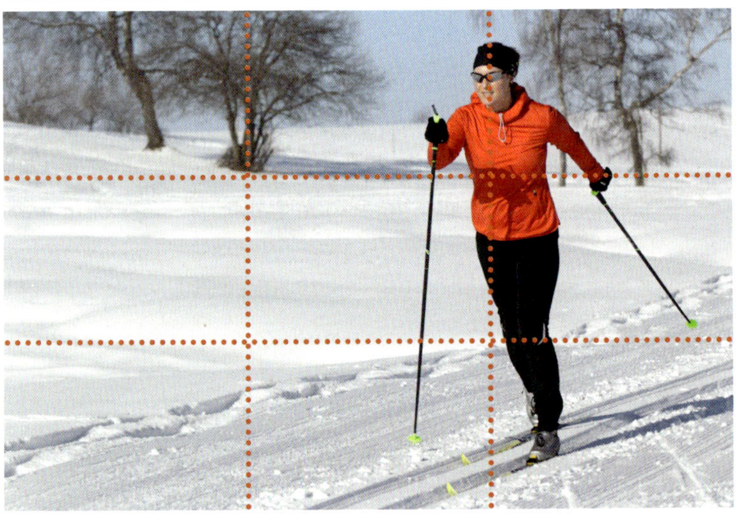

Zwei Bilder, die der Drittelregel folgen, aber trotzdem wirkt das Foto der Skiläuferin angenehmer auf den Betrachter. Der Trick heißt »Platz lassen«!

2.9 Fotografieren für Sportliche: die Perspektive

Für das Wort *Perspektive* gibt es in der Fotoliteratur eine wissenschaftliche Definition, die aber schwer zu verstehen ist. Du kannst Dir einfach merken: Die Perspektive gibt die Lage der Fotokamera an. Du kontrollierst mit den Augen, ob die Kamera auch das aufnimmt, was Du im Bild sehen willst. Also hebst Du die Kamera an die Augen und fotografierst aus der *Augenperspektive*.

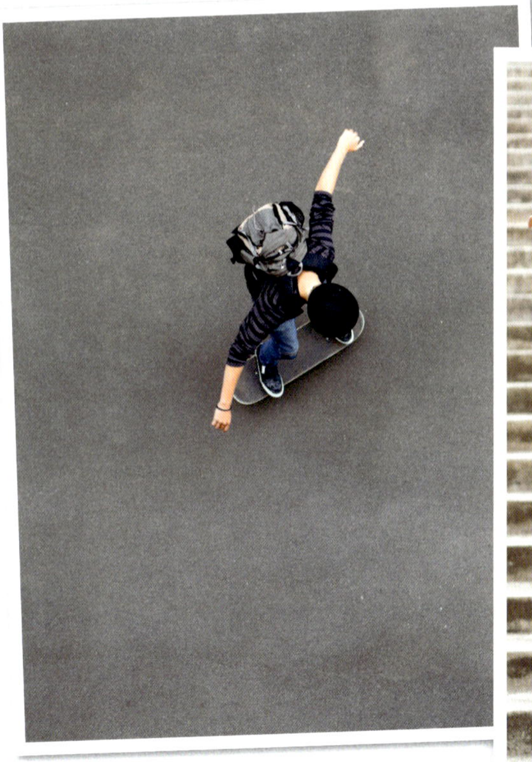

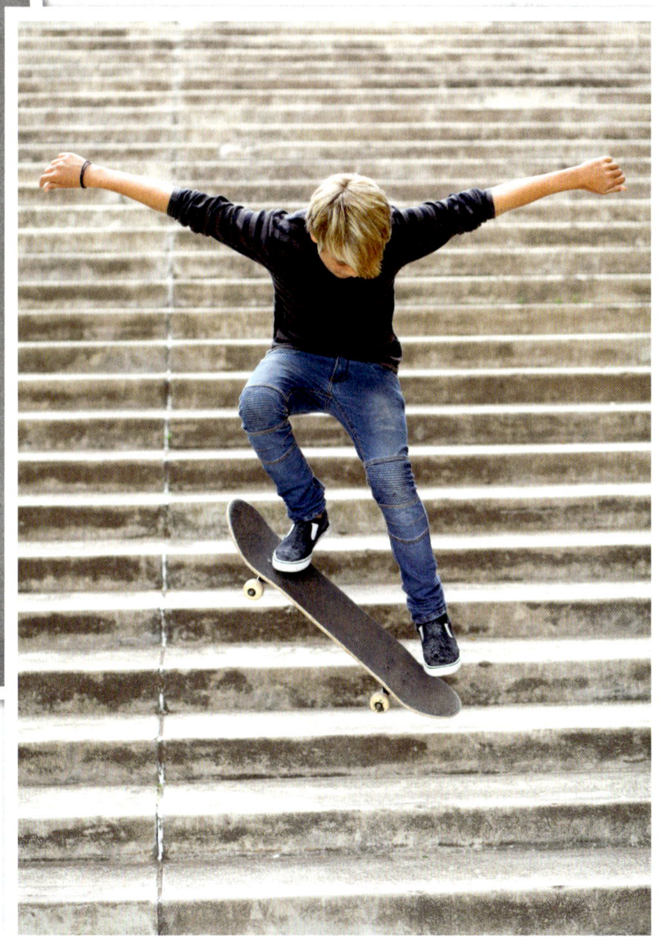

Wenn der Skateboarder hochspringt, kannst Du ihn ganz bequem direkt aus Augenhöhe fotografieren.

Du kannst die Kamera aber auch in der Höhe Deines Bauches halten, dann fotografierst Du aus der *Bauchperspektive*. Du wirst feststellen, dass Du in dieser Haltung das Display ganz schlecht sehen kannst. Die Bauchperspektive erreichst Du bequemer im Knien, Hocken oder Sitzen, dann siehst Du das Display der Kamera auch wieder.

Beim Fotografieren aus der *Froschperspektive* hältst Du die Kamera ganz tief über dem Erdboden. Auch wenn Du dich auf den Boden legst, um einen kleinen Käfer oder eine schöne Blume aufzunehmen, machst Du Bilder aus der Froschperspektive.

Fehlt nur noch die *Vogelperspektive*, die je nach der Größe Deines Motivs schwieriger oder einfacher zu erreichen ist. Bei kleineren Motiven kannst Du etwa einfach von oben fotografieren oder auf einen Stuhl klettern. Du kannst aber auch aus dem oberen Stockwerk eines Hauses fotografieren. Und beim Urlaub in den Bergen oder auf dem Rummelplatz solltest Du die Kamera parat haben. Vom Riesenrad aus ergeben sich schöne Bilder aus der Vogelperspektive!

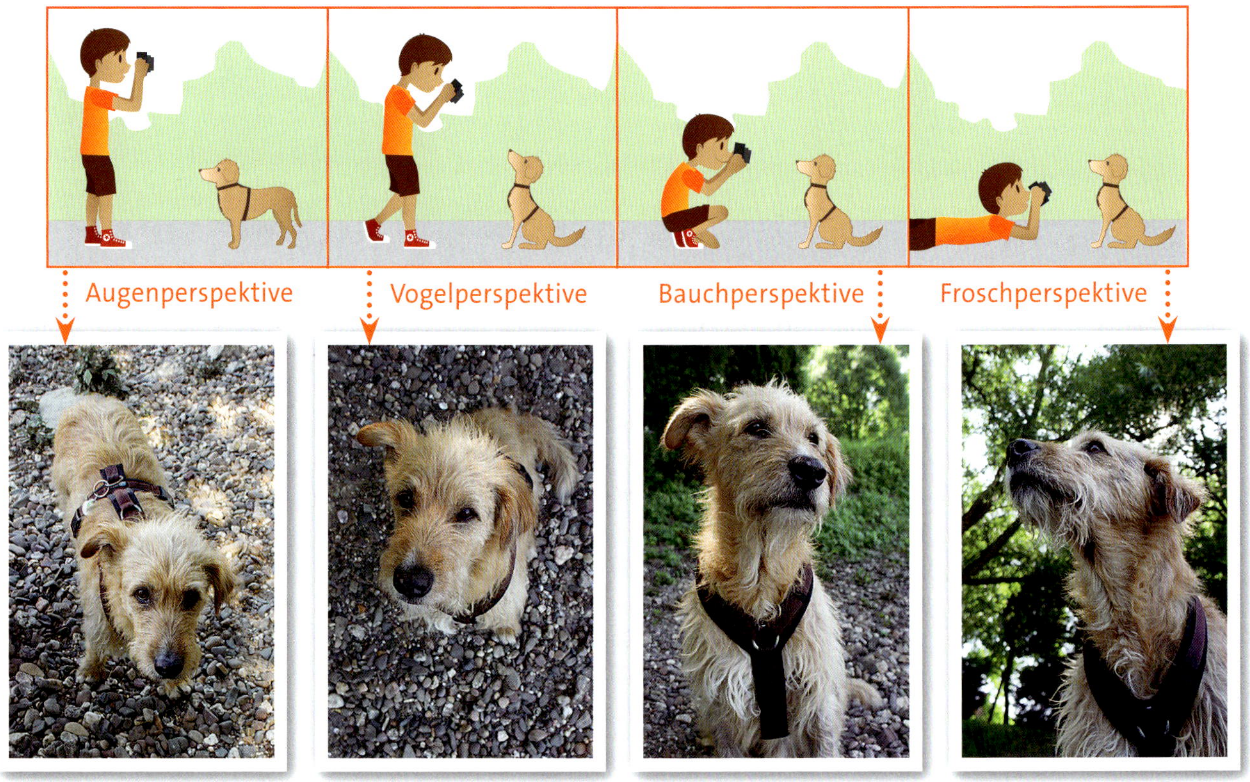

Die verschiedenen Perspektiven lassen ein Motiv ganz unterschiedlich aussehen.

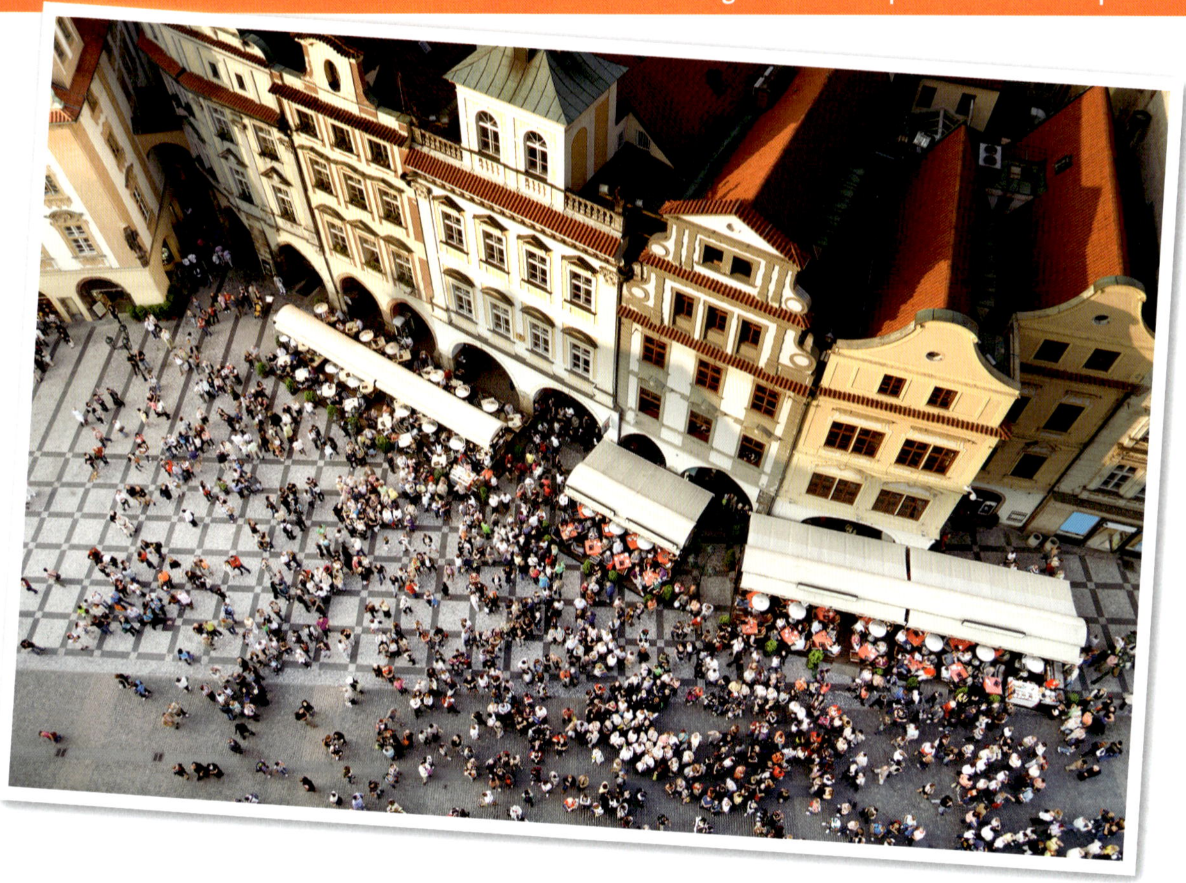

Die einzelnen Begriffe für die verschiedenen Perspektiven brauchst Du übrigens nicht ganz wörtlich zu nehmen. Die Lage der Kamera könnte man genauso gut mit »von oben«, »auf gleicher Höhe« und »von unten« bezeichnen.

^ *Vom hohen Turm aus kannst Du ganz andere Bilder vom Marktplatz aufnehmen, als wenn Du am Boden bleibst – das Klettern lohnt sich also!*

Und jetzt Du!

Du siehst die Welt üblicherweise immer aus der Augenperspektive. Wenn Du also zum Fotografieren eine andere Lage einnimmst, bringt das oft überraschende Bilder. Such Dir ein (nicht zu großes) Motiv, das möglichst stillhält, und fotografiere es aus allen möglichen Perspektiven! Du kannst auch einen Deiner Freunde bitten, für Dein Projekt »Perspektiven« Modell zu stehen. Dabei können sehr lustige Bilder entstehen.

2.10 Ein Horizont und viele Möglichkeiten

Wenn Du eine Landschaftsaufnahme machst, ist in aller Regel auch der Horizont Teil des Bildes. Da er quer verläuft, hat man oft den Eindruck, dass er das Bild in zwei Teile zerschneidet. Wo genau dieser Schnitt verläuft, entscheidet aber oft darüber, ob der Betrachter ein Bild als schön empfindet.

Die Drittelregel kennst Du ja schon aus dem Abschnitt 2.7, »Fotos ›zerschneiden‹ für bessere Bilder«, von Seite 90. Und damit machst Du auch bei Landschaftsbildern natürlich erst einmal nichts falsch. Darüber hinaus kann es aber effektvoller sein, die Horizontlinie sogar noch weiter nach oben oder unten zu verschieben.

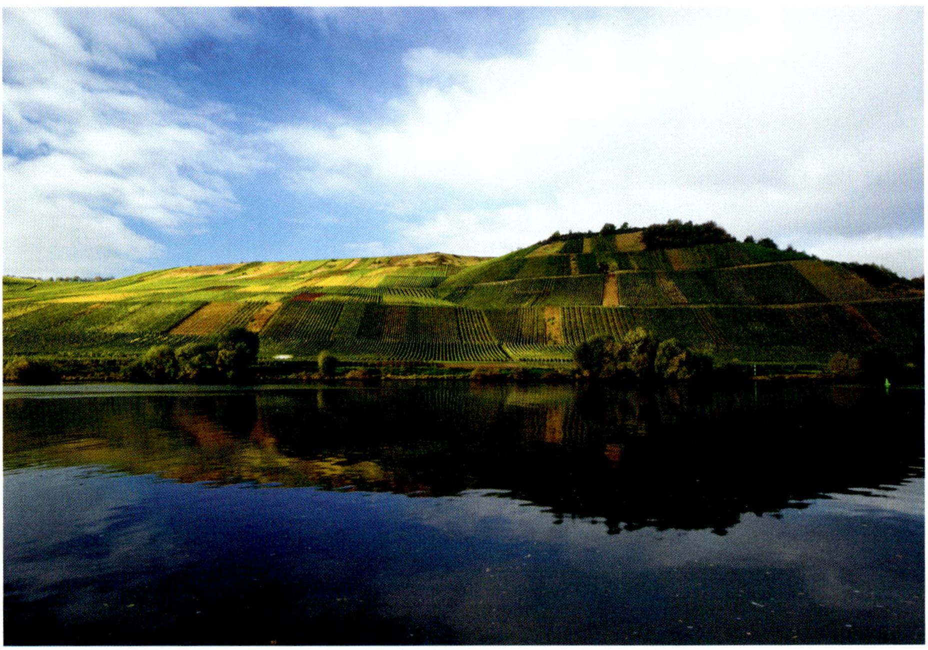

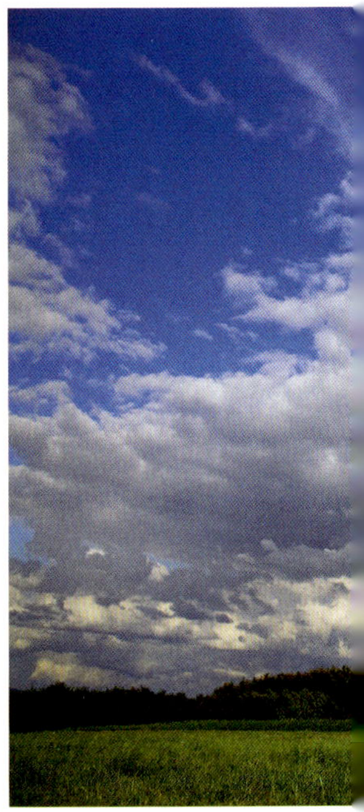

In diesem Bild sollten der wolkige Himmel und auch die Lichtspiegelung im Wasser sichtbar sein. Beide Bildinhalte waren dem Fotografen gleich wichtig. Also setzte er den Horizont fast genau in die Mitte.

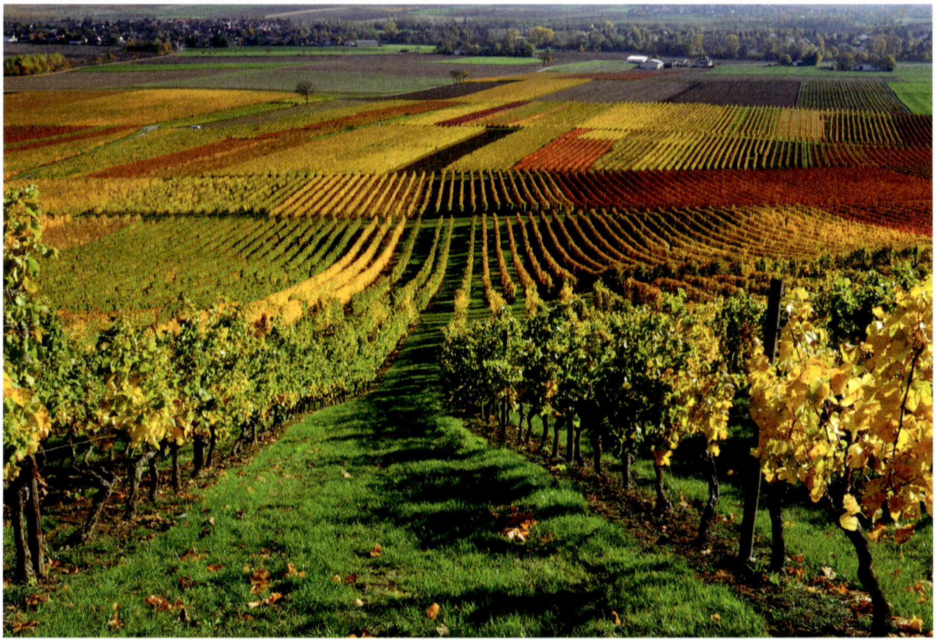

In diesem Bild geht es um die schönen Farben und Strukturen der Weinberge. Deshalb ist der Horizont (der hier nur aus einer Baumreihe besteht) so weit wie möglich nach oben verschoben.

Dieser prächtige Wolkenhimmel ist der Hauptdarsteller im Bild! Also entschied sich der Fotograf für die Augenperspektive und legte den Horizont weit nach unten.

Und jetzt Du!

Such Dir eine schöne Landschaft aus, die Du von Deinem Zuhause aus leicht erreichen kannst. Wenn Du dort fotografieren gehst, halte die Kamera zunächst so, dass der Horizont genau in der Mitte des Bildes verläuft. Bewege die Kamera dann langsam nach oben und nach unten. Das Bild, das Dir am besten gefällt, nimm auf. Probiere auch unterschiedliche Perspektiven aus.

Es kann außerdem interessant sein, »Deine« Landschaft immer wieder einmal zu besuchen, um Fotos bei unterschiedlichem Wetter, mit und ohne Wolken etc. aufzunehmen.

Das kleine Fotoprojekt

Eine Klassenfahrt ist eine wunderbare Gelegenheit für Dich als Hobbyfotograf! Du wirst sicherlich viele Fotos Deiner Freunde und Klassenkameraden machen – fang damit am besten schon im Bus oder Zug an. Da Du aber in einer fremden Gegend bist, solltest Du auch unbedingt daran denken, schöne und vielleicht auch informative Bilder zu fotografieren. Etwa von besonderen Bauwerken, von den Pflanzen und Tieren der Gegend. Bei einer Klassenfahrt an die Nordsee könnten zum Beispiel solche Bilder entstehen, wie sie hier gezeigt sind. Fotos von Ebbe und Flut gehören sicherlich dazu oder Bilder von der Wattwanderung mit der Klasse. Dabei habt Ihr vielleicht viele kleine Würmer am Boden entdeckt. Zumindest dachtet Ihr, dass das Wattwürmer seien, die im Schlick der Nordsee leben. In Wirklichkeit aber sind da nur die Hinterlassenschaften der Wattwürmer zu sehen.

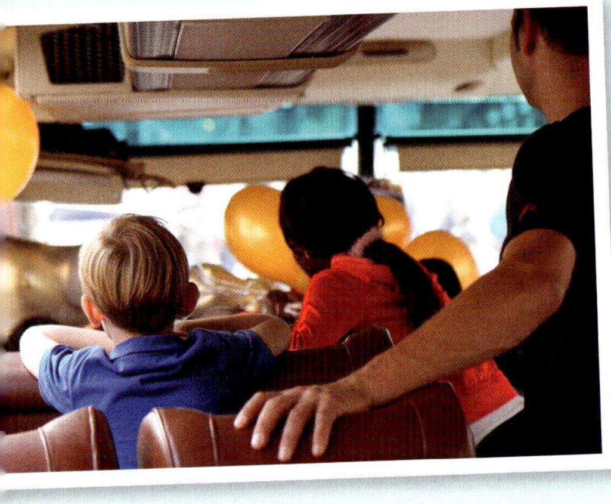

Möwen kannst Du überall an der Nordsee fotografieren, viele von ihnen sind auch an Menschen gewöhnt und sehr zutraulich. Doch aufgepasst, wenn diese Vögel der Meinung sind, dass Du ihnen von Deinem Brötchen oder Deinem

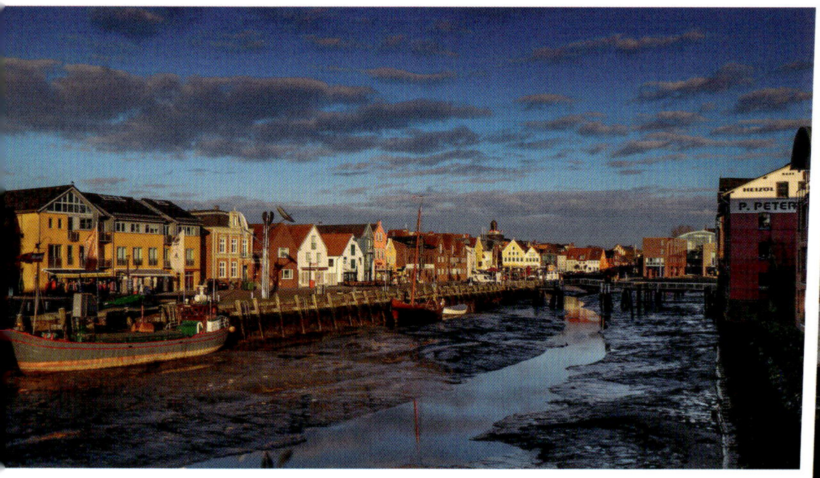

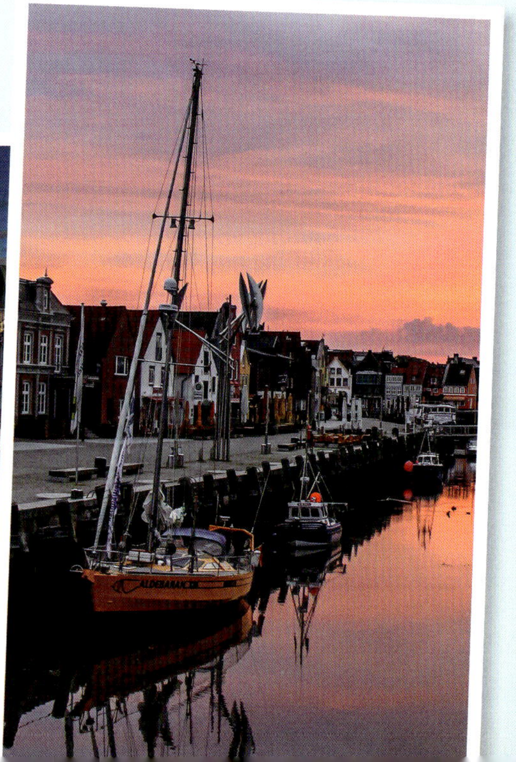

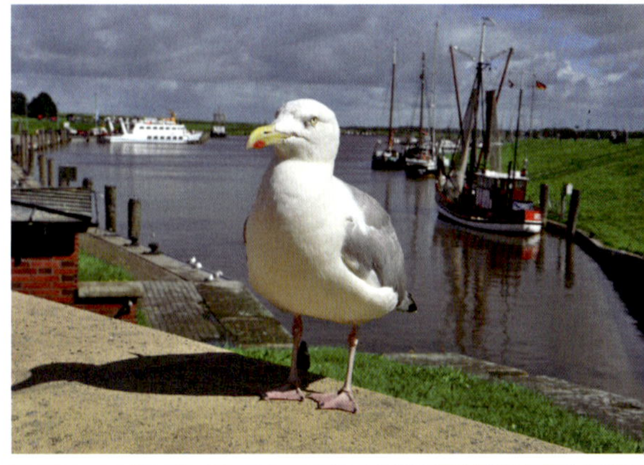

Eis etwas abgeben solltest, dann betteln sie recht dreist oder holen es sich vielleicht sogar ohne Vorwarnung direkt aus Deiner Hand.

So könnten also Deine Fotos von einer Klassenfahrt an die Nordsee aussehen. Geht aber die Fahrt in die Berge oder in eine Stadt, wirst Du ganz andere Fotos mit nach Hause bringen. Wichtig ist in jedem Fall, dass Du dir vor der Fahrt schon einige Gedanken machst, was Du fotografieren möchtest. Vielleicht liest Du vorab schon Reiseführer über das Ziel Eurer Klassenfahrt, oder Du informierst Dich im Internet. Die Betrachter Deiner Bilder werden jedenfalls staunen, was Du auf der Klassenfahrt alles hast sehen und fotografieren können!

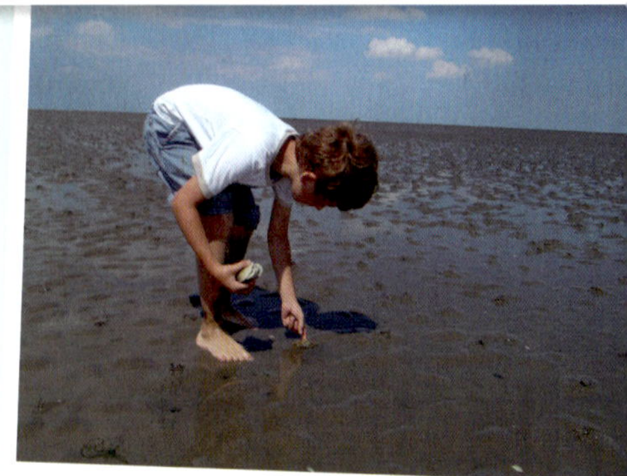

Damit Du auch selbst auf den Bildern bist – und also beweisen kannst, dass Du wirklich dabei gewesen bist – kannst Du den Selbstauslöser Deiner Kamera benutzen, oder Du machst Selfies mit Deinem Smartphone. Vielleicht hast Du aber auch einen Klassenkameraden, der ebenfalls Hobbyfotograf ist? Dann könnt Ihr verabreden, Euch gegenseitig zu fotografieren.

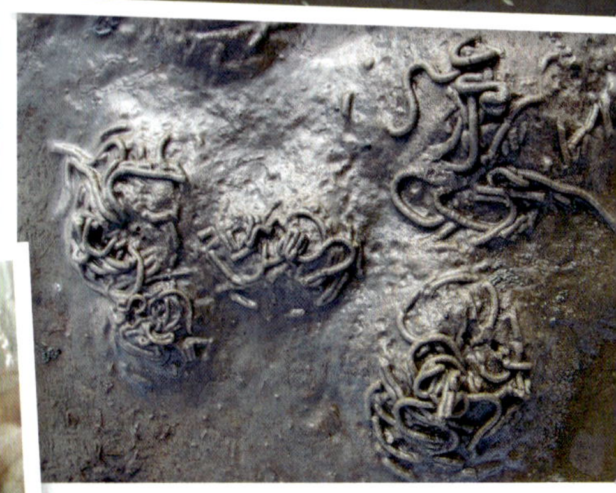

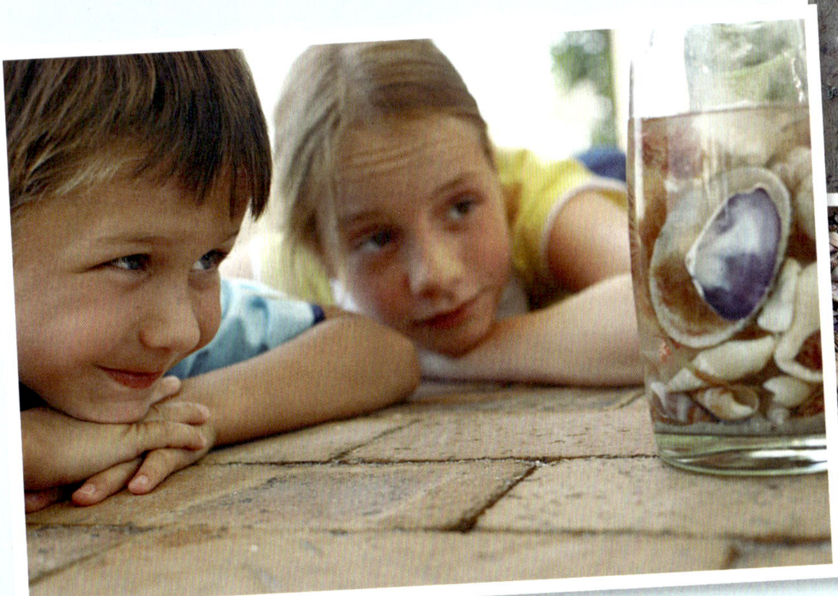

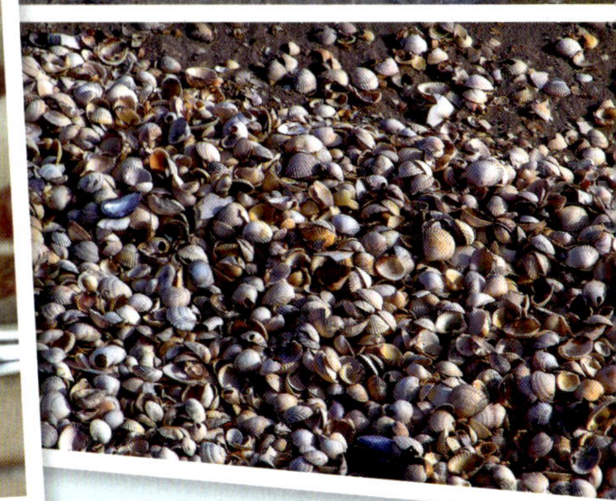

2.11 Linien helfen, das Bild zu gestalten

Wenn es Dir darum geht, Bilder zu machen, die der Betrachter länger anschaut, dann sind Linien im Bild und wie sie verlaufen ganz wichtig. Denn mit Hilfe von Linien kannst Du den Blick des Betrachters führen und ihn auf die Dinge aufmerksam machen, die Dir in einem Foto besonders wichtig sind. Die gerade Horizontlinie hast Du im vorhergehenden Abschnitt schon kennengelernt, aber es gibt auch noch andere Linien, die im Bild nicht unbedingt gerade verlaufen müssen, so wie der Horizont.

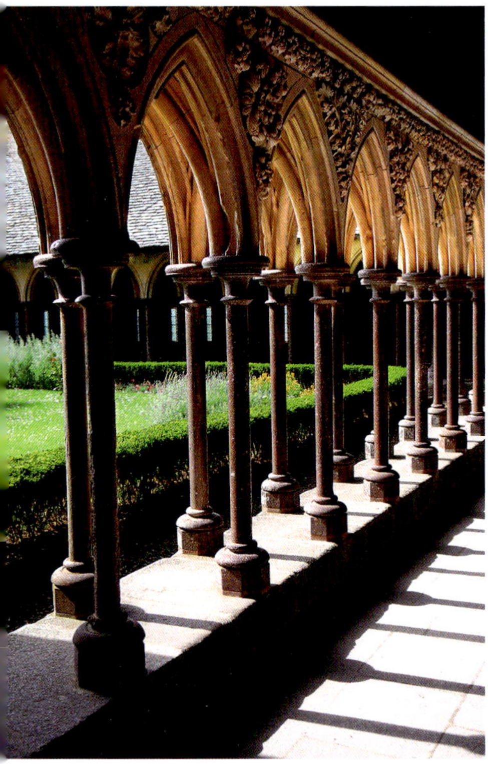

Das Foto des Säulengangs links hat zum Beispiel so viele Linien, dass man gar nicht weiß, wo man anfangen soll: Da wäre zunächst der ganze Säulengang im Vordergrund. Ein ähnlicher Säulengang ist aber auch im Hintergrund zu sehen. Dem Gang im Vordergrund folgst Du mit den Augen nach rechts hinten und schwenkst dann bei dem Gang im Hintergrund aus dem Bild heraus. Die Linien haben Dich durch das Bild geführt! Aber es geht noch weiter: Beim erneuten Betrachten kannst Du dich den anderen Linien zuwenden, die Dich auch im Bild führen. Dein Blick geht an einer Säule hoch, folgt dann dem Bogen bis zur benachbarten Säule und wandert an dieser wieder nach unten. Das wiederholt sich bis ans Ende des Säulengangs.

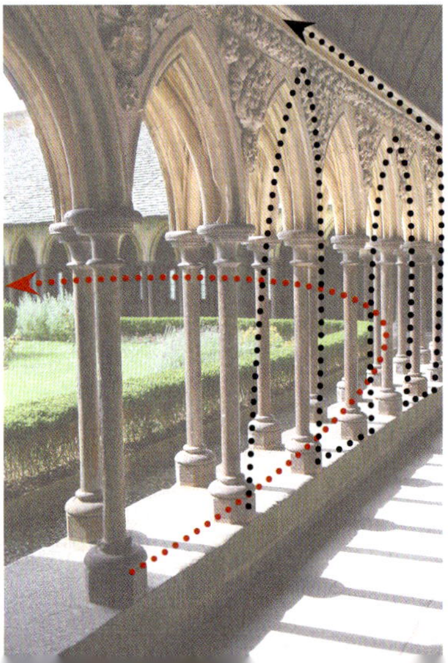

< ^ Auch wenn die vielen Linien am Anfang vielleicht etwas verwirrend erscheinen, so hat sie der Fotograf doch so gut angeordnet, dass sie den Blick lange im Bild halten.

Schau Dir einmal die beiden Bilder auf dieser Seite an. Im rechten Bild thront ein mächtiger Baum auf einem ebensolchen Hügel, das allein macht das Bild schon schön. Zur Wirkung dieses Fotos kommen aber noch die Linien dazu: Sie führen den Betrachter den Hügel hinauf in den Stamm und weiter in die Äste des Baumes. Auch von der oberen Kante des Hügels wird der Blick über den Stamm in das Geäst des Baumes geführt. Die Wirkung dieser Linien wird noch durch die Stellung des Baumes und des Hügels in der Bildmitte – entgegen der Drittelregel – unterstützt. Im Bild oben sind es die beiden Wege, denen ein Betrachter des Bildes folgt und der über den Weg hängende Ast des Baumes, der wie ein Torbogen wirkt.

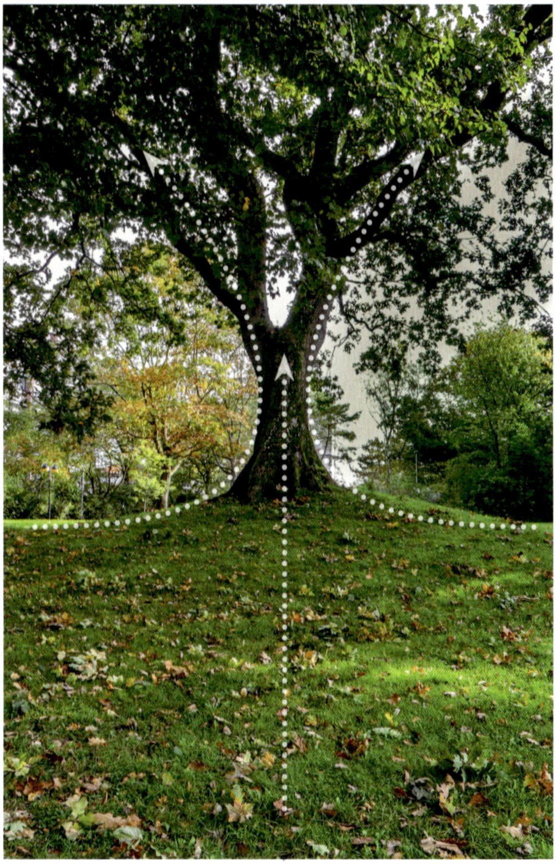

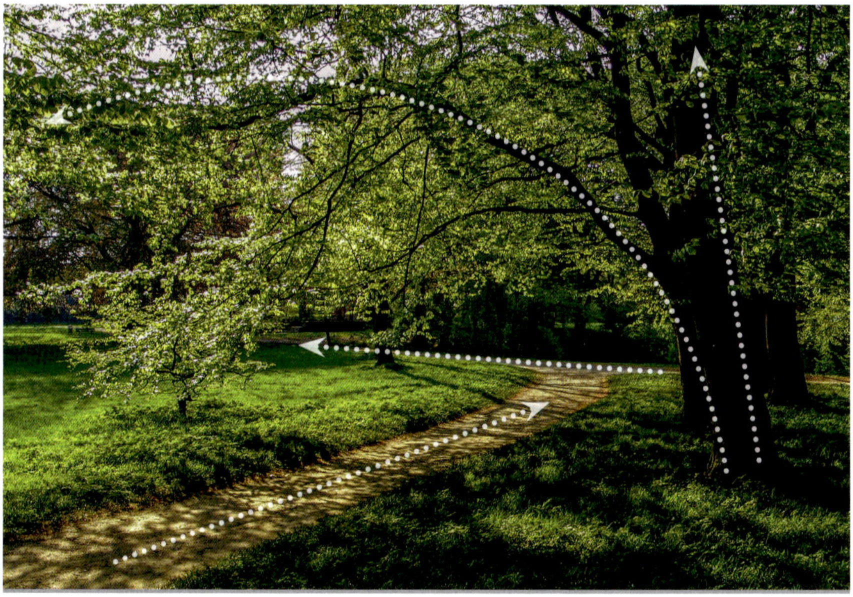

< ^ Beim linken Bild streben fast alle Linien nach außen, was das Bild trotz des ruhigen Motivs sehr dynamisch macht. Beim Bild oben vermittelt die zentrale Linie große Ruhe, die durch die nach außen strebenden Linien in Bewegung gebracht wird.

Dass gebogene Linien in einem Bild besonders wirkungsvoll sein können, siehst Du besonders gut bei dem Bild auf dieser Seite hier. Vielleicht fragst Du dich, ob das ein besonders origineller Spielplatz ist? Oder aber, ob es sich um ein Kunstwerk handelt, das in einem Park steht und von den Kindern nur als Spielgerät verwendet wird? Vor allem aber wird Dir beim Betrachten des Bildes auffallen, dass sich Dein Blick wie eine Schraube in das Bild hineindreht, vom Kind im Vordergrund zu dem im Hintergrund und wieder zurück. Es kann sogar passieren, dass Dein Blick wie beim Pingpong immer wieder zwischen den beiden Jungen hin- und herspringt. Zwischen den beiden Jungen gibt es nämlich auch eine Linie, die beim Betrachten des Bildes in Deinem Kopf entsteht.

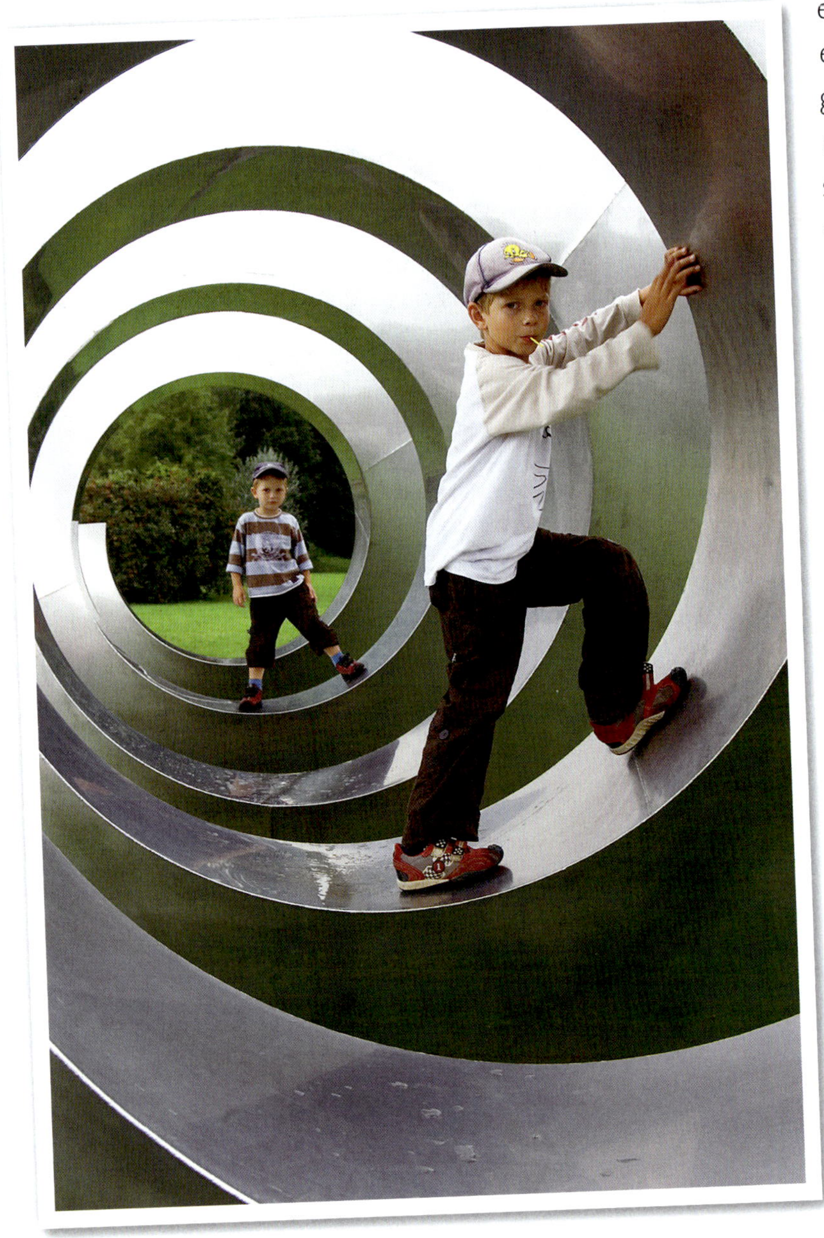

< Die starken Linien in diesem Bild führen Dich hinein und sorgen dafür, dass Du das Bild gar nicht mehr verlassen möchtest!

2.12 In guten Fotos steckt oft ein Dreieck

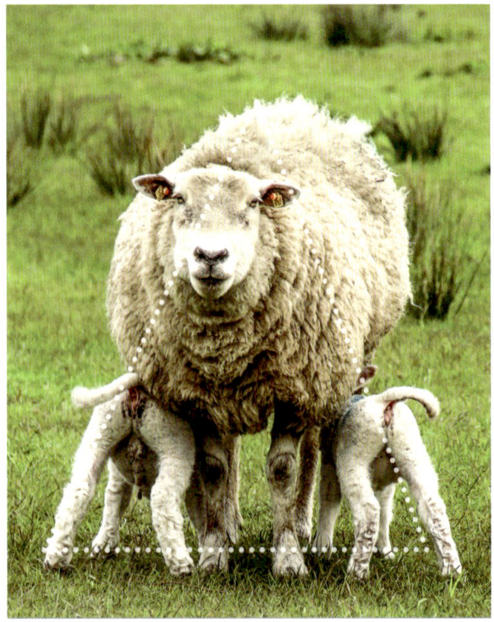

Linien im Bild können auch geschlossen sein, dann bilden sie geometrische Formen. Ein Quadrat, ein Rechteck oder ein Kreis strahlen Ruhe aus. Die Vierecke liegen sicher auf einer Seite, und der Kreis hat seinen Mittelpunkt, der ihn an einer bestimmten Stelle hält. Anders ist das beim Dreieck. Dieses kann zwar auch sicher auf einer Seite liegen, aber wenn es aus dieser Position gekippt wird, kommt Spannung ins Bild. Der Betrachter fragt sich sofort, in welche Richtung es kippt. So erklärt sich, warum ein Blumenstrauß fast immer eine ungerade Anzahl von Blüten hat und warum drei Dinge in einem Foto spannend sind und es so schön machen können. Das gilt aber nur für den Fall, dass das Dreieck zwar im Gleichgewicht ist, aber höchstens mit einer Linie sicher aufliegt. Das ist beim Bild der Lämmer der Fall. Die Kinder können beim Springen gar nicht im Gleichgewicht sein. Das geht nur zufällig, beziehunsgweise großartige Artisten können so etwas. Die schiefe Lage des Dreiecks im Bild der Vogelformation strahlt Aktivität und Geschwindigkeit aus.

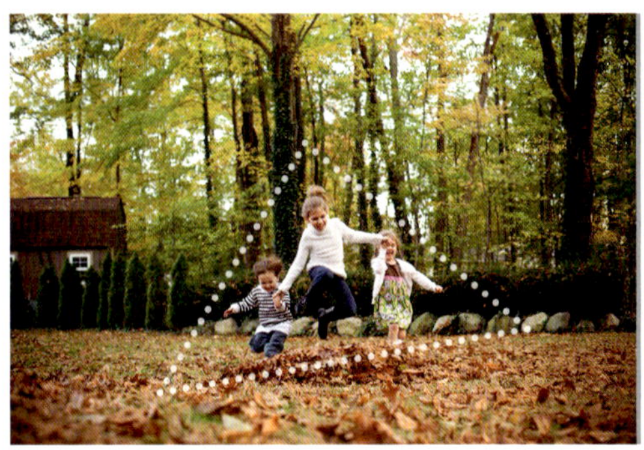

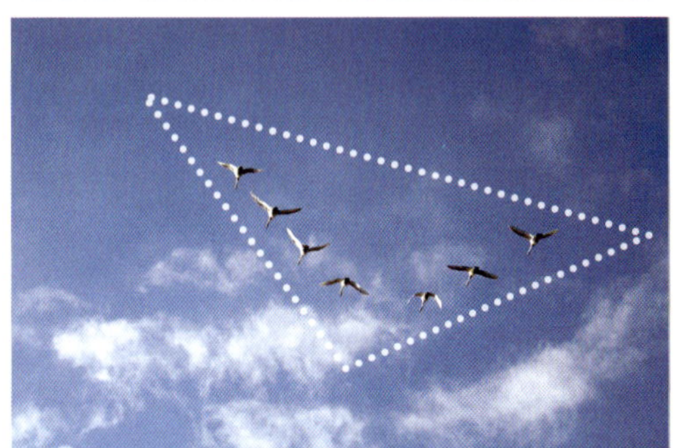

> *Eine ungerade Anzahl von Objekten wirkt in einem Foto immer besser als eine gerade. Drei Objekte lassen sich im Bild am besten positionieren.*

2.13 An der richtigen Stelle dürfen Bilder unscharf sein

Stell Dir vor, Du hast eine Freundin, die begeisterte Reiterin ist. Sie bittet Dich nun um Aufnahmen von sich mit ihrem Pferd, da sie weiß, dass Du fotografierst. Du erfüllst ihr den Wunsch und übergibst ihr die beiden Bilder, die Du unten siehst. Sie ist enttäuscht von den Bildern, weil bei dem einen nur ihr Pferd und beim anderen nur sie selbst scharf abgebildet ist!

Wie das passieren konnte, weißt Du wahrscheinlich schon (falls nicht, blättere noch einmal zurück auf die Seite 54 zum Abschnitt 1.14, »Die Schärfentiefe macht Deine Bilder interessant«). Der Fehler war die Blendeneinstellung. Es war ein Blendenwert eingestellt, dessen Schärfentiefe nur für den Pferdekopf oder nur für die Reiterin ausreichend war. Da aber beide auf dem Foto scharf sein sollten, wäre ein anderer Blendenwert notwendig gewesen.

Hier ist etwas schiefgelaufen, denn eigentlich hätten Pferd und Reiterin scharf abgebildet sein sollen.

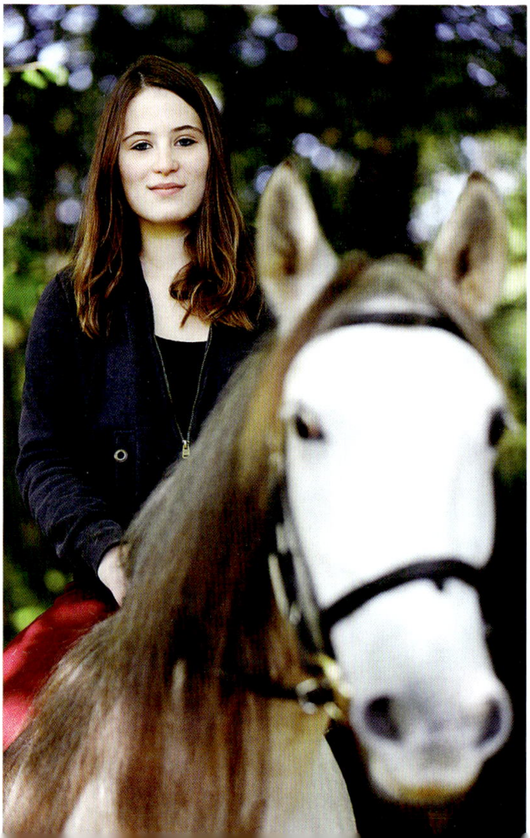

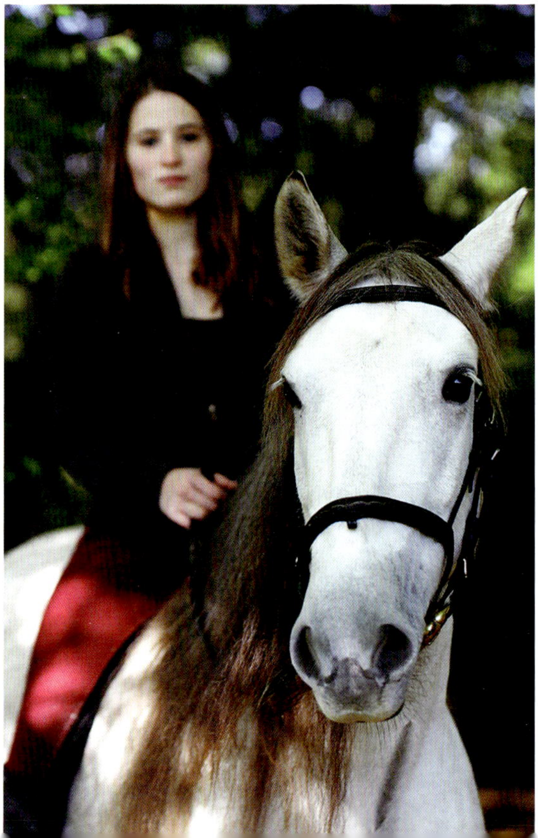

Nun sind natürlich nicht alle Fotos, die irgendwo unscharf sind, automatisch falsch! Welche unscharfen Stellen sind aber richtig und welche eher nicht? Als Faustregel kannst Du dir merken, dass die Teile im Bild scharf sein sollten, die Dir beim Fotografieren wichtig waren. Alle anderen Stellen dürfen unscharf sein. Dann kann auch der Betrachter Dein Bild verstehen und schön finden. Beim Bild der Reiterin ist es also nur der Hintergrund, der unscharf sein darf. Reiterin und Pferd dagegen müssen scharf sein.

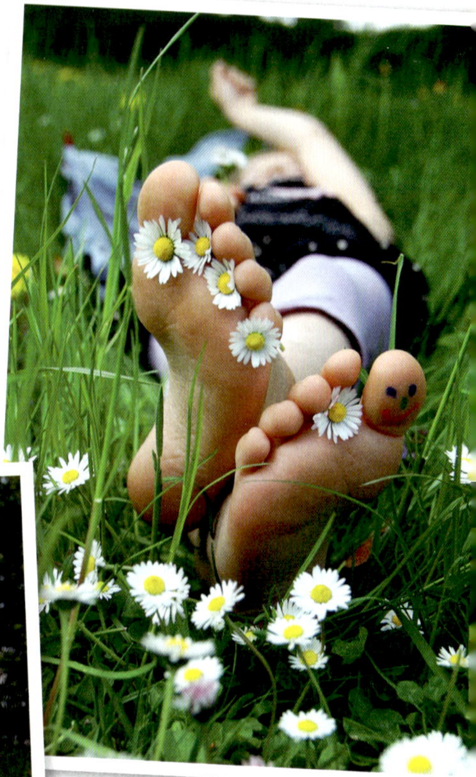

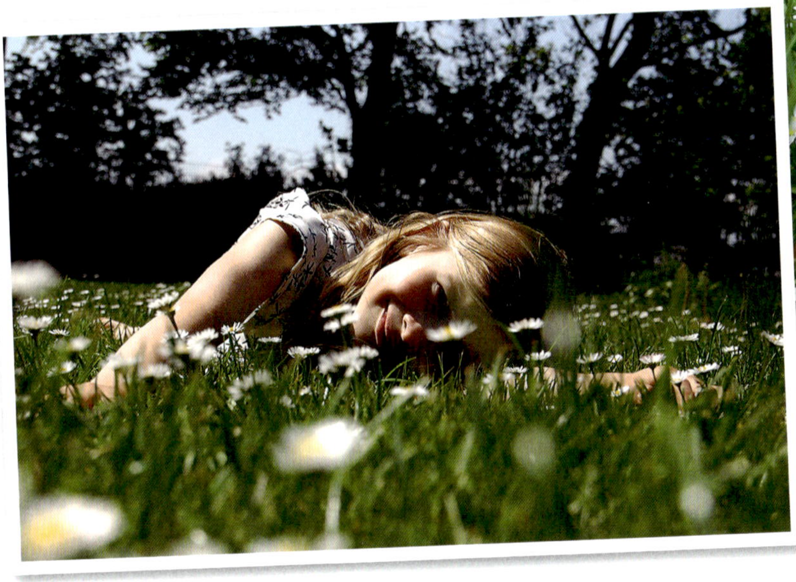

< ^ In diesen beiden Bildern ist genau das Richtige scharf beziehungsweise unscharf. Es ist ganz klar, was in den Bildern das Wichtigste ist.

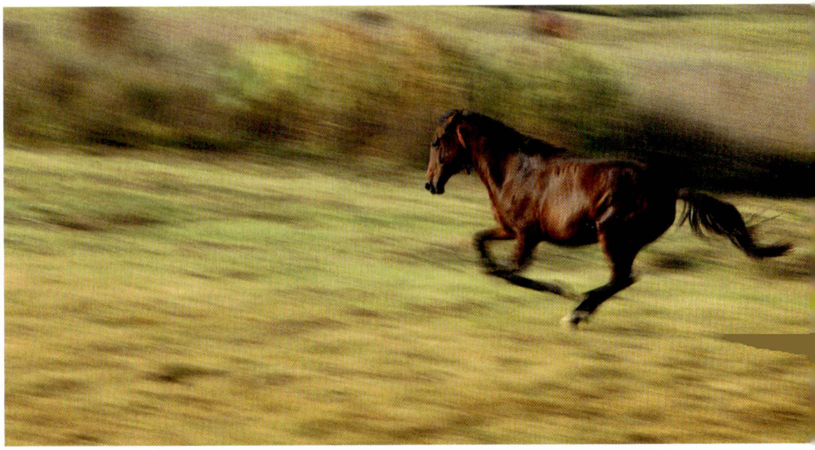

> Es gibt Bildstellen, die unscharf sein dürfen, ja vielleicht sogar müssen – nämlich überall dort, wo es um Geschwindigkeit geht. Das Pferd rennt so schnell, dass die Bewegung vor unseren Augen verwischt.

2.14 Zum Fotografieren brauchst Du Sonnenlicht

Das Wort *Fotografie* kommt ursprünglich aus der griechischen Sprache, und die einzelnen Bestandteile bedeuten »mit Licht schreiben« oder »mit Licht zeichnen«. Also kannst Du dann fotografieren, wenn Licht vorhanden ist, etwa wenn die Sonne scheint. Doch es gibt da noch eine Bedingung, damit das Foto auch gelingt: Es ist entscheidend, woher das Licht kommt, aus welcher Richtung es also auf das Objekt trifft, das Du aufnehmen willst. Wie sich das Licht aus den verschiedenen Richtungen auf Deine Bilder auswirkt, zeige ich Dir in diesem Abschnitt.

> *Die verschiedenen Lichtrichtungen verstehst Du am schnellsten, wenn Du dir eine Szene von oben vorstellst.*

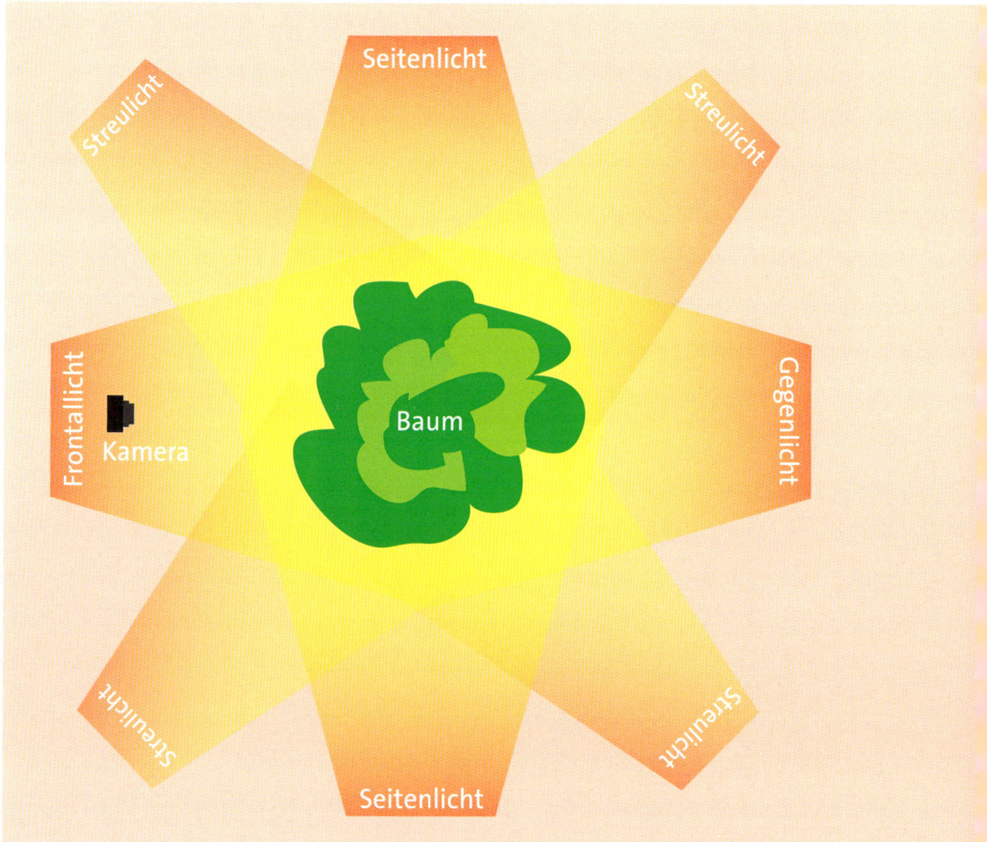

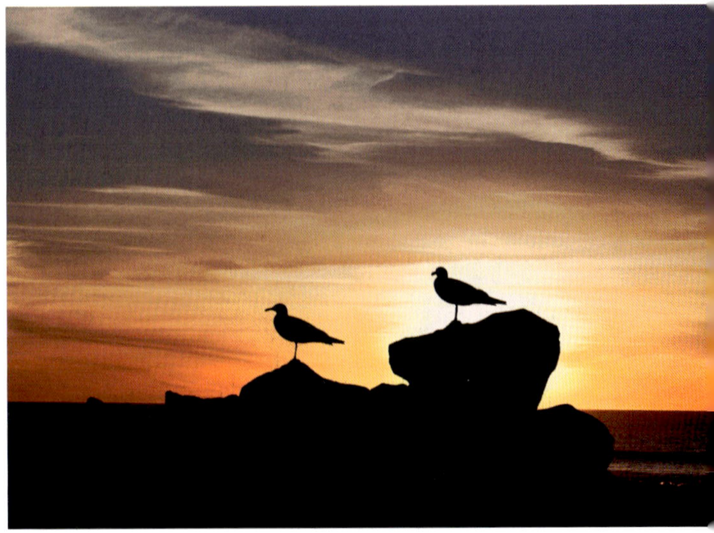

^ Silhouettenbilder im Gegenlicht können interessant sein. Sie gelingen dann am besten, wenn das direkte Licht von einem Teil des Motivs verdeckt wird, so wie hier.

Das *Frontallicht* scheint dem Fotografen in den Rücken, und es trifft direkt von vorn auf das Motiv. Dabei entstehen am Motiv keine Schatten. Schatten würden aber dafür sorgen, dass das Motiv nicht nur helle, sondern auch dunkle Stellen hat. Der Fotograf nennt die hellen Stellen *Lichter* und die dunklen *Tiefen*. In Bildern, die mit Frontallicht gemacht wurden, gibt es oft zu viele Lichter. In einem gelungenen Foto gibt es aber auch Bereiche, die man weder zu den Tiefen noch zu den Lichtern rechnen kann. Diese Bereiche nennt der Fotograf *Mitteltöne*. Sie sind für die Wirkung eines Bildes oft ganz entscheidend. Die beiden Fotos auf der Seite 108 leben vorwiegend von den Lichtern und den Tiefen, das Foto auf Seite 109 von den Mitteltönen.

Das *Gegenlicht* kommt direkt auf die Kamera zu, darf aber nicht direkt in die Kamera treffen. Denn bei Bildern im Gegenlicht passiert es schnell, dass die Vorderseite der Objekte auf dem Bild ganz schwarz erscheint. Das liegt daran, dass die Kamera viel Licht misst und das Bild deswegen nur ganz kurz belichtet. Die kurze Belichtungszeit reicht aber nicht aus, um die Objekte im Vordergrund hell wiederzugeben. Diese erscheinen dann nur als sogenannte *Silhouetten*, das bedeutet, man erkennt nur die Umrisse, aber keine weiteren Details.

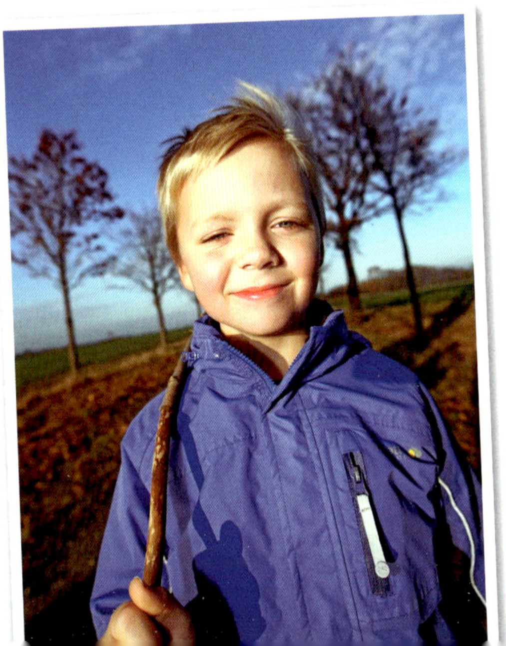

< *Wenn Du Personen im Frontallicht fotografierst, werden die geblendet und mit verkniffenen Augen aufgenommen, was selten schön aussieht.*

In diesem Bild verdeckt die Baumkrone die Sonne. Vom Baum selbst kannst Du kaum Einzelheiten erkennen. Denn die Dir zugewandte Seite bekommt ja kein Licht und ist deshalb sehr dunkel. Alle anderen Motivteile werden wunderschön vom Gegenlicht beleuchtet.

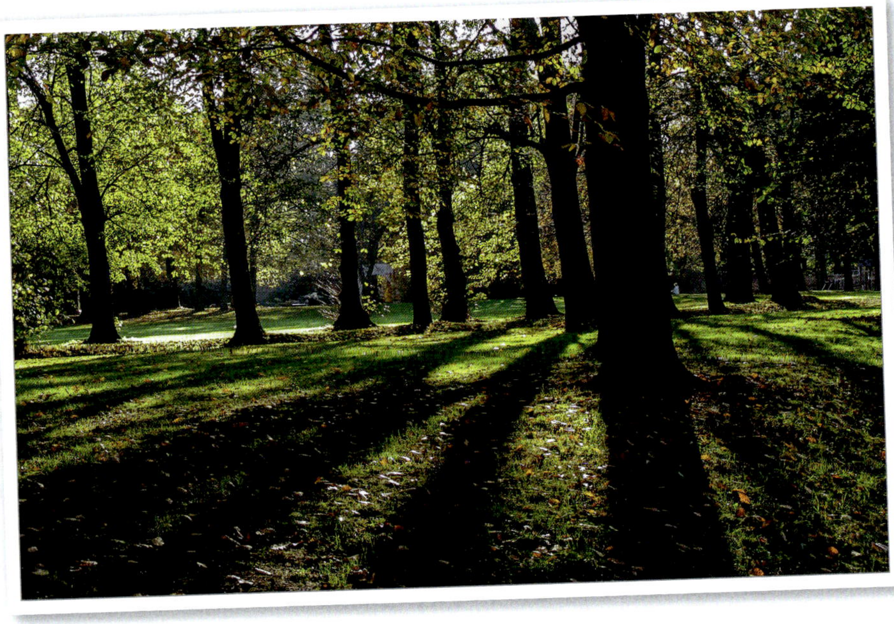

Wie aber kannst Du vermeiden, dass das Gegenlicht direkt in die Kamera fällt? Dafür musst Du die Kamera nur so aufbauen, dass ein Objekt im Bild die Lichtquelle selbst verdeckt (und nur die Lichtquelle). Dann ist es für die Kamera schon weniger hell, und sie wird das Bild etwas länger belichten. Es gibt aber noch einen weiteren Trick: Schau Dir dazu das Bild unten an. Trotz des Gegenlichts sind die Details des Stammes deutlich zu erkennen. Wie kommt das? Hier gibt es einen natürlichen Aufheller, den Schnee. Er wirkt als sogenannter *Reflektor* und lenkt Licht zum Baumstamm um. Wenn es keine Reflektoren gibt, kannst Du auch den in die Kamera eingebauten Blitz benutzen. Bei Gegenlichtaufnahmen kann er für ein gelungenes Foto sorgen, er wird hier *Aufhellblitz* genannt.

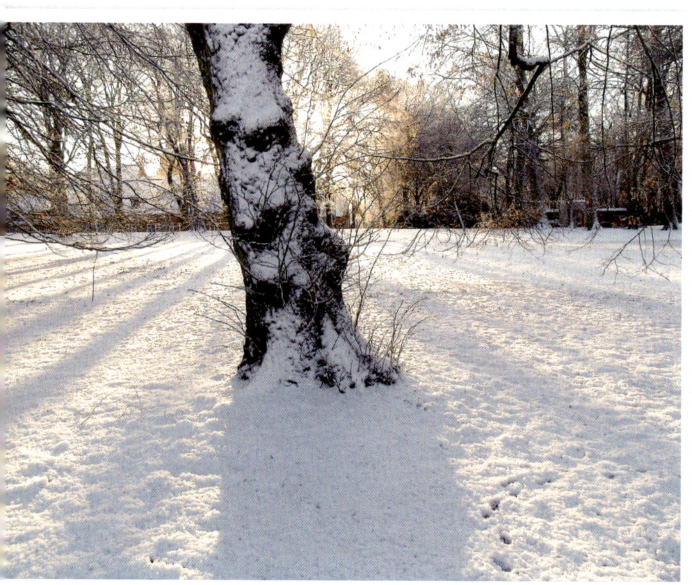

Es klingt vielleicht etwas eigenartig, aber bei strahlendem Sonnenschein im Gegenlicht kann Dir das Blitzlicht beim Aufhellen der Vorderseite des Motivs helfen.

Der Name *Seitenlicht* sagt es schon, dieses Licht kommt von der Seite. Es ist für die Fotografie deshalb so wichtig, weil es von jedem noch so kleinen Objekt einen Schatten erzeugt. Im Bild entstehen so Lichter und Tiefen, eine entscheidende Voraussetzung für ein gutes Foto. Ob das Licht von der rechten oder der linken Seite kommt, ist aber nicht immer egal. Ein großes Objekt kann einen kräftigen Schatten auf kleinere Objekte werfen und diese fast unsichtbar machen. Wenn Du bei Landschaftsaufnahmen auf solche Verhältnisse wie in der Skizze ❶ triffst, solltest Du auf eine Aufnahme verzichten und zu einer anderen Tageszeit wiederkommen, wenn das Licht mehr wie in der Skizze ❷ fällt.

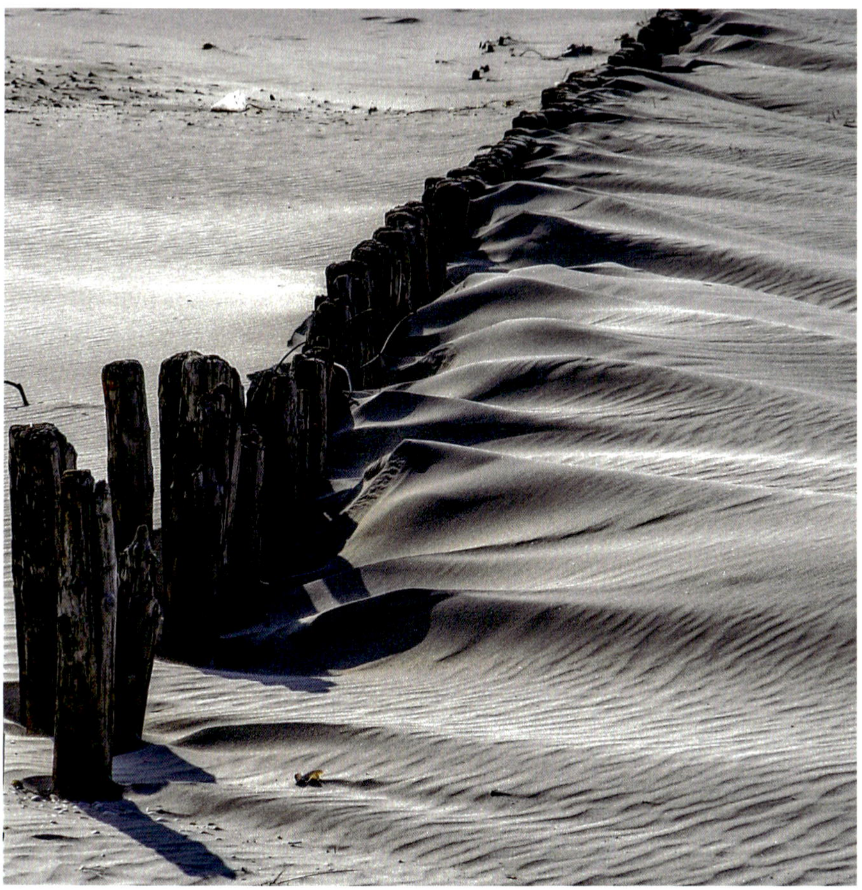

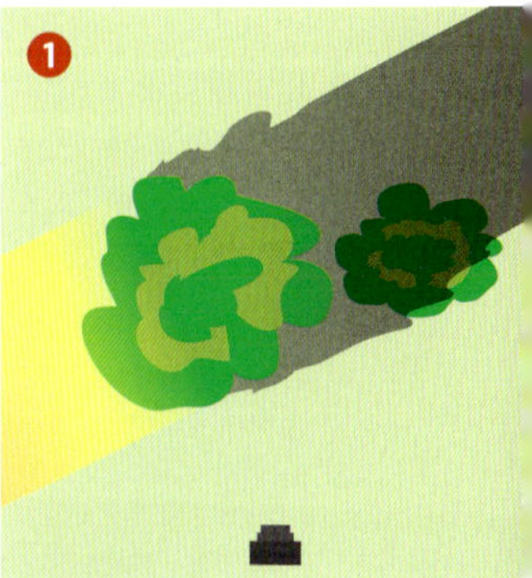

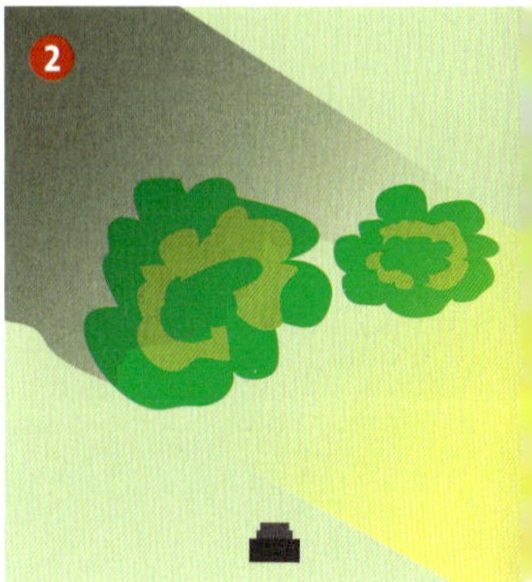

< ^ Seitenlicht sorgt für manchmal sehr dramatische Schatten und kann auch andere Objekte »verschlucken«. Es eignet sich vor allem dafür, Strukturen in einem Motiv hervorzuheben.

Seitenlicht eignet sich sehr gut, um Körperformen darzustellen. Das gilt insbesondere in der Porträtfotografie. Bei einem Porträt sollen meist alle Teile des Gesichts gut dargestellt werden. Mit starkem Licht von nur einer Seite kann das schwierig werden, so wie beim Porträt des Hundes. Seine ganze rechte Gesichtshälfte verschwindet in einem unschönen Schatten. Um nun auch die andere Gesichtshälfte aufzuhellen, kannst Du die Tatsache ausnutzen, dass Licht von einer hellen Fläche reflektiert wird. Dieses Umlenken des Lichts nennt der Fotograf *aufhellen*, und er macht das mit sogenannten *Reflektoren*. Das sind mit Stoff oder Metallfolien bespannte Rahmen, die sich ganz bequem zum Lenken des Lichts verwenden lassen. Du kannst dafür auch einfach eine nicht zu dicke Styroporplatte benutzen, die Du auf der einen Seite mit Alufolie beklebst, die andere Seite bleibt, wie sie ist. Schon hast Du einen leichten Reflektor zum sanften Aufhellen (die unveränderte Styroporplatte) und einen kräftigen Reflektor (die Seite mit der Alufolie). Du kannst aber auch ein Stück weiße Pappe verwenden. Probiere es aus, Du wirst staunen, was so ein Reflektor ausmacht, wenn er richtig gehalten wird. Du kennst das sicher aus dem Physikunterricht: Der Einfallswinkel des Lichts ist gleich seinem Ausfallswinkel. Deshalb musst Du den Reflektor so lange hin- und herbewegen, bis das reflektierte Licht auf die dunklen Stellen im Motiv fällt.

Starkes Seitenlicht betont bei Porträts – egal ob Du Tiere oder Menschen porträtierst – eine Gesichtshälfte.

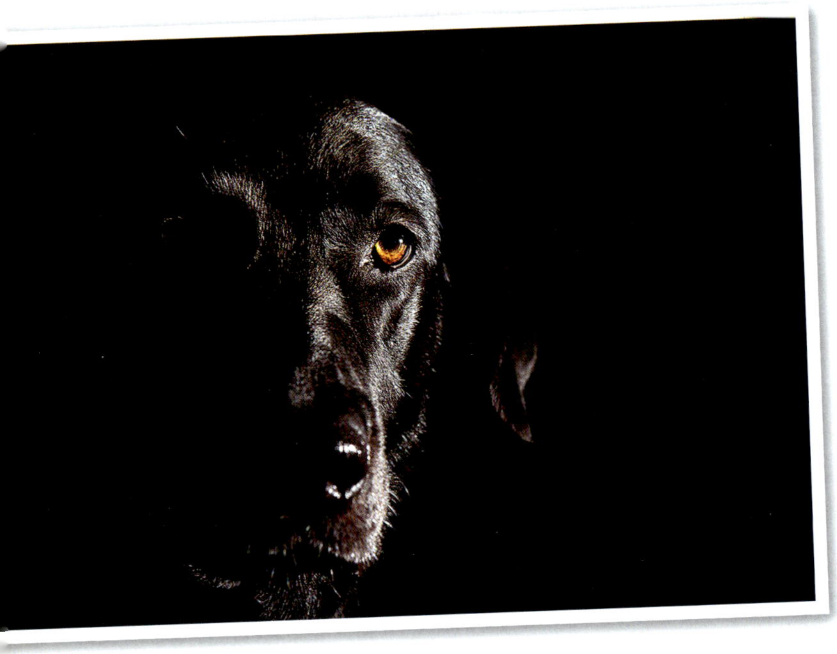

Ein solches Profimodell muss es gar nicht sein. Einen einfachen Reflektor für den Hausgebrauch hast Du auch ganz schnell selbst gebastelt.

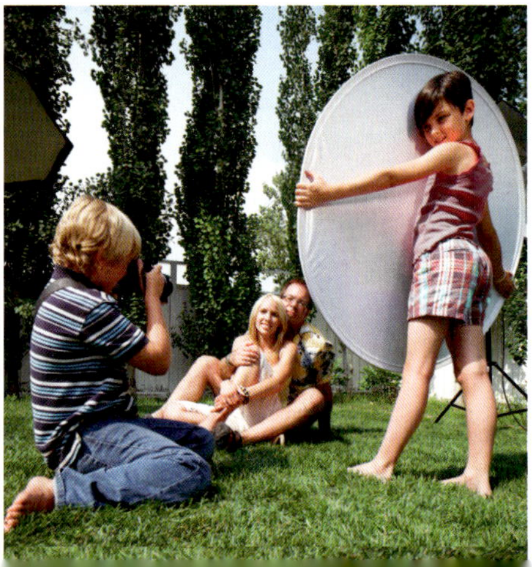

Als Letztes bleibt uns nun noch das *Streulicht*. Streulicht hat keine bestimmte Richtung, es kommt vielmehr von allen Seiten gleichzeitig. Dieses weiche Licht findest Du draußen oft vor, wenn sich die Sonne hinter den Wolken versteckt. Die Wolken lassen einen Teil des Sonnenlichts durch, und andere Teile werden von den Wassertropfen und Staubkörnchen in den Wolken gebrochen, also zerstreut. Bei Streulicht hast Du praktisch keine Schatten am Motiv, und damit können wunderschöne Aufnahmen gemacht werden. Durch die fehlenden Schatten kann ein Bild aber auch »flach« und damit etwas langweilig wirken.

Streulicht findest Du nicht nur bei bedecktem Himmel draußen, sondern auch im Zimmer. Das Sonnenlicht bricht sich vor dem Fenster an den verschiedensten Objekten und erzeugt für das Zimmer ein mildes Streulicht. Am stärksten ist es ganz dicht am Fenster. Die Sonne darf nur nicht direkt ins Zimmer scheinen, denn sonst bekommt das Licht wieder eine zu starke Richtung.

Ein Maler hat viele verschiedene Pinsel und malt immer mit dem, der für die Farbe und das Bild am günstigsten ist. Wir »Lichtmaler« haben auch verschiedene Pinsel: das Frontallicht, das Seitenlicht, das Gegenlicht und das Streulicht, außerdem Reflektoren und den Blitz. Wir setzen beim Fotografieren das Licht ein, das uns das beste Bild bringt.

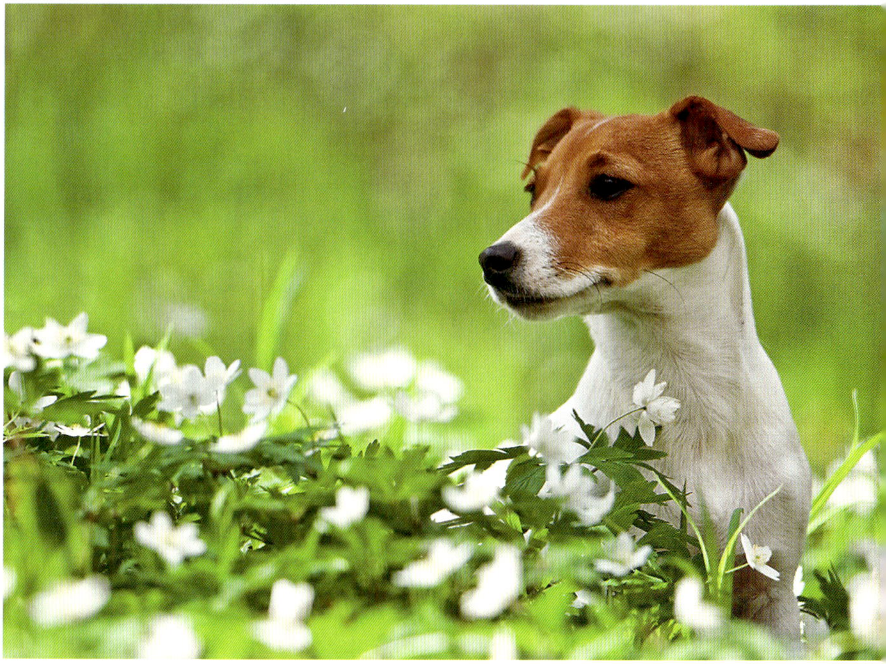

> *Das Streulicht ist der Begleiter von bedecktem Himmel, also geh nicht nur bei Sonnenschein auf Fotopirsch, sondern auch bei »schlechtem« Wetter.*

2.15 Die besten Zeiten für eine Fotopirsch in die Natur

Die verschiedenen Lichtrichtungen, die Du im vorhergehenden Abschnitt kennengelernt hast, findest Du in Form des Sonnenlichts draußen vor. Dabei verändert sich die Richtung und damit die sogenannte *Qualität des Lichts* im Verlauf des Tages. Wenn Du einfach nur knipsen willst, dann kannst Du das jederzeit tun. Willst Du aber ein richtiger Fotograf sein – ein »Lichtmaler« –, dann stehe mit den Hühnern auf, halte nach der Fotopirsch einen ausgiebigen Mittagsschlaf und gehe am späten Nachmittag wieder auf die Fotojagd!

Mit den Hühnern solltest Du aufstehen, weil in den Morgenstunden ein herrlich warmes und weiches Licht herrscht, das Deine Motive auf eine Art und Weise aussehen lässt, die nicht jeder Mensch kennt (vor allem nicht die Langschläfer). Die Sonne steht tief über dem Horizont, und ihr Licht muss sich erst durch die Dunstglocken von Wäldern, Feldern und Städten hindurcharbeiten. Es wird von zahlreichen Hindernissen gebrochen, wodurch die Lichtstrahlen ihren Lauf ändern. Das Licht wird von Häusern, Fenstern, Straßen usw. reflektiert, das heißt in

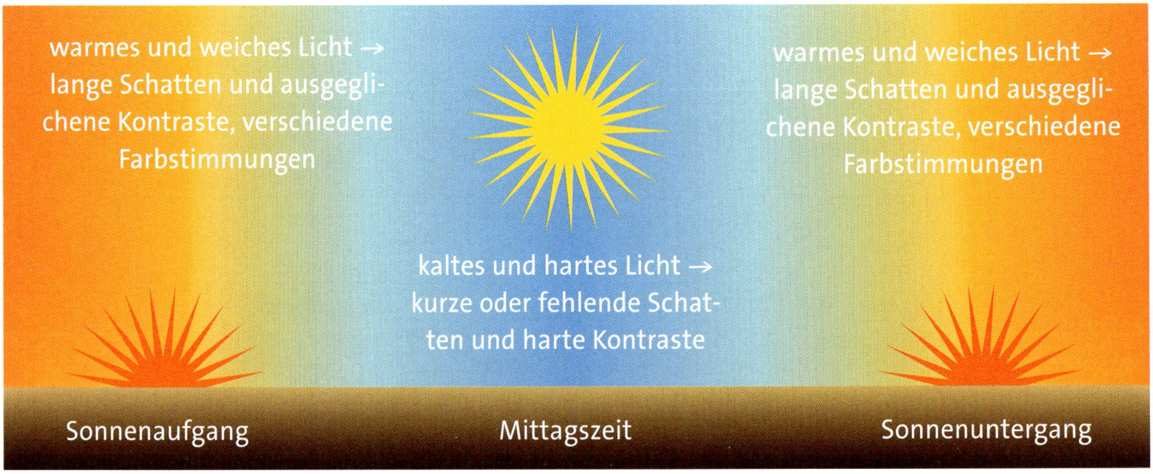

^ *In den Morgen- und Abendstunden hast Du die besten Chancen für Fotos bei schönem Licht.*

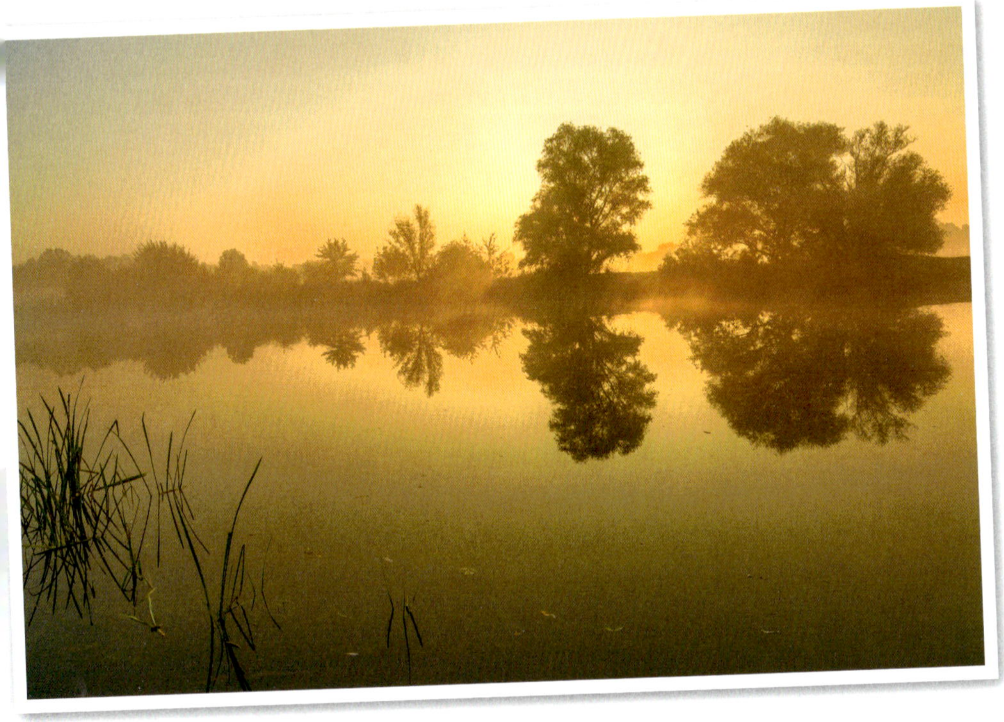

Bei Sonnenaufgang kann es gerade in der Nähe von Seen und Bächen auch neblig sein. Der Nebel verstärkt die schöne Lichtstimmung noch.

einem bestimmten Winkel zurückgeworfen. Darüber kannst Du dich ganz genau im Physikunterricht informieren. Die Reflexion von Licht kannst Du dir aber auch etwas vereinfacht so vorstellen: Eine Wand soll das Objekt darstellen und ein Ball das Licht. So wie der Ball von der Mauer in einem bestimmten Winkel abprallt, so reflektieren Objekte das Licht. Objekte, also Bauwerke, Stoffe, Gegenstände und auch Deine Haut, können Licht aber auch aufnehmen, so dass nur ein Teil des Lichtes zurückgeworfen wird. Der Fachbegriff dafür heißt *Absorption*, das Licht wird *absorbiert*.

Von Minute zu Minute steigt die Sonne am Himmel empor, womit sich der Einstrahlungswinkel ändert. Das Licht passiert jetzt andere Luftschichten, wird von anderen Hindernissen gebrochen, reflektiert oder absorbiert. Es ändert sich minütlich. Diese Vorgänge erzeugen in den Morgenstunden ein ganz besonderes Licht. Wenn Du das einmal sehen willst, dann stehe kurz vor Sonnenaufgang auf, gehe in die Natur und beobachte sie während des Sonnenaufgangs – Du wirst staunen, wie manche Dinge um diese Zeit aussehen.

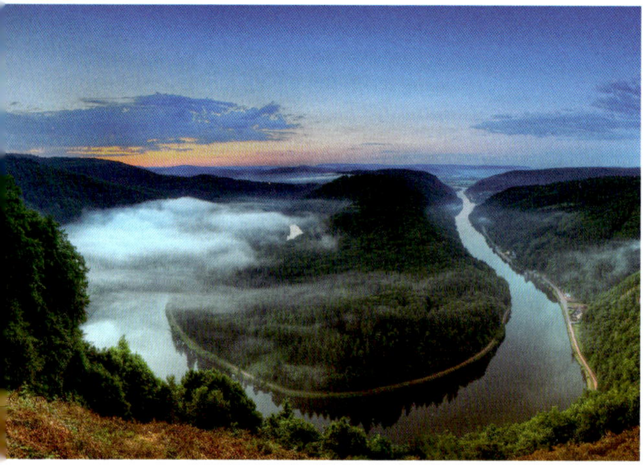

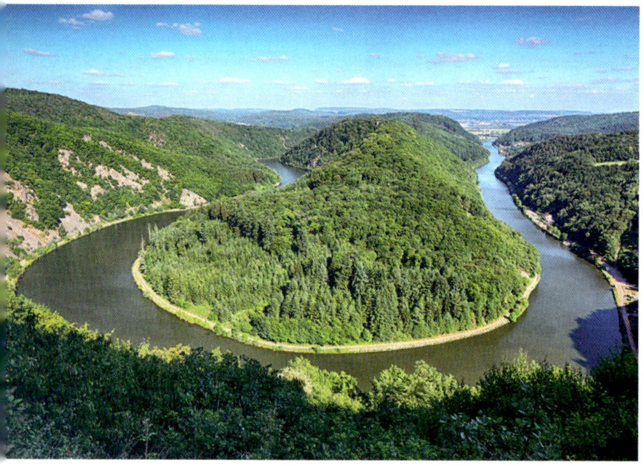

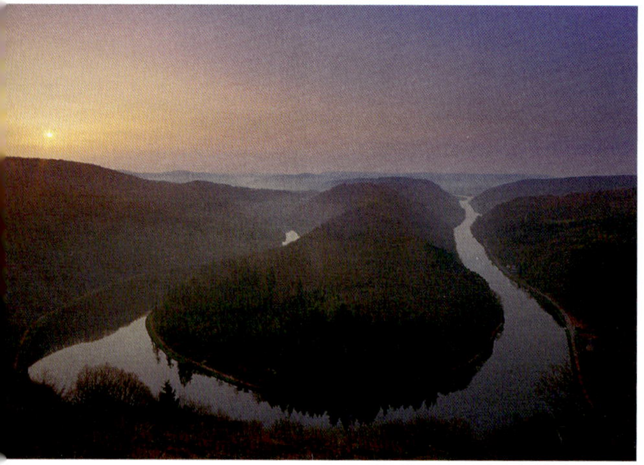

Steht die Sonne schließlich in der Mittagszeit hoch am Himmel, gibt es keine Objekte, die das Licht beeinflussen. Geradlinig, hart und kalt trifft es unsere Motive. Alle Einzelheiten der Objekte werden voll ausgeleuchtet, Schatten sind hart und kurz oder fehlen ganz. Schau Dir mal zur Mittagszeit bei voller Sonne in Deinem Wohnort die Straßen, die Häuser, die Gärten an. Du wirst sicher erkennen, dass alle Dinge irgendwie leer und kalt wirken, obwohl die volle Sonne scheint. Das nennt der Fotograf *hartes Licht*. Dann ist es schwieriger, interessante Fotos aufzunehmen – und manchmal auch unmöglich.

Ab dem späten Nachmittag wird das Licht wieder warm und weich – wie in den Morgenstunden. Deutliche und immer länger werdende Schatten entstehen, jede kleine Unebenheit der Objekte tritt deutlich hervor. Jetzt lohnt es sich auch wieder, in der Natur unterwegs zu sein, um zu fotografieren!

< Morgens, mittags und abends: Wie unterschiedlich doch das Licht im Tagesverlauf diese Flusslandschaft aussehen lässt! Morgens wie abends herrschen weiches Licht und schöne Farben vor – doch trotzdem ist die Stimmung morgens und abends eine andere. Probiere das selbst einmal aus!

Das kleine Fotoprojekt

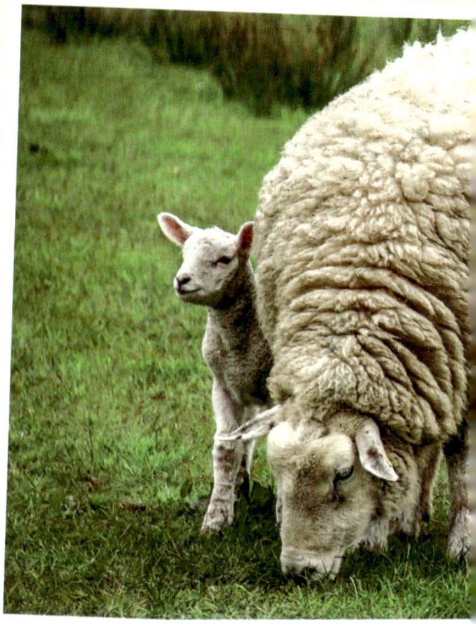

Jungtiere wecken schnell das Interesse eines Fotografen, und sicher auch Deines. Denn Tierkinder sind meist sehr fotogen. Mit einer Einzelaufnahme oder einer Fotoserie kannst Du das Aussehen der jungen Tiere, ihr Verhalten und auch die Sorge der Elterntiere um ihren Nachwuchs festhalten. Denn die Eltern lehren ihre Kinder alles, was sie für ihr späteres selbstständiges Leben brauchen. Die Eltern tun etwas, die Jungtiere schauen zu und prägen sich zum Beispiel ein, welche Nahrung die richtige ist, sowie bestimmte Verhaltensweisen. Solltest Du also die Möglichkeit haben, Jungtiere zu fotografieren, dann zögere nicht! Du kannst so Fotos erhalten, die nicht nur Dir viel Freude bereiten, sondern auch bei allen Betrachtern großen Eindruck hinterlassen werden.

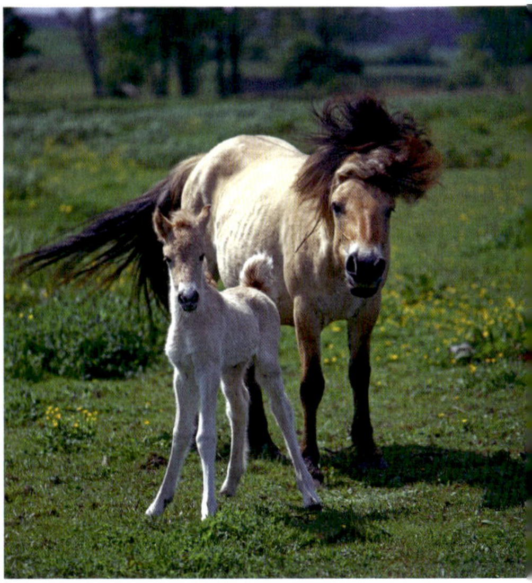

Beachte aber: Elterntiere beschützen ihren Nachwuchs unter allen Umständen! Sie könnten Dich durchaus als Gefahr für die noch hilflosen Jungtiere ansehen und Dich angreifen. Schnäbel, Zähne, Krallen und Hufe können ordentlich wehtun. Nutze also den Zoom Deiner Kamera oder das Teleobjektiv. Erkundige Dich auch, ob es vielleicht im Zoo in Deiner Stadt gerade Jungtiere gibt. Dort kannst Du dann auch exotische Tiere mit ihren Jungen gefahrlos fotografieren. Oft brauchst Du dann aber besonders viel Zoom, weil Du nicht so nah herangehen kannst.

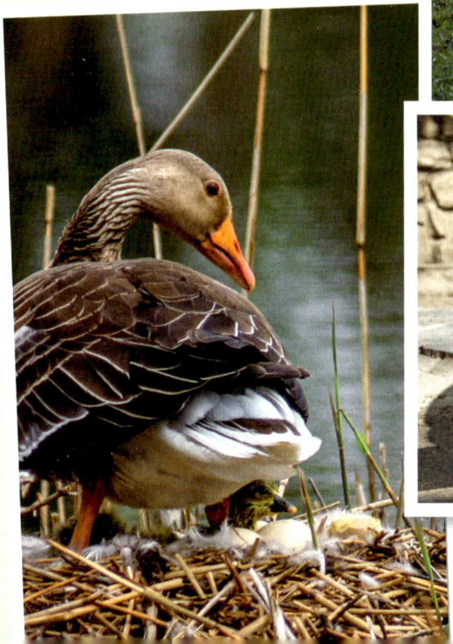

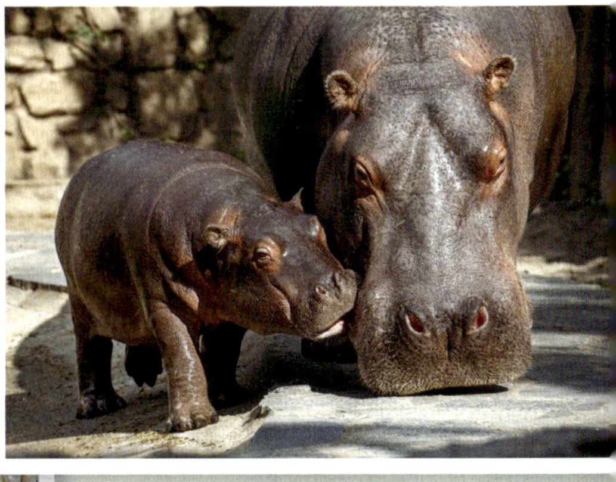

2.16 Das Licht kannst Du auch drinnen nutzen

Auch an Tagen, an denen Du vielleicht nicht zum Fotografieren nach draußen gehen kannst, musst Du nicht darauf verzichten. Wenn es draußen eher hell ist, versuche doch einmal, das durch die Fenster fallende Streulicht zu nutzen, und baue Dir dort ein kleines »Fotostudio« auf. Das geht ganz schnell: Du brauchst dazu nur einen weißen Hintergrund und eine Halterung für Dein (nicht zu großes) Fotoobjekt. Beides muss sich leicht transportieren lassen. Alle diese Voraussetzungen erfüllt ein Stuhl, den Du einfach ans Fenster stellst. Sitz und Lehne bedeckst Du mit weißem Stoff (einer Tischdecke oder einem Bettlaken), oder Du stellst einen hellen Hintergrund an die Stuhllehne. Das Fotoobjekt findet seinen Platz auf dem Sitz. Fertig ist das Fotostudio am Fenster! Oft lohnt sich dabei die Verwendung eines Reflektors, den Du auf Seite 110 kennengelernt hast, um die dunklere Seite aufzuhellen.

Dein kleines Studio ist beweglich, so dass Du es an dunklen Tagen auch an eine Wand stellen kannst. Als Hintergrund kannst Du zum Beispiel ein großes Blatt weißes Papier an die Wand hängen, und davor stellst Du deinen Stuhl. Eine oder zwei Lampen stellst Du nun so auf, dass sie ein gutes Seitenlicht geben. Hast Du nur eine Lampe zur Verfügung, dann setze zusätzlich einen Reflektor ein.

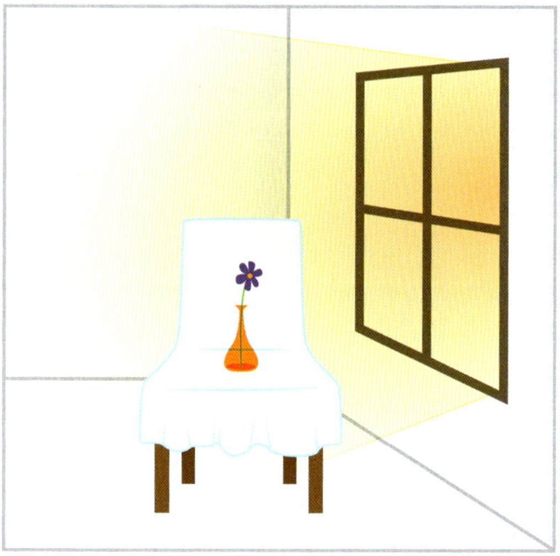

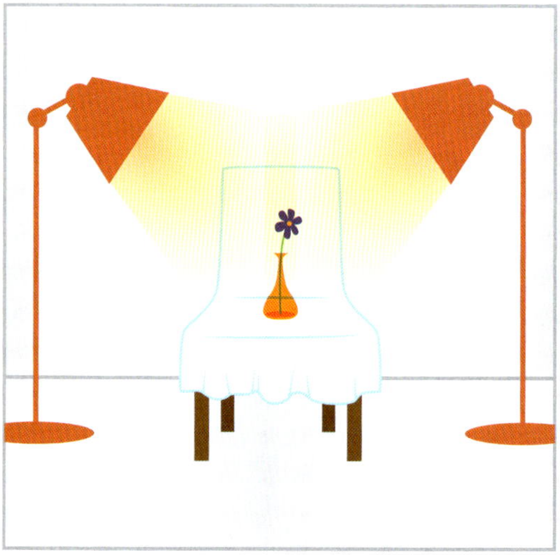

Dein kleines Fotostudio kannst Du mit Sonnenlicht und auch mit Kunstlicht betreiben.

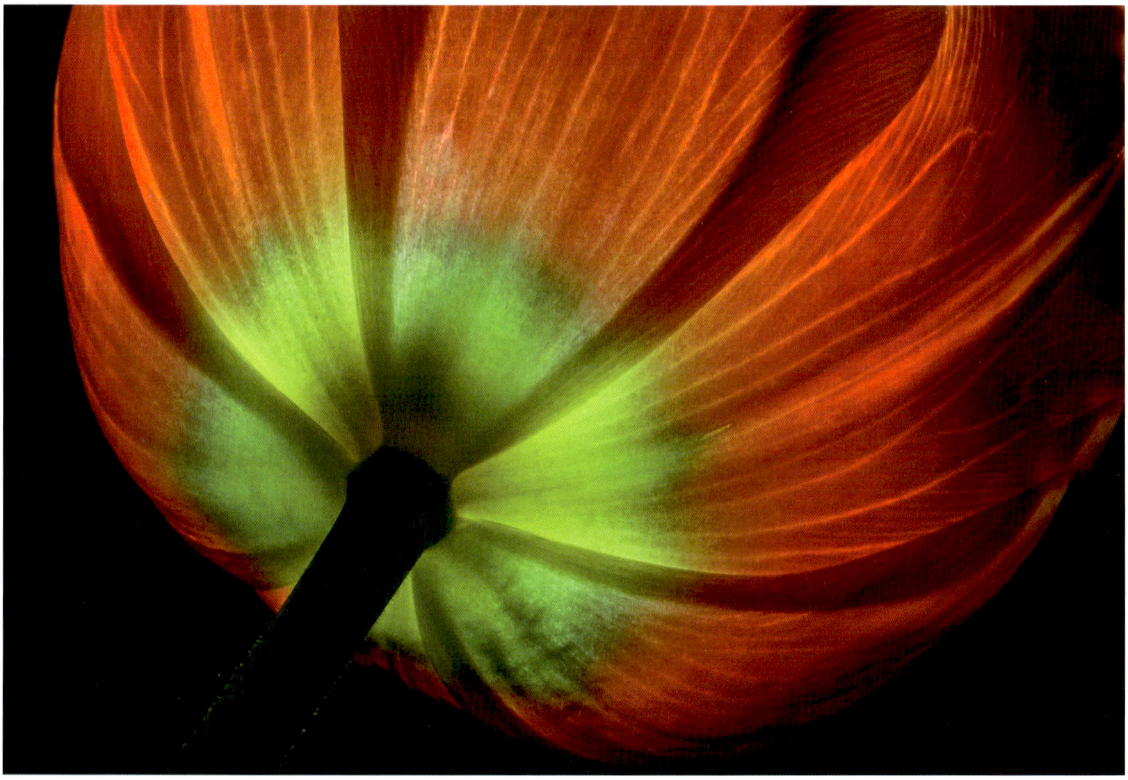

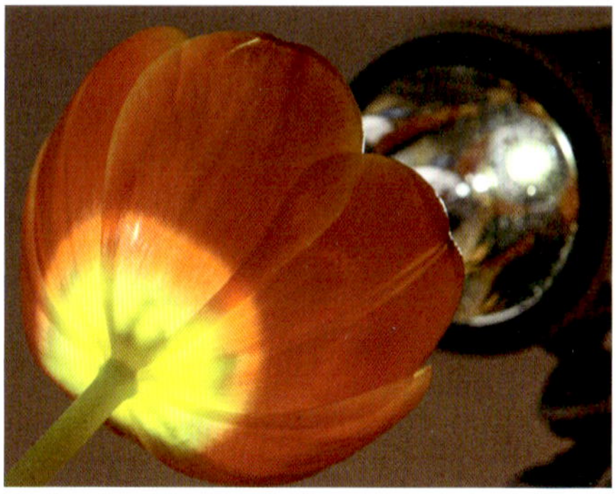

Das Bild von der leuchtenden Tulpe entstand in meinem »Fotostudio«: Die Tulpe platzierte ich so in einer Vase, dass ich sie von unten aufnehmen konnte. Eine LED-Taschenlampe stellte ich auf einen ganz schmalen Lichtkegel ein. Damit leuchtete ich nur in die Blüte und durch diese hindurch.

Für die Fotografie gibt es die unterschiedlichsten Lampen, um die Du dir aber zunächst einmal keine Gedanken machen musst, die sind nämlich nicht billig. Du kannst für Deine ersten Aufnahmen mit Kunstlicht alle Leuchten verwenden, die im Haushalt vorhanden sind. Die einfache Schreibtischlampe lässt sich als Lichtquelle genauso gut einsetzen wie die Stehlampe aus dem Wohnzimmer.

Das kleine Fotoprojekt

Als Familienchronist hast Du immer ein Auge auf die einzelnen Familienmitglieder und hältst deren Leben im Foto fest. Bei diesem Fotoprojekt aber sollst Du dich einmal ausschließlich mit Dir selbst beschäftigen. Du sollst im Foto zeigen, wie Du aussiehst, wie Du bist, was Du gern tust, was Du vielleicht nicht magst, wo und wie Du lebst, wer Deine Freunde sind ...

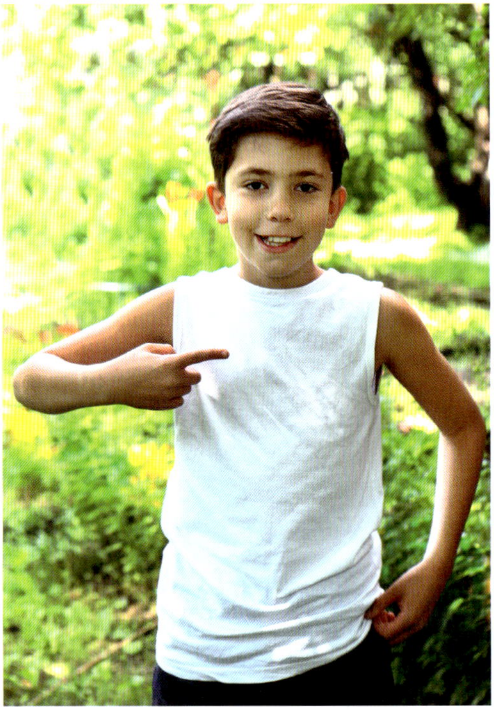

Das Projekt sollte mit einem Selbstporträt beginnen. In aller Regel zeigt ein Porträt das Gesicht einer Person. Aber auch ein Foto, das den ganzen Menschen zeigt, ist ein Porträt. Um Dich selbst zu porträtieren, ist es sehr vorteilhaft, Deine Kamera fest auf einem Stativ zu haben. Für den Anfang genügt ein nicht allzu teures Modell, es sollte aber stark genug sein, um das Gewicht Deiner Kamera tragen zu können. Zum Stativ brauchst Du noch einen Stativkopf, damit Du die Position der Kamera einfach verstellen kannst. Ein Kugelkopf ist für den Anfang ausreichend. Schließlich ist noch eine Schnellwechselplatte sinnvoll, mit der Du die Kamera mit einem Handgriff vom Stativ nehmen und genauso schnell wieder aufsetzen kannst. Du kannst Dir aber auch selbst ein Ersatzstativ anfertigen.

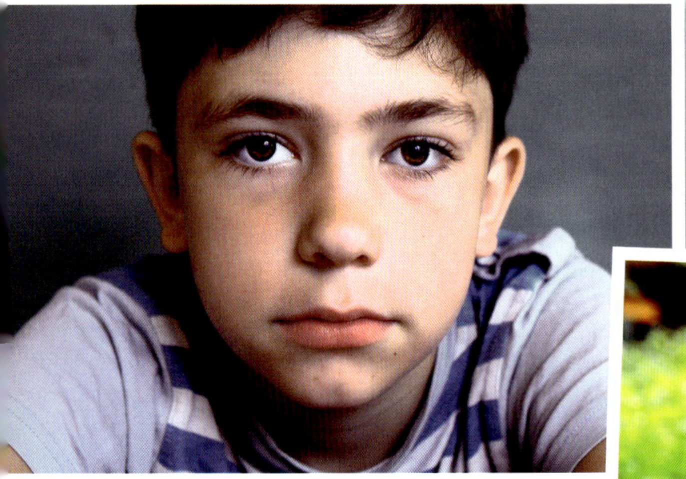

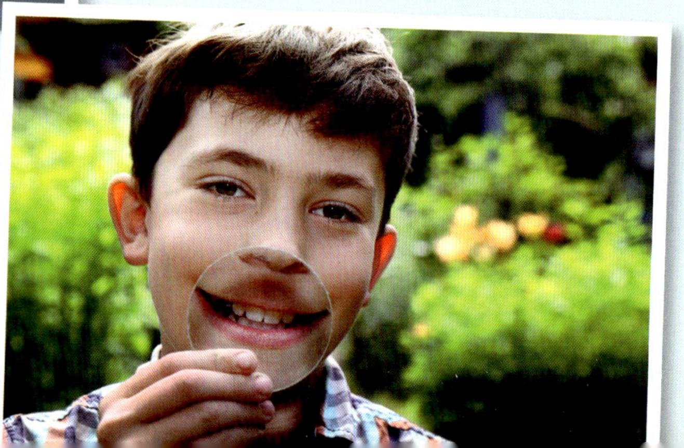

Dazu brauchst Du einen Stoffsack, der etwas größer als Deine Kamera ist. Den Sack füllst Du zu drei Vierteln mit Bohnen, Erbsen oder Ähnlichem und nähst ihn zu. Diesen Bohnensack – so wird er in Fotokreisen genannt – kannst Du nun überall hinlegen und darauf die Kamera platzieren. Der Sack lässt sich leicht so zurechtschieben und drücken, bis die Kamera eine sichere Lage hat.

Am einfachsten ist ein Selbstporträt, wenn Du einen Stuhl aufstellst und davor Deine Kamera auf dem Stativ aufbaust. Richte alles so ein, dass der ganze Stuhl, und nach unten und oben noch etwas mehr, auf dem Display zu sehen ist. Aktiviere den Selbstauslöser mit 10 Sekunden Verzögerung **⏱10**. Drücke den Auslöser erst halb, um auf den Stuhl scharfzustellen, und dann ganz durch. Setze Dich schnell auf den Stuhl, warte darauf, dass die Kamera auslöst, und fertig ist Dein erstes Selbstporträt! Bei der Kontrolle der Aufnahme wirst Du sehen, ob Du den Zoom noch verändern musst, um vielleicht nur Dein Gesicht abzubilden. Porträts im Freien kannst Du auf eine ähnliche Art und Weise machen. Dort eignen sich Mauern, Zäune, eine Bank, das Zelt im Garten, Sträucher oder Bäume, um die Kamera richtig einstellen zu können. Mache viele Aufnahmen, experimentiere auch mit verschiedenen Hintergründen oder Posen. Vor allem aber nimm auch Dinge und Personen ins Bild auf, die Dir wichtig sind.

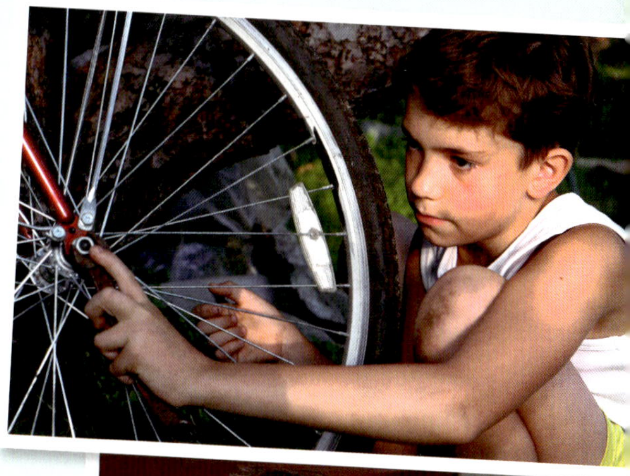

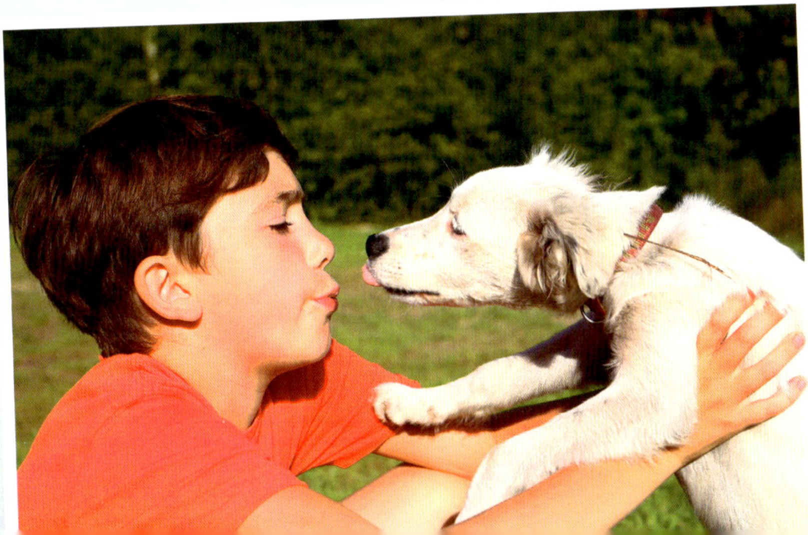

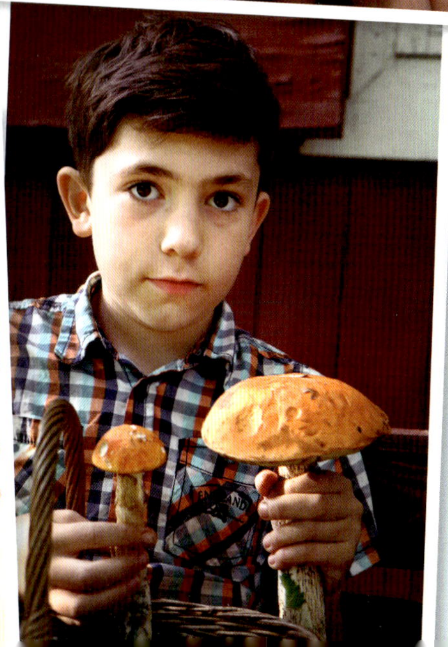

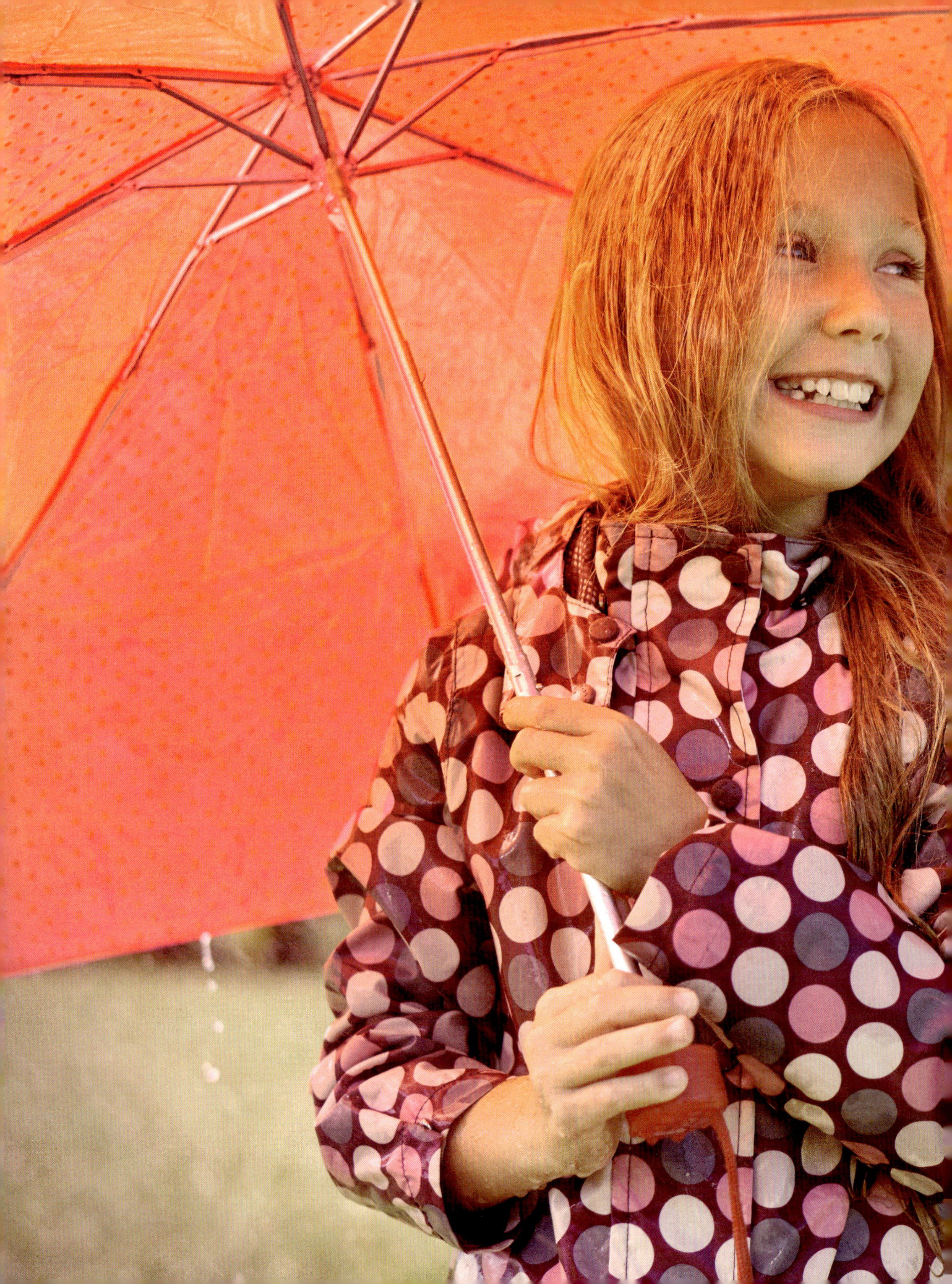

Teil 3: Deine Fotos bearbeiten und zeigen

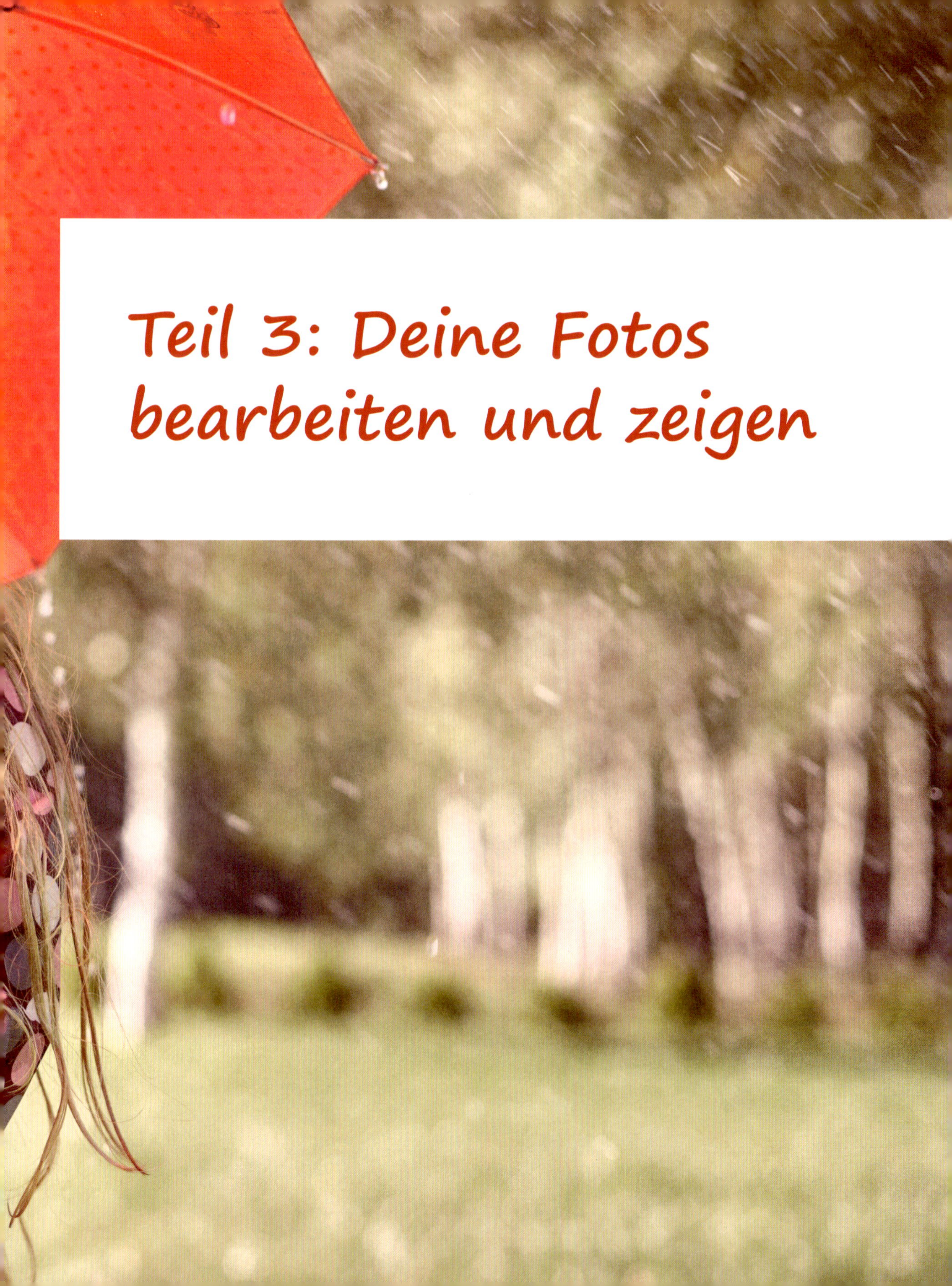

3.1 Die Kamera und der Computer

Du hast nun gelernt, wie Deine Digitalkamera im Großen und Ganzen aufgebaut ist und funktioniert. Ebenso hast Du viele Hinweise bekommen, wie Du tolle Fotos machen kannst, und natürlich hast Du viel fotografiert! Und jetzt meldet Deine Kamera, dass kein Speicherplatz mehr vorhanden ist. Das heißt, die Speicherkarte ist voll. Was nun?

Schön wäre es, wenn Du eine zweite, noch leere Speicherkarte hättest, die tauschst Du dann gegen die volle aus und fotografierst weiter. Die volle Speicherkarte könntest Du in ein Fotogeschäft bringen, das Dir mit seiner Technik die fertigen Bilder liefert. Ja, das könntest Du machen, aber Du solltest etwas anderes ausprobieren. Etwas, das einen ungeheuren Spaß macht, wenn Du es gelernt hast: Du solltest Deine Bilder mit einem Bildbearbeitungsprogramm bearbeiten. Dafür musst Du als Erstes Deine Fotos von der Digitalkamera auf die Festplatte Deines Computers übertragen. Um dies zu tun, gibt es mehrere Möglichkeiten. Ich erkläre Dir einen dieser Wege. Dazu brauchst Du natürlich Deine Kamera, einen Computer und ein USB-Kabel. Letzteres wird in aller Regel als Zubehör zur Kamera mitgeliefert.

Schritt 1

Schau Dir sowohl die Stecker am USB-Kabel als auch die Buchsen an der Kamera beziehungsweise am Computer genau an, damit Du die Verbindung richtig herstellen kannst, ohne die Teile an der Kamera oder dem Computer zu beschädigen.

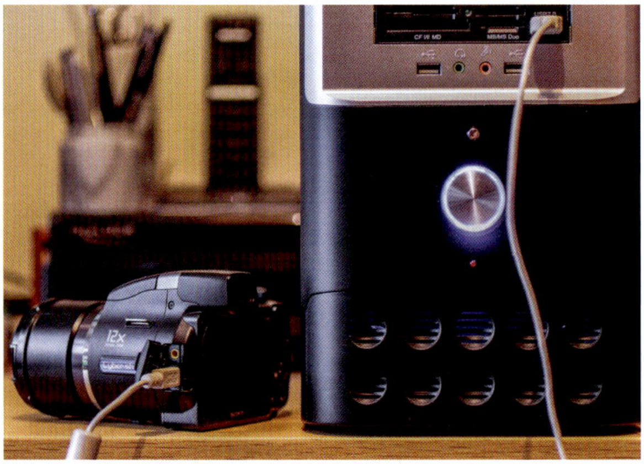

Schritt 2

Verbinde die Kamera über das UBS-Kabel mit dem Computer und schalte die Kamera ein. Sollte sich nun automatisch die **Fotogalerie**, die **Fotos-App** oder ein anderes Programm öffnen, so schließe es.

Schritt 3

Öffne den Windows Explorer und klicke auf den kleinen Pfeil vor **Desktop**. In der angezeigten Liste ist an einer Stelle Deine Kamera zu finden. Meine eigene Kamera wird als »EOS DIGITAL (G)« angezeigt, und die Bilder befinden sich bei mir im Ordner »100CANON«. Bei Dir sind das sicher andere Bezeichnungen, die Du aber bestimmt finden wirst.

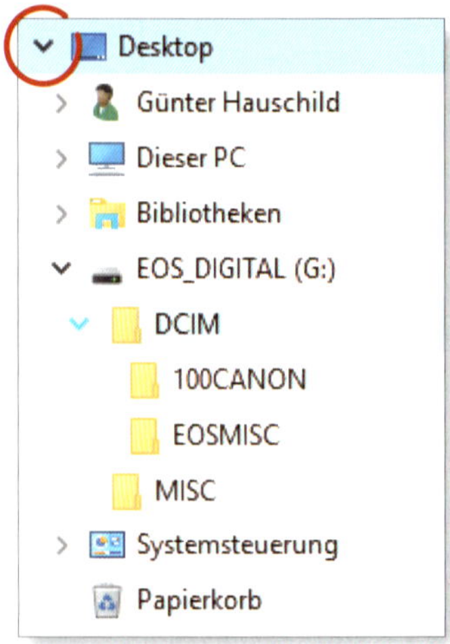

Schritt 4

Mit einem Klick auf den Ordner, der die Bilder enthält, werden diese angezeigt.

Schritt 5

Klicke nun auf **Datei > Alles auswählen** und dann auf **Kopieren nach > Bilder**. Im Ordner »Bilder« erscheint nun ein Unterordner. Er trägt als Namen die Jahreszahl, danach den Monat und zum Schluss den Tag der Aufnahme. Bei mir heißt dieser Unterordner »2015-10-19«, in dem nun diese Bilder abgespeichert sind.

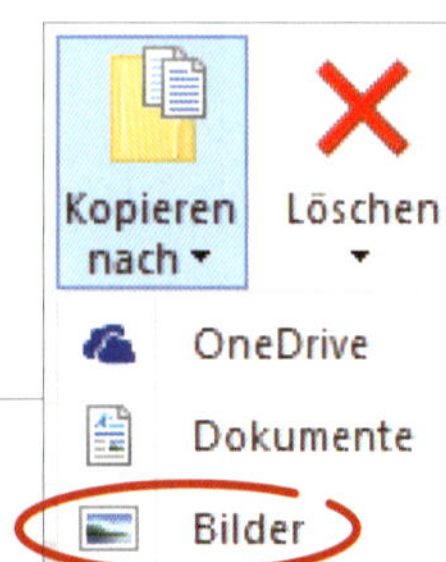

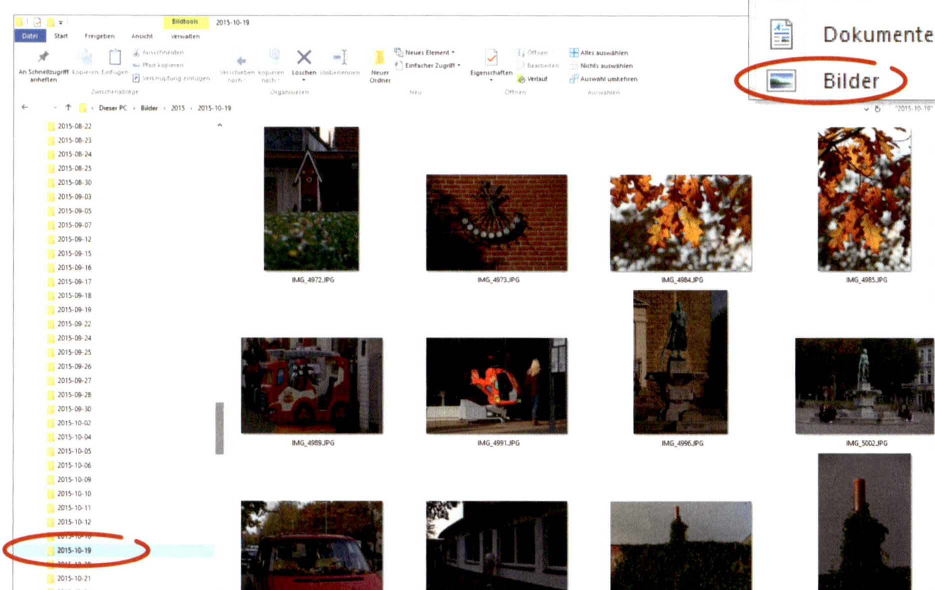

Schritt 6

Wenn Dir diese Ordnernamen nicht gefallen sollten, klickst Du mit der Maus darauf, drückst die Taste F2 auf Deiner Tastatur und schreibst den gewünschten Namen in das blau erscheinende Feld.

Schritt 7

Jetzt kommt der spannendste Augenblick mit dem Klick auf **Verwalten > Diashow**. Auf dem Bildschirm werden Deine Fotos in voller Größe angezeigt.

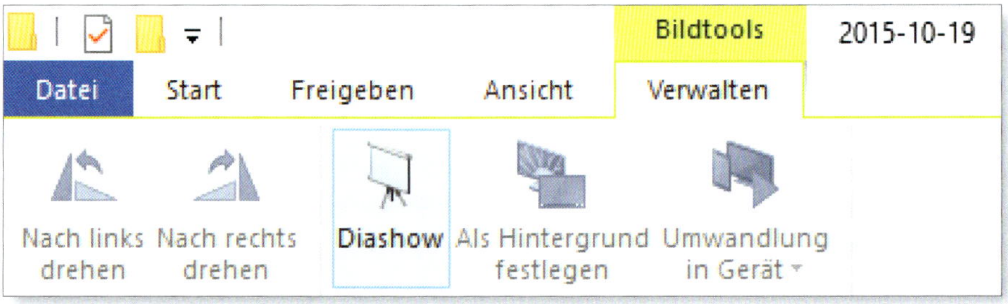

Wenn Du dir nun Deine Bilder mit der Diashow anschaust, stellst Du wahrscheinlich fest, dass einige Bilder gar nicht so schön geworden sind, wie Du es Dir beim Fotografieren vorgestellt hattest. Bei dem einen Bild sind vielleicht Dinge zu sehen, die Du gar nicht mitaufnehmen wolltest. Andere Bilder sind ein wenig zu hell und wieder andere vielleicht zu dunkel geraten. Das sind allesamt Bildmängel, die jedem Fotografen passieren, auch dem größten Profi! Zum Glück aber lassen sich manche dieser Mängel am Computer beheben.

Wie Du das alles erledigen kannst, zeige ich Dir in diesem Kapitel am Beispiel des Bildbearbeitungsprogramms Adobe Photoshop Elements 14. Um damit erfolgreich zu arbeiten, musst Du einen bestimmten Arbeitsablauf begriffen und verinnerlicht haben. Denn bevor Du dich daran machen kannst, Deine Bilder mit Photoshop Elements zu bearbeiten, müssen von Deinen Fotos kleine Vorschaubilder von der Festplatte in den sogenannten *Organizer* von Photoshop Elements geladen und dort gekennzeichnet und sortiert werden. Bilder mit Mängeln übernimmst Du dann in den *Fotoeditor* von Photoshop Elements, um sie dort zu bearbeiten und zu verbessern. Die bearbeiteten und verschönerten Bilder speicherst Du auf der Festplatte, zusammen mit dem Originalbild.

Installiere nun aber erst einmal das Programm Adobe Photoshop Elements 14 auf Deinem Computer. Dazu musst Du nur die DVD mit dem Programm in das DVD-Laufwerk Deines Computers einlegen und den Hinweisen folgen, die auf dem Bildschirm erscheinen. Wenn Du das Programm erst einmal ausprobieren willst, kannst Du dir aber auch eine für kurze Zeit gültige Testversion direkt aus dem Internet herunterladen: Auf der Webseite *http://www.adobe.com/de/products/photoshop-elements.html* scrolle nach unten bis zur Schaltfläche **Testen Sie Photoshop Elements 30 Tage lang kostenlos**. Hier kannst Du dir das Bildbearbeitungsprogramm herunterladen.

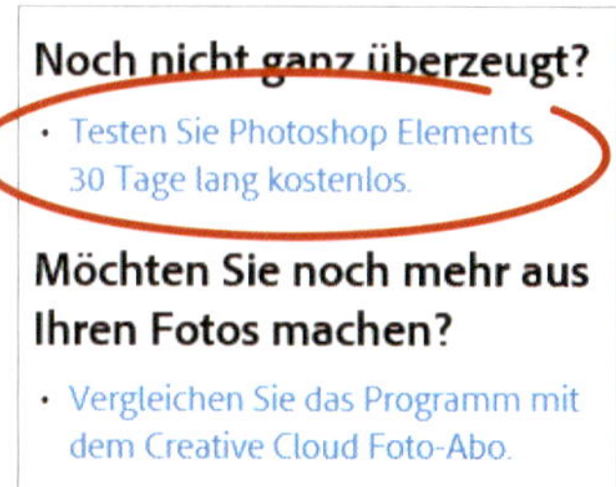

∧ *Eine Testversion von Elements kannst Du im Internet herunterladen.*

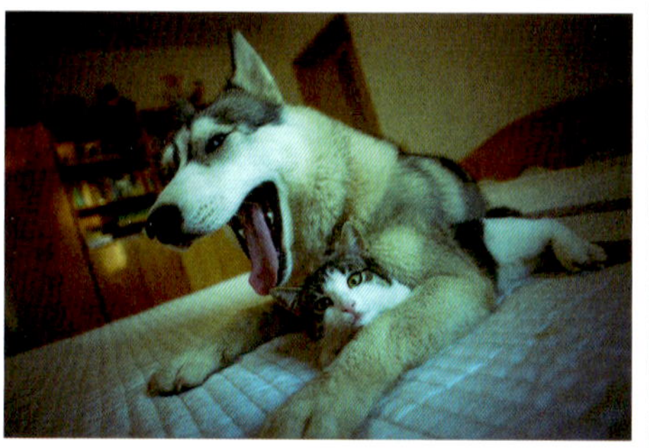

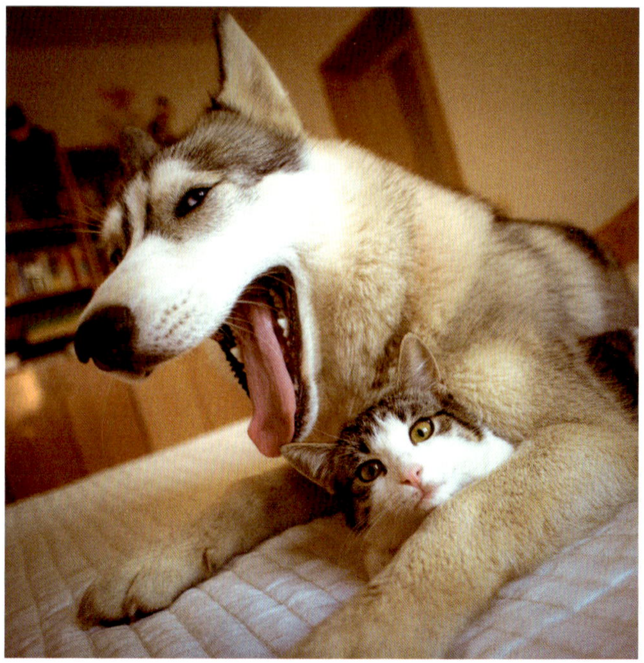

∧ > *Deine Bilder kannst Du ganz einfach in Photoshop Elements verbessern und verändern.*

3.2 Was Du alles mit Deinen Bildern anstellen kannst ...

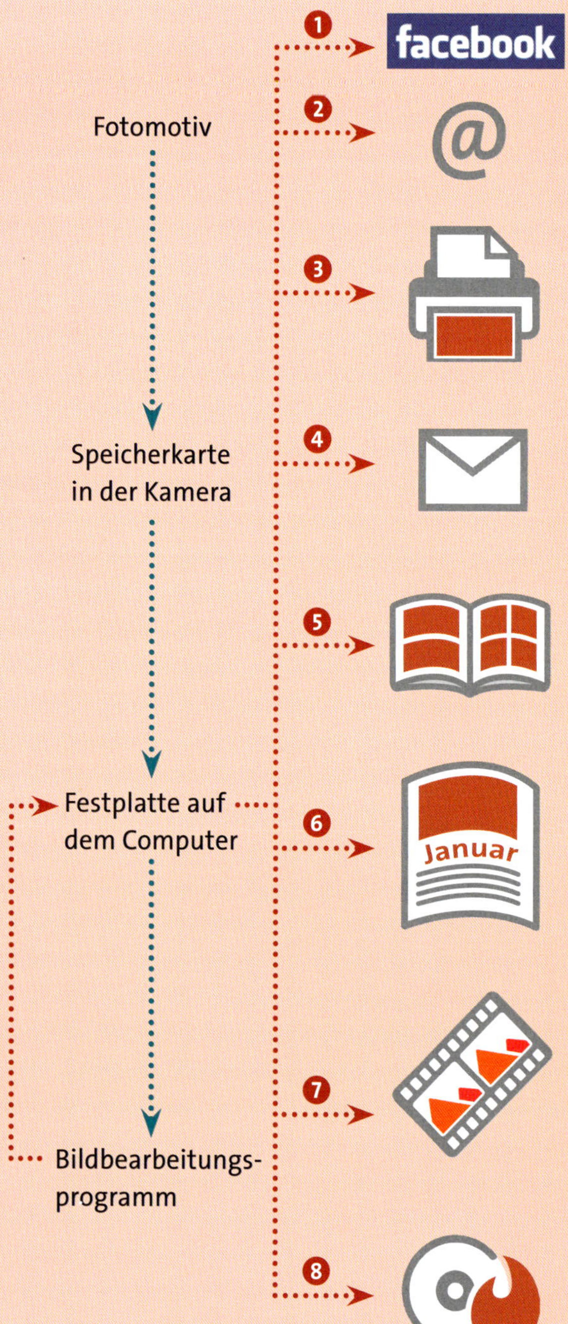

Wenn Du deine Fotos verschönert hast, gibt es eine ganze Menge Möglichkeiten, um die Fotos zu verwenden.

Du kannst Deine Bilder zum Beispiel in einem sozialen Netzwerk Deinen Freunden zeigen ❶. Und ganz einfach lassen sich die Bilder natürlich an eine E-Mail anhängen ❷. Du kannst Deine Fotos aber auch ganz altmodisch selbst ausdrucken ❸ oder ausdrucken lassen und einem Brief an weit entfernt wohnende Freunde beilegen ❹. Im Internet gibt es kostenlose Programme, mit denen Du ein Fotobuch ❺ gestalten kannst, und für das neue Jahr kannst Du einen Fotokalender anfertigen ❻. Das kostet allerdings beides eine Kleinigkeit. Mit einem Bildbearbeitungsprogramm wie Photoshop Elements kannst Du eine Fotoshow ❼ anlegen, die Du am Computer und sogar am Fernseher vorführen kannst. Deine Bilder kannst Du auch auf eine DVD brennen ❽, die Deine Fotos sichert, die aber auch ein Geschenk werden kann.

Die Arbeit mit Deinen eigenen Fotos ist nicht immer ganz leicht und verlangt manchmal auch ein wenig Anstrengung, macht aber auch sehr viel Freude. Es ist eben auch für den jungen Fotografen so: Ohne Fleiß kein Preis!

3.3 Fotos auswählen und sortieren

Bevor Du dich an die Bearbeitung Deiner Fotos machen kannst, solltest Du dir erst einmal einen Überblick darüber verschaffen, wie die einzelnen Fotos geworden sind.

Schritt 1

Wenn Du Photoshop Elements öffnest, erscheint der Startbildschirm mit den Schaltflächen für die beiden Teile des Programms: *Organizer* und *Fotoeditor*. Den *Videoeditor* beachten wir in diesem Buch nicht, Du kannst ihn Dir ja später einmal anschauen, falls Du einen Film bearbeiten möchtest. Im Organizer kennzeichnest Du die Fotos so, dass Du jedes Bild auf der Festplatte Deines Computers schnell wiederfinden kannst. Mit dem Fotoeditor machst Du aus einem Bild, das nicht ganz in Ordnung ist, ein besseres.

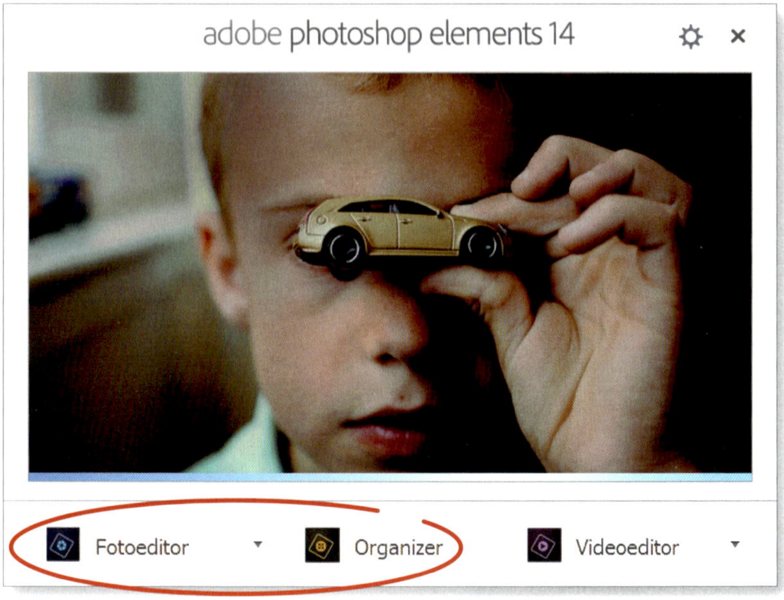

Schritt 2

Mit einem Klick auf die Schaltfläche **Organizer** öffnet sich dieser, und Du siehst einen Übersichtsbildschirm, der in der Mitte fast leer ist. Lass Dich nicht durch die vielen Worte und Zeichen verunsichern, die Du überall auf dem Bildschirm sehen kannst. Es gibt im Organizer sehr viele Funktionen, die Du erst mit der Zeit kennenlernen wirst. Manche wirst Du auch gar nicht brauchen. Ich will Dir die Funktionen erklären, die Du unbedingt verwenden solltest.

Schritt 3

In der Mitte des Bildschirms kannst Du lesen, was Du machen sollst, nämlich Fotos importieren! Das Wort kennst Du aus dem täglichen Leben: Was es in Deinem Land nicht gibt, das kann man aus einem anderen Land einführen – importieren. In den Organizer gehören also Fotos, die sind aber noch nicht drin, also müssen sie importiert werden. Doch halt, so ganz stimmt das nicht! Deine Fotos bleiben auf der Festplatte, wo sie sind. Der Organizer fertigt von jedem Bild nur eine kleine Vorschau an und merkt sich, wo sich das richtige Bild – also die Bilddatei – auf der Festplatte befindet.

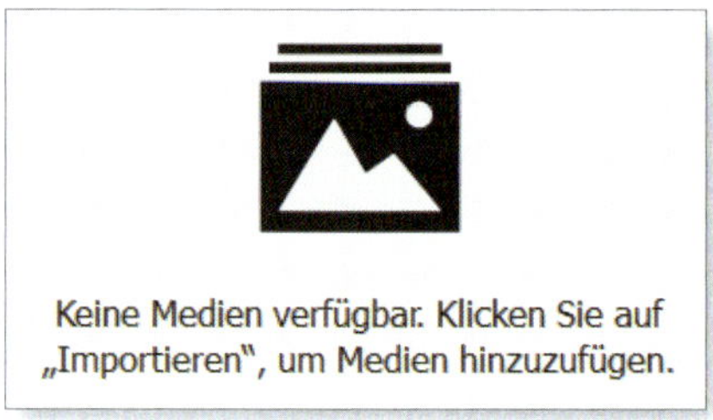

Schritt 4

Klicke also oben in der Menüleiste des Organizers auf **Importieren > Aus Dateien und Ordnern**. Es öffnet sich der Ordner »Bilder«. Als Du deine Fotos auf die Festplatte des Computers übertragen hast, wurde für jeden Tag, an dem Du Fotos gemacht hast, ein Unterordner angelegt. Jeder dieser Unterordner trägt als Name das Jahr, danach den Monat und schließlich den Tag, zum Beispiel: »2015-10-16«. Durch einen Doppelklick auf einen dieser Unterordner wird er geöffnet und alle Fotos angezeigt, die in ihm enthalten sind. Auf meinem Monitor sieht das für den 16. Oktober 2015 jetzt so aus, Dein Computer zeigt natürlich einen anderen Unterordner an und auch andere Fotos.

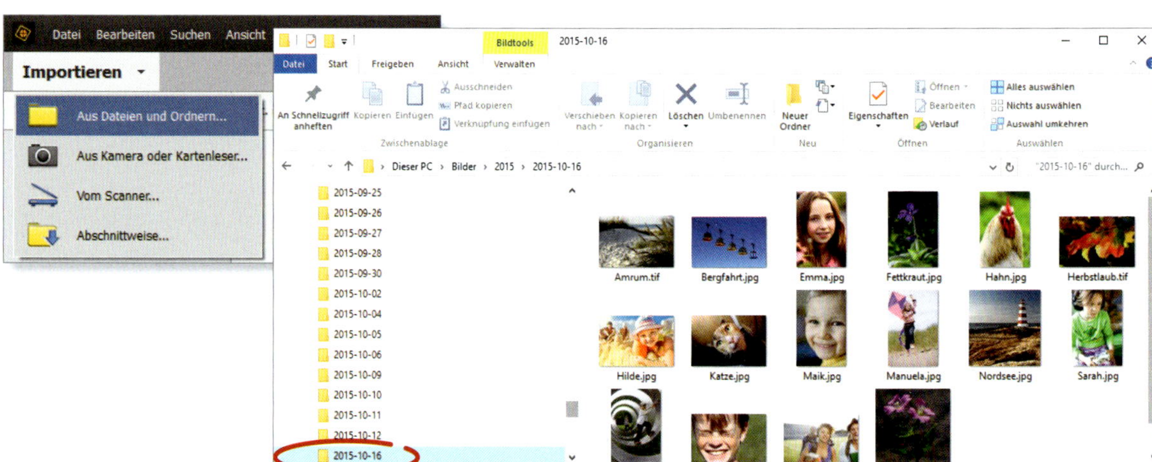

Schritt 5

Klicke nun mit gedrückter Taste `Strg` auf jedes Bild, das importiert werden soll, und dann auf **Medien laden**. Der Organizer erstellt nun Vorschaubilder Deiner Fotos und zeigt diese an. Du solltest dann auf **Ansicht** gehen und **Details** und **Dateinamen** anklicken, damit der Organizer Dir die hier gezeigte Ansicht bietet.

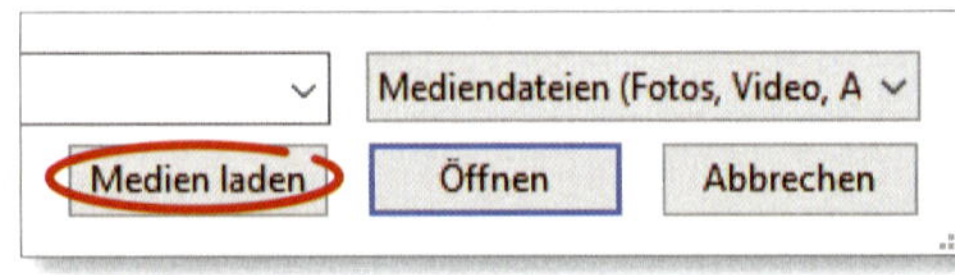

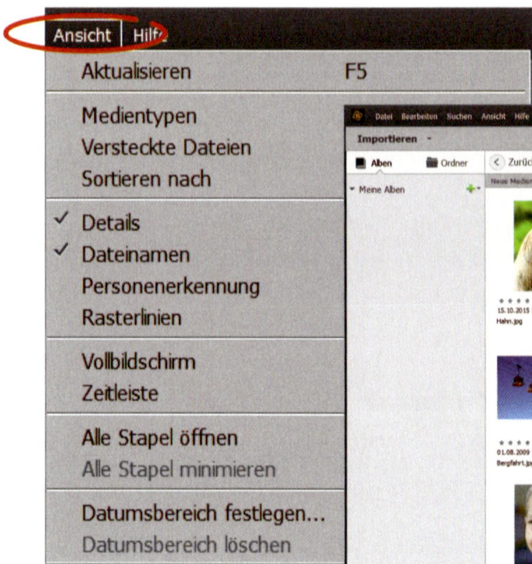

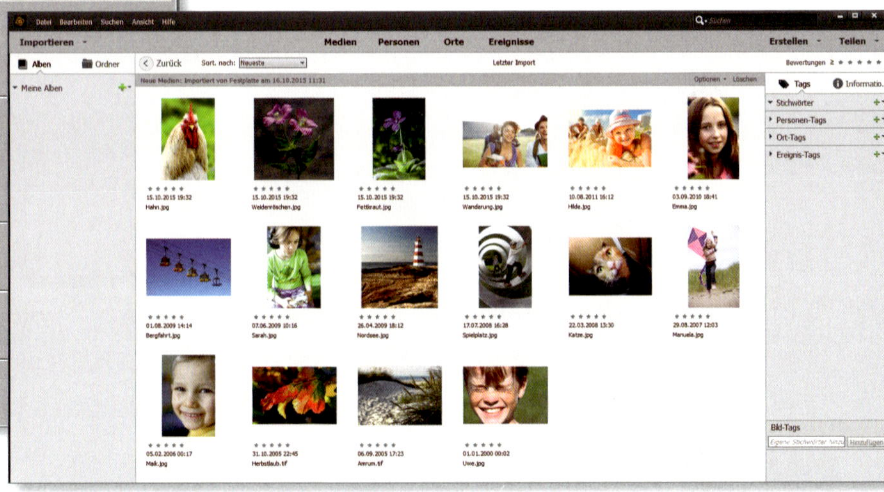

Schritt 6

Nun muss jedes Vorschaubild ein *Stichwort* erhalten, Du kannst auch *Anhänger*, *Etikett* oder *Aufkleber* sagen. In Photoshop Elements heißen die Etiketten *Tags*. Durch diese Tags findest Du jedes Foto schnell und sicher wieder, gleichgültig, in welcher Ecke der Festplatte es sich versteckt hat. Verwandte Tags werden in sogenannten Kategorien zusammengefasst.

Klicke also rechts auf **Stichwörter**, dann auf das kleine schwarze Dreieck neben dem grünen Kreuz und schließlich auf **Neue Kategorie**.

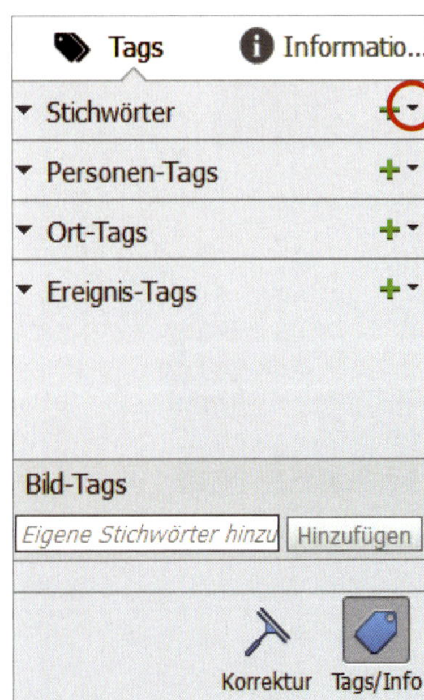

Schritt 7

Nun hat sich das Dialogfeld **Kategorie erstellen** geöffnet. Dort trägst Du unter **Kategoriename** »Familie« ein, wählst ein entsprechendes Symbol und bestätigst Deine Auswahl mit **OK**. Nach einem Klick auf **Stichwörter** wird die Kategorie **Familie** angezeigt.

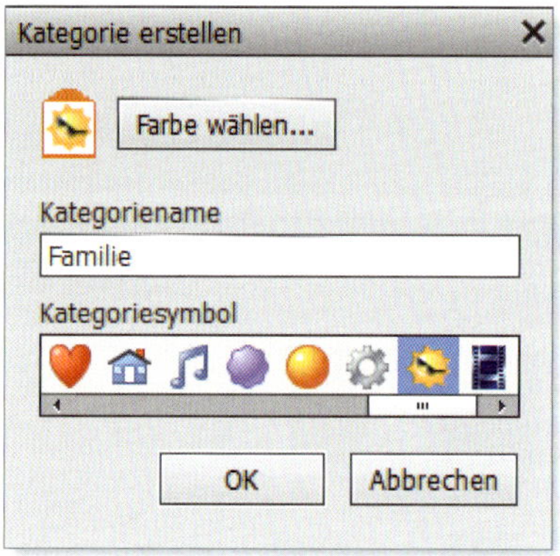

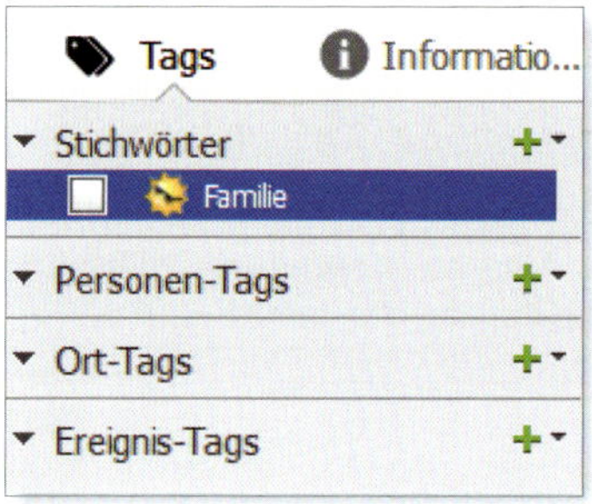

Schritt 8

Ich nehme hier einmal an, dass Sarah, Emma und Manuela zur Familie gehören. Deshalb klicke ich bei gedrückter Taste `Strg` auf diese drei Bilder, klicke auf das Stichwort **Familie**, halte die Maustaste gedrückt, ziehe den Mauszeiger auf eines der Bilder und lasse die Taste los. Unter dem Vorschaubild erscheint jetzt das Symbol dafür, dass das Bild ein Tag aus der Kategorie **Familie** hat. Damit haben die Vorschaubilder einen »Aufkleber« bekommen, der immer erhalten bleibt.

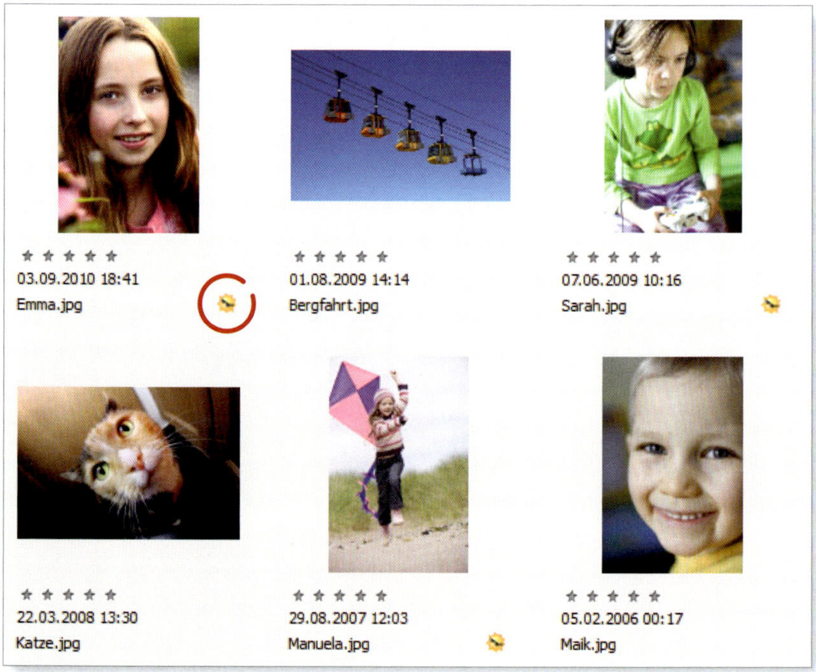

Schritt 9

Klicke ich nun mit der Maus auf das Tag **Familie** und dann auf das kleine weiße Quadrat, wird das Tag blau unterlegt, im Quadrat erscheint ein kleines Fernglas, und im Organizer werden nun alle Vorschaubilder angezeigt, die das Tag **Familie** haben – und nur diese.

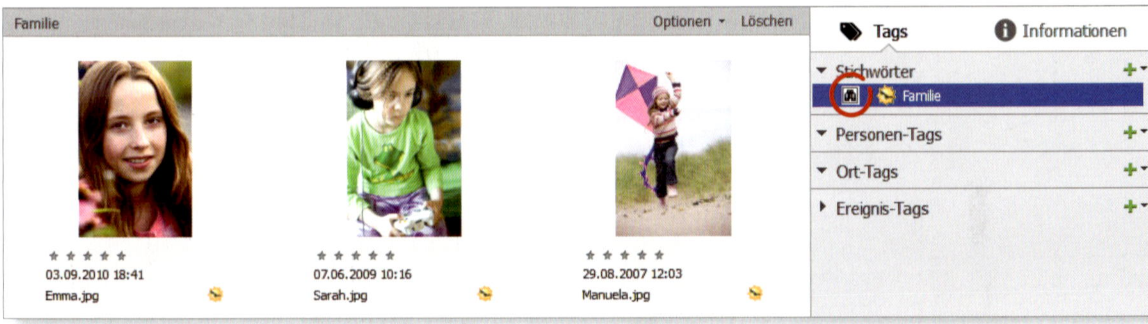

Schritt 10

Familienmitglieder werden ja durchaus recht häufig fotografiert, und wenn Du dann einmal das Bild eines bestimmten Familienmitgliedes haben möchtest, müsstest Du alle Familienbilder durchsuchen. Nein, das musst Du nicht! Nämlich dann nicht, wenn jedes Familienbild neben dem Tag **Familie** noch ein weiteres erhält, das nur für die betreffende Person gilt. Dazu klicke ich mit der rechten Maustaste auf das Tag **Familie** und dann auf **Neues Stichwort-Tag erstellen**. Als **Kategorie** muss hier **Familie** stehen und als Namen trage ich natürlich »Emma« ein. Nach einem Klick auf **OK** erscheint das neue Tag **Emma** nun auch in der Kategorie **Familie**, und mit einem Klick auf das kleine weiße Quadrat im Tag **Emma** erscheint nur das Bild von ihr.

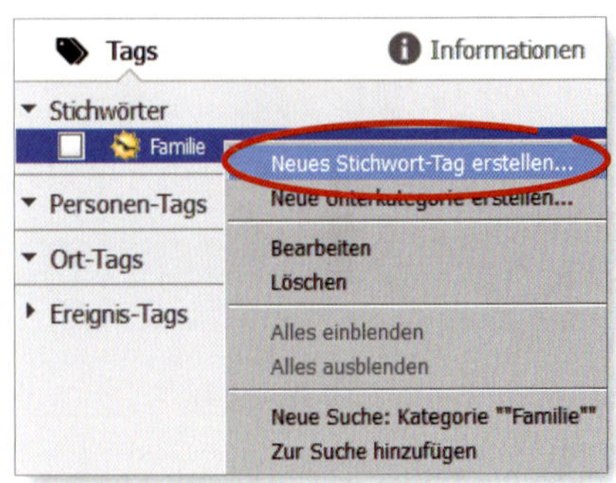

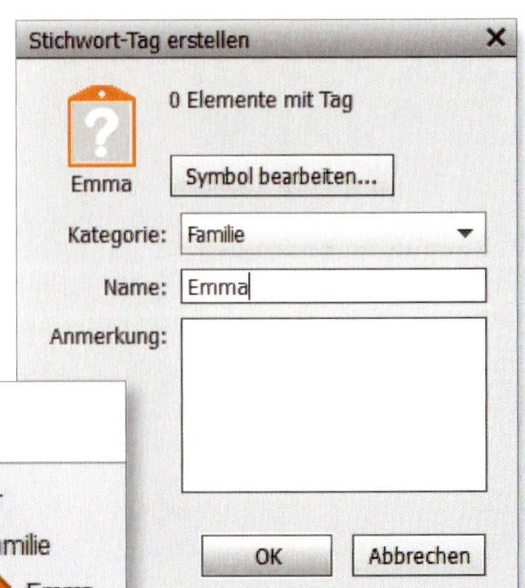

In Zukunft erhalten alle Fotos von Emma zwei Tags: **Familie** und **Emma**. So können dann auch spezielle Tags für die anderen Familienmitglieder vergeben werden.

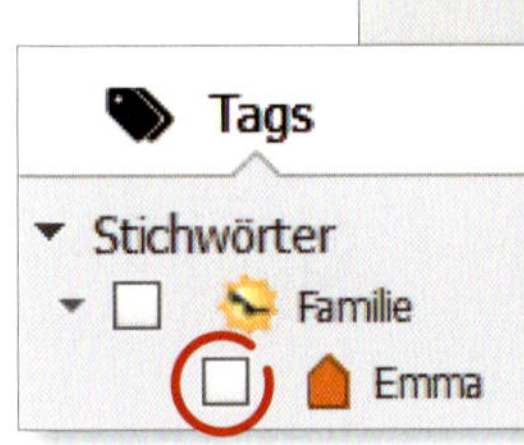

Du wirst sicher noch andere Kategorien einrichten und viele Tags verteilen. Das macht zwar erst einmal viel Arbeit, aber es lohnt sich. Denn je gründlicher Du bei dieser Arbeit vorgehst, desto leichter wirst Du auch nach langer Zeit bestimmte Fotos auffinden können.

Ich selbst halte es immer so, dass ich noch am gleichen Tag, an dem ich fotografiere, die Fotos in den Computer und auch gleich in den Organizer lade. Danach ordne ich sofort jedem Foto ein Kategorien-Tag zu. So sorge ich dafür, dass jedes Foto wiederauffindbar ist, gleichgültig, wo es sich auf der Festplatte befindet und wann ich die Aufnahme gemacht habe.

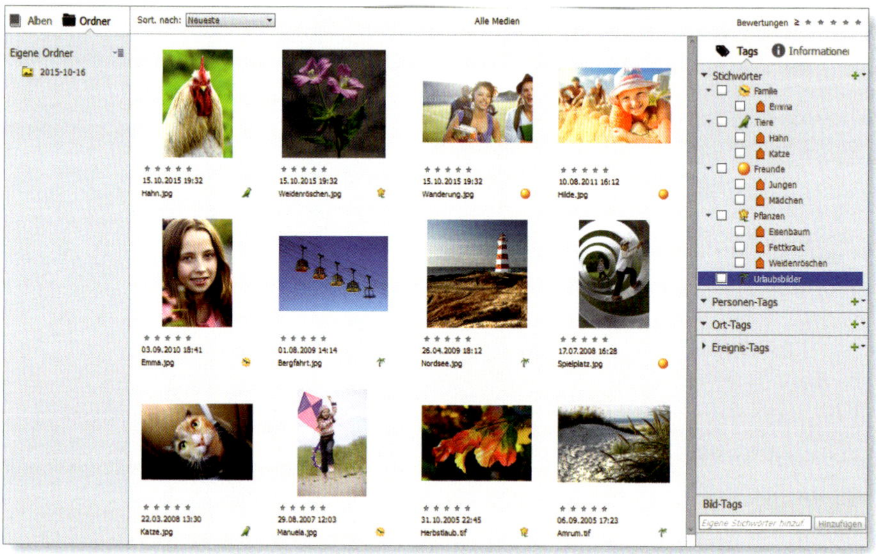

Die Bilder sind geordnet und mit Tags versehen.

Und jetzt Du!

Richte Dir im Organizer die entsprechenden Kategorien ein, was hältst Du von diesen Vorschlägen für neue Kategorien?

- **Familie**, mit Tags für jedes Familienmitglied
- **Feiern**, mit Tags für Geburtstage, Hochzeiten oder die Einschulung der Geschwister
- **Freunde**, mit Tags für jede Freundin und jeden Freund
- **Tiere**, mit Tags für wilde Tiere, die Du fotografiert hast (Fuchs, Hase, Igel, Biene, ...), und natürlich Deine Haustiere (Katze, Hund, Wellensittich etc.)
- **Blumen**, mit Tags für Tulpe, Rose oder Kamille, ...
- **Orte**, mit Tags für Orte, die Du als Fotograf schon besucht hast, zum Beispiel Berlin, Dresden, Hamburg und natürlich Deinen Heimatort
- **Urlaubsorte**, mit Tags für jeden einzelnen Ort

3.4 Ein Foto ins Bildbearbeitungsprogramm laden

Beim Betrachten Deiner Bilder im Organizer hast Du bestimmt einige gefunden, die nicht so gelungen sind. Um diese Bilder zu verbessern, kannst Du den Fotoeditor von Photoshop Elements verwenden. Ein Editor ist der Teil eines Computerprogramms, der das Bearbeiten von Fotos möglich macht. »Bearbeiten« heißt, dass Du das Foto nach bestimmten Regeln verändern kannst. Der Fotoeditor bietet Dir dazu drei Möglichkeiten an: **Schnell**, **Assistent** und **Experte**. Ich rate Dir, mit der Einstellung **Experte** anzufangen. Die anderen beiden Möglichkeiten kannst Du dir ja später einmal anschauen. Damit Du die Bilder mit der Einstellung **Experte** bearbeiten kannst, musst Du im Organizer beginnen.

Schritt 1

Klicke im Organizer auf das Bild, das Du verändern möchtest, und dann unten im Fenster auf **Editor > Fotoeditor**. Bei mir ist es das Bild von der Schnecke, die über eine Holzplatte kriecht. Ich finde, dass bei diesem Bild etwas zu viel vom Hintergrund zu sehen ist. Schließlich gilt doch die Regel vom Goldenen Schnitt! Schau Dir deine Bilder also gründlich an, und überlege, was daran verbesserungswürdig ist, bevor Du eines auswählst.

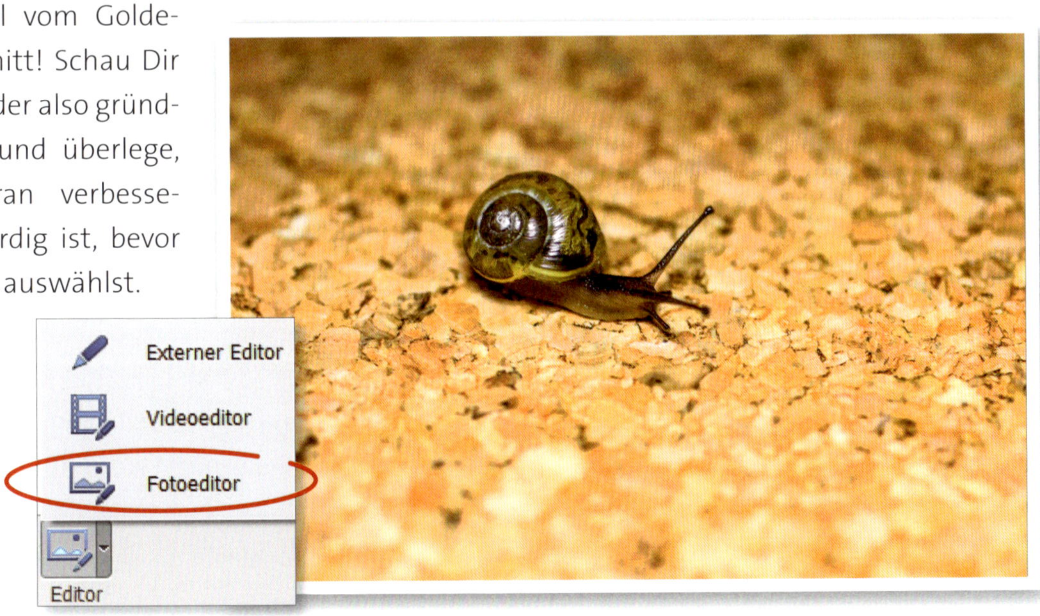

Schritt 2

Zusammen mit dem Fotoeditor erscheint nun das Bild auf dem Bildschirm. Klicke nun oben im Bildschirm auf **Experte**, sofern diese Schaltfläche noch nicht dunkel unterlegt ist. Danach siehst Du eine große Zahl an Begriffen, Zeichen und Schaltflächen. Lass Dich davon nicht verunsichern, sondern folge zunächst einfach meinen Vorschlägen. Dann wirst Du merken, dass Du die Bildbearbeitung leicht erlernen kannst.

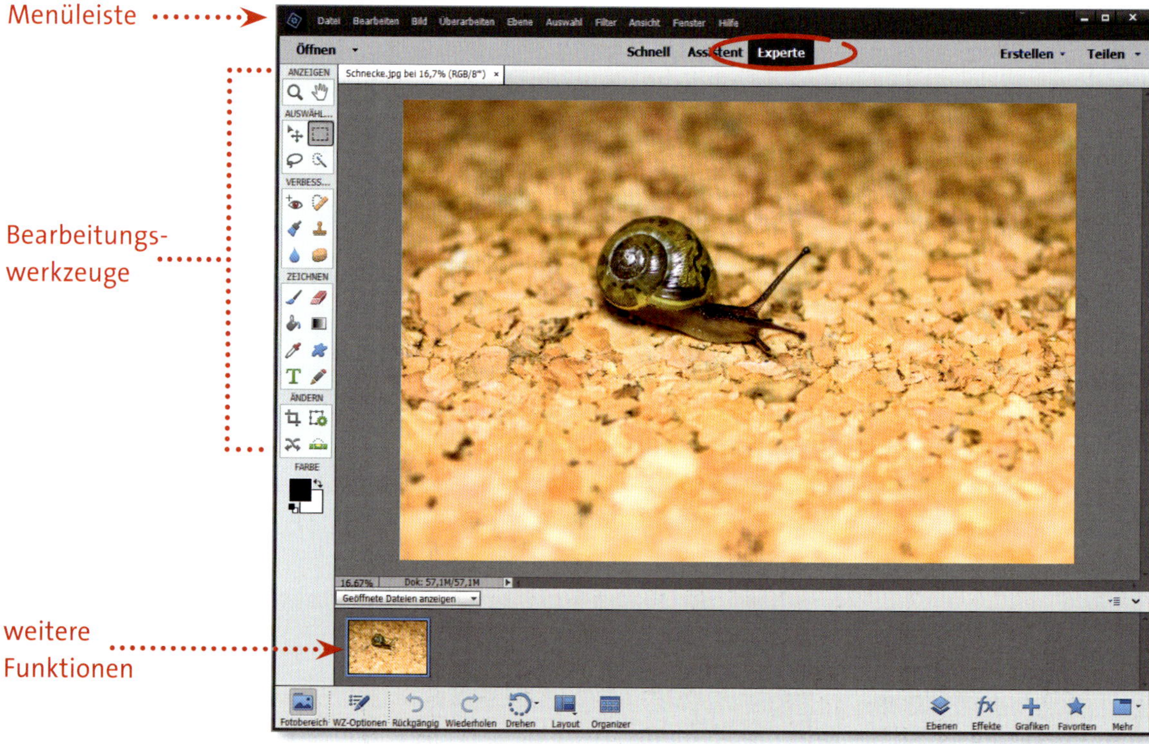

Am oberen Rand steht, wie bei anderen Computerprogrammen auch, die Menüleiste, in der Du verschiedene Funktionen des Editors aufrufen kannst. Auf der linken Seite stehen wichtige Bearbeitungswerkzeuge. Durch einen Klick auf diese Schaltflächen kannst Du Objekte anzeigen, auswählen, verbessern, zeichnen und ändern. An der unteren Kante lassen sich weitere Funktionen aufrufen. Außerdem werden Dir dort Vorschläge für die Verwendung der Werkzeuge gemacht, wenn Du in der Werkzeugleiste ein bestimmtes Werkzeug anklickst.

Schritt 3

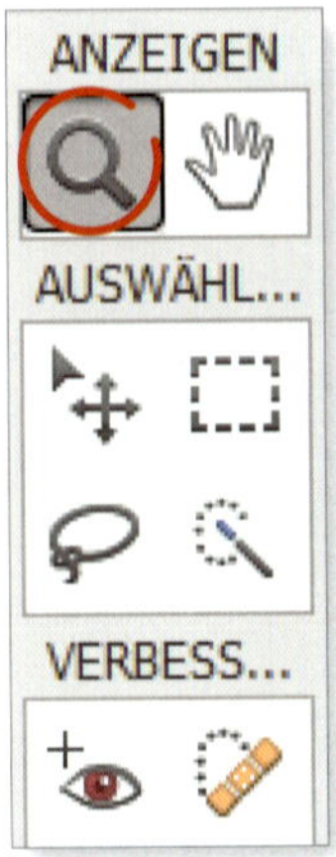

Mit einem Klick auf das **Zoom-Werkzeug** (Taste Z) im Bereich **Anzeigen**, ganz oben bei den Bearbeitungswerkzeugen, erscheinen am unteren Rand des Editors einige Angebote, die Du nutzen solltest. Es sind einige Werkzeuge für die Bildbearbeitung.

Mit dem Lupensymbol **+** vergrößerst du Dein Bild im Editor, mit dem Lupensymbol **–** wird es verkleinert. Das kannst Du aber auch mit dem Schieberegler **Zoom** erreichen – probiere es einfach aus. Über die Schaltfläche **1:1** kannst Du Einzelheiten Deines Bildes beurteilen, und mit einem Klick auf die Schaltfläche **Einpassen** siehst Du wieder das ganze Bild.

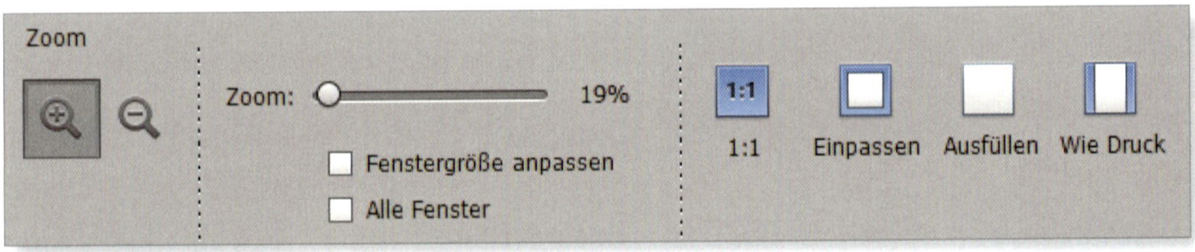

> *Und jetzt Du: Öffne den Organizer von Adobe Photoshop Elements, lade die ersten Bilder, die Du mit der neuen Kamera gemacht hast, in den Organizer und kennzeichne sie durch Tags.*

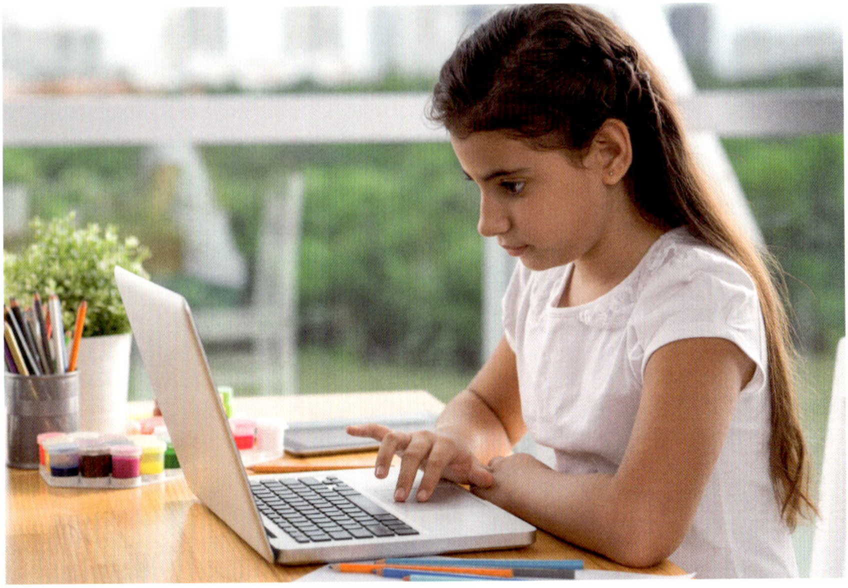

Das kleine Fotoprojekt

Nur im Winter erscheint uns unsere Welt auf die Farben Schwarz und Weiß beschränkt, ansonsten strahlt sie in den schönsten Farben. Suche also nach Motiven, bei denen es besonders auf die Farben ankommt, und halte sie im Foto fest! Dein Fotoprojekt »Bunt« könntest Du unterschiedlich angehen: Du könntest zum Beispiel alle farbigen Dinge fotografieren, die Dir vor die Linse kommen und die Dir gefallen. Oder Du entscheidest Dich dafür, zunächst einmal nur Motive mit einer ganz bestimmten Farbe zu sammeln, etwa Sachen, die ganz überwiegend rot, grün oder blau sind. Wenn Du einige bunte Bilder beisammen hast, kannst Du sie ordnen, und Collagen daraus erstellen. Du kannst etwa Bilder einander zuordnen, die farbige Kleidung zeigen oder bunte Gebrauchsgegenstände usw.

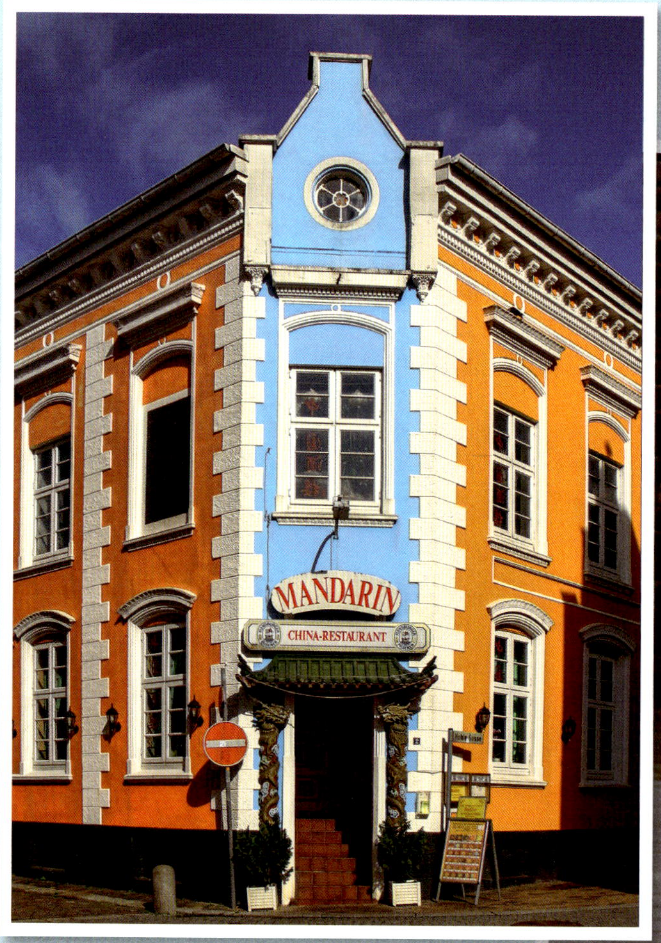

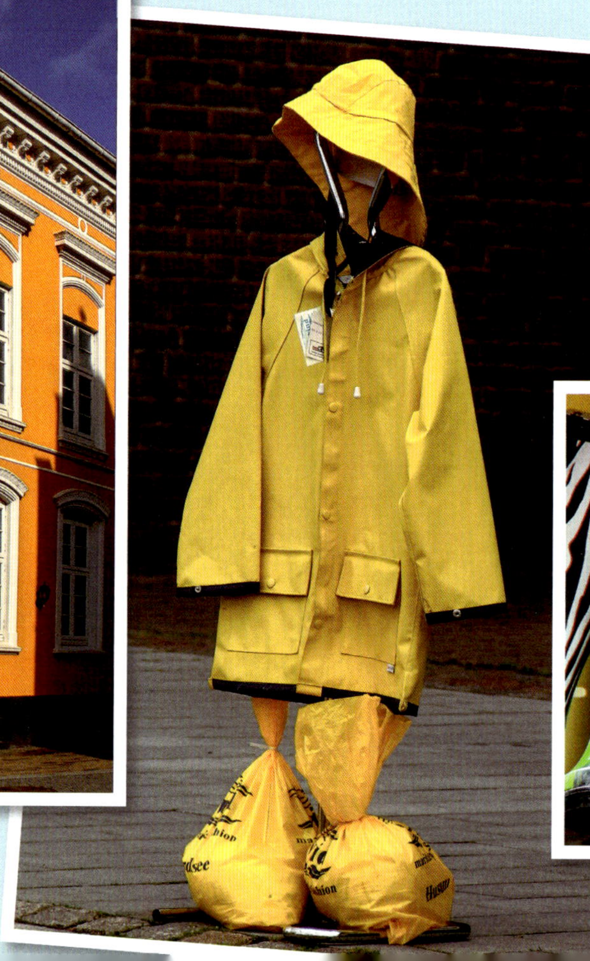

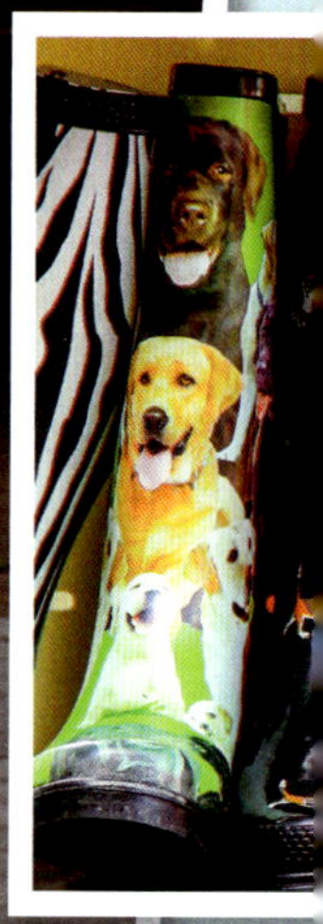

Ist Dir schon aufgefallen, dass in den Dörfern und Städten unseres Landes der graue Beton immer mehr verschwindet und herrlichen Farbanstrichen weicht? Halte das in Bildern fest! Viele bunte Motive kannst Du auch in der Pflanzenwelt finden. Mit etwas Glück kannst Du sogar dokumentieren, wie die Blütenfarbe dazu dient, Insekten zur Bestäubung anzulocken. Und im Herbst gehst Du zur rechten Zeit in den Park oder Wald, um die herrlichen Farben der Blätter der Bäume im Bild festzuhalten.

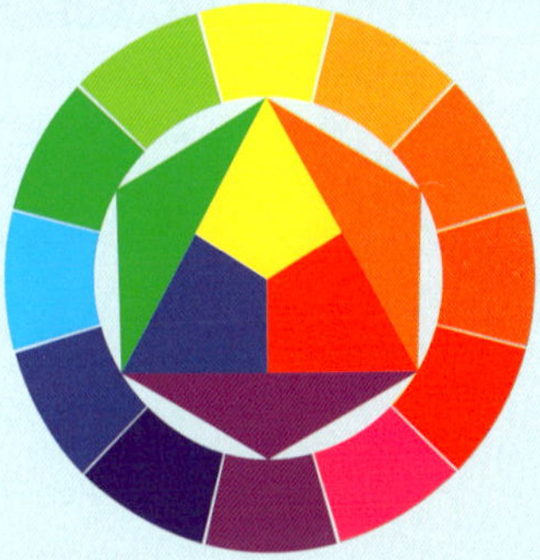

Der Farbkreis zeigt Dir besonders wirkungsvolle Farbkombinationen.

Du kannst aber auch noch einmal anders an das Projekt herangehen: Im Kunstunterricht hast Du dich vielleicht schon mit dem Farbkreis beschäftigt? Suche Dir diese Unterlagen wieder heraus. Es gibt nämlich eine sehr wichtige Sache, die Du aus dem Farbkreis ablesen kannst: Farben, die sich im Farbkreis gegenüberstehen, verstärken sich gegenseitig in ihrer Wirkung, zum Beispiel Blau und Gelb. Eine gelbe Blüte sieht also besonders schön aus, wenn Du sie mit dem blauen Himmel als Hintergrund fotografierst.

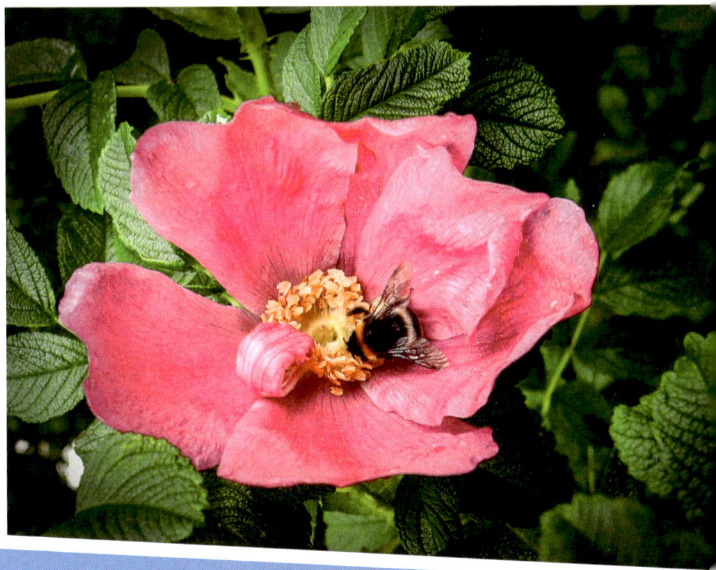

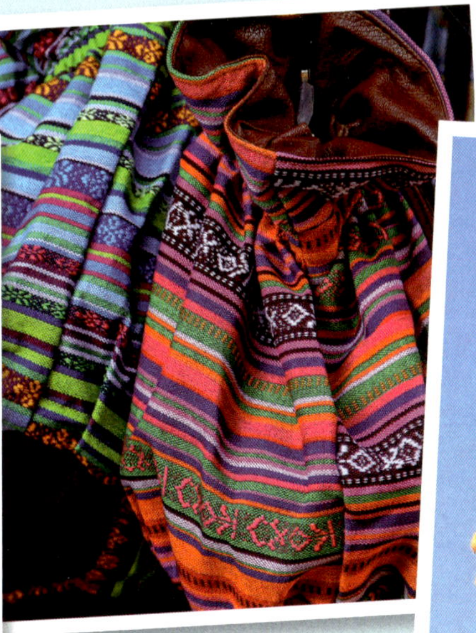

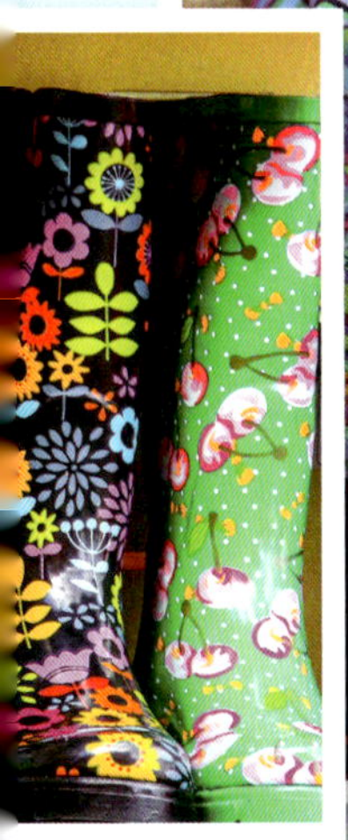

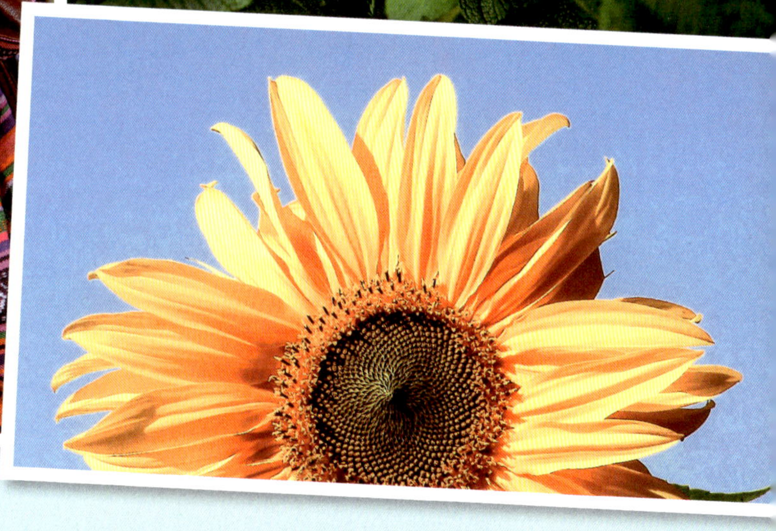

3.5 Entferne überflüssige Bildteile

Überflüssige Teile vom Motiv zu entfernen und in den Goldenen Schnitt zu bringen, das gelingt mit dem **Freistellungswerkzeug**. Und genau das geschieht jetzt mit dem Bild der Schnecke auf der Holzplatte, das im vorhergehenden Abschnitt 3.4, »Ein Foto ins Bildbearbeitungsprogramm laden«, im Fotoeditor geöffnet wurde.

Schritt 1

Klicke am linken Fensterrand im Bereich **Ändern** auf das **Freistellungswerkzeug**. Nun ist ein Rahmen über dem Bild zu sehen, der auch ein Gitter nach der Drittelregel (Goldener Schnitt) enthält.

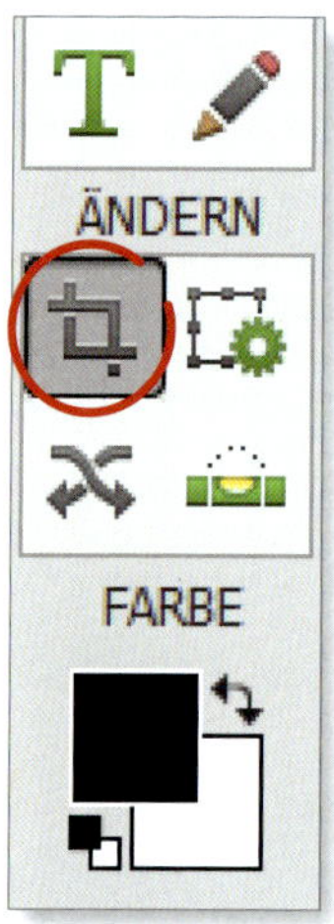

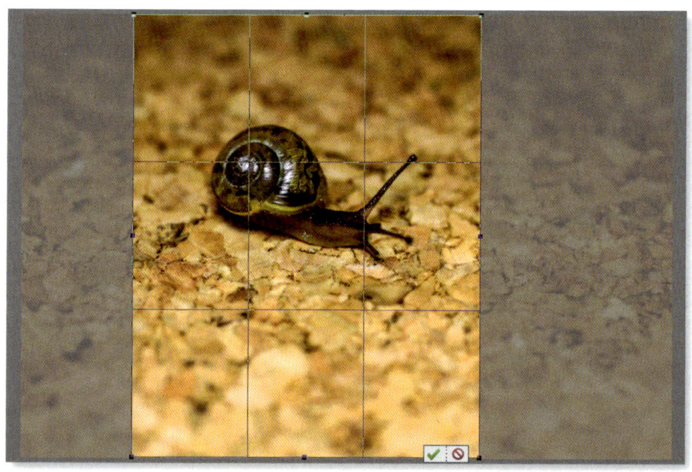

Schritt 2

Unten im Fenster siehst Du, was Du mit dieser Funktion tun kannst. Du kannst nicht nur die Größe des Rahmens verändern, sondern auch das Foto im Rahmen verschieben. Außerdem werden Dir noch verschiedene **Freistellungsempfehlungen** angeboten. Diesen musst Du aber nicht folgen, sondern kannst mit einem Klick auf das kleine schwarze Dreieck bei **Keine Beschränkung** andere Maße für den Zuschnitt auswählen. Ich habe mich für die erste der **Freistellungsempfehlungen** entschieden,

den Rahmen noch etwas verkleinert, und dabei darauf geachtet, dass die Schnecke oben links im Bild platziert blieb. Denn sie kriecht ja, und es sieht gut aus, wenn in der Richtung, in die sie kriecht, noch Platz ist.

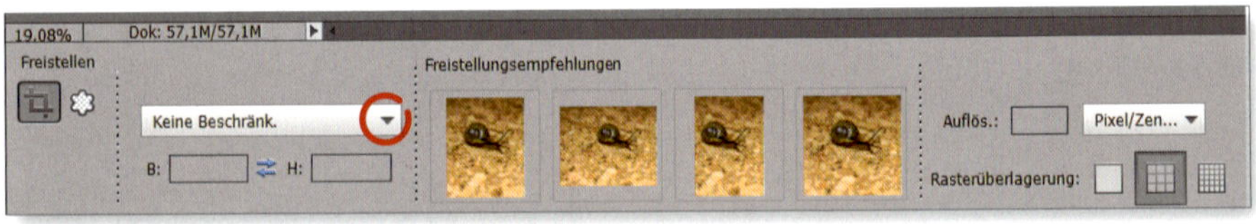

Schritt 3

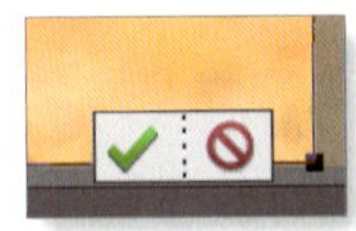

Wenn Du in der Bildbearbeitung ein Bild verändert hast, erscheinen diese Schaltflächen. Das grüne Häkchen bestätigt die Bearbeitung, und das Programm führt sie aus. Das andere Zeichen bricht die Bearbeitung ab und stellt den Ausgangszustand des Bildes wieder her. Erfahrene Fotografen werden Dir bestätigen, dass es vorteilhaft ist, wenn Du beide Fotos zur Verfügung hast, das Original und auch das bearbeitete Bild. Wie Du das erreichen kannst, erkläre ich Dir im nächsten Abschnitt.

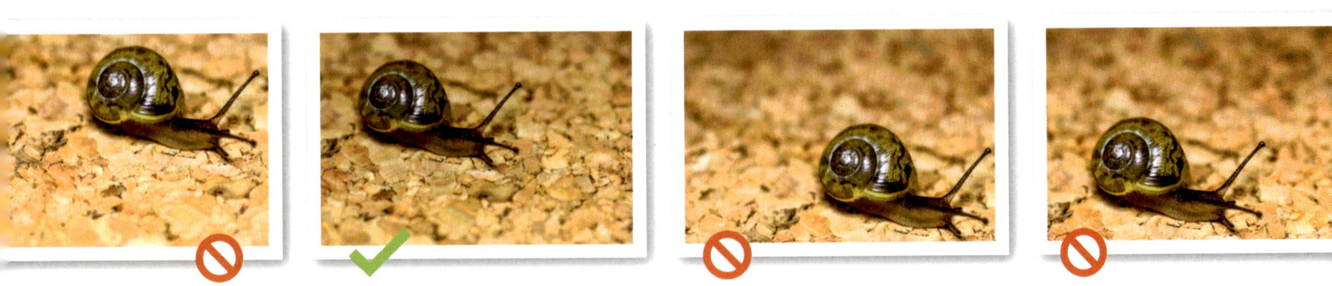

Und jetzt Du!

Suche in Deinem Bilderordner nach einem Foto eines Menschen, eines Tieres oder einer Pflanze, bei dem Du findest, dass da von dem einen oder anderen zu viel drauf ist. Lade das Foto ins Bildbearbeitungsprogramm, und entferne überflüssige Bildteile. Wende an, was Du hier gelernt hast.

3.6 Speichere bearbeitete Bilder richtig ab

Schritt 1

Die neue Version des Bildes von der Schnecke, das ich im vorhergehenden Abschnitt freigestellt habe, will ich natürlich zusammen mit dem Original behalten und klicke deshalb auf **Datei > Speichern unter**. Daraufhin erscheint das Dialogfeld **Speichern unter**.

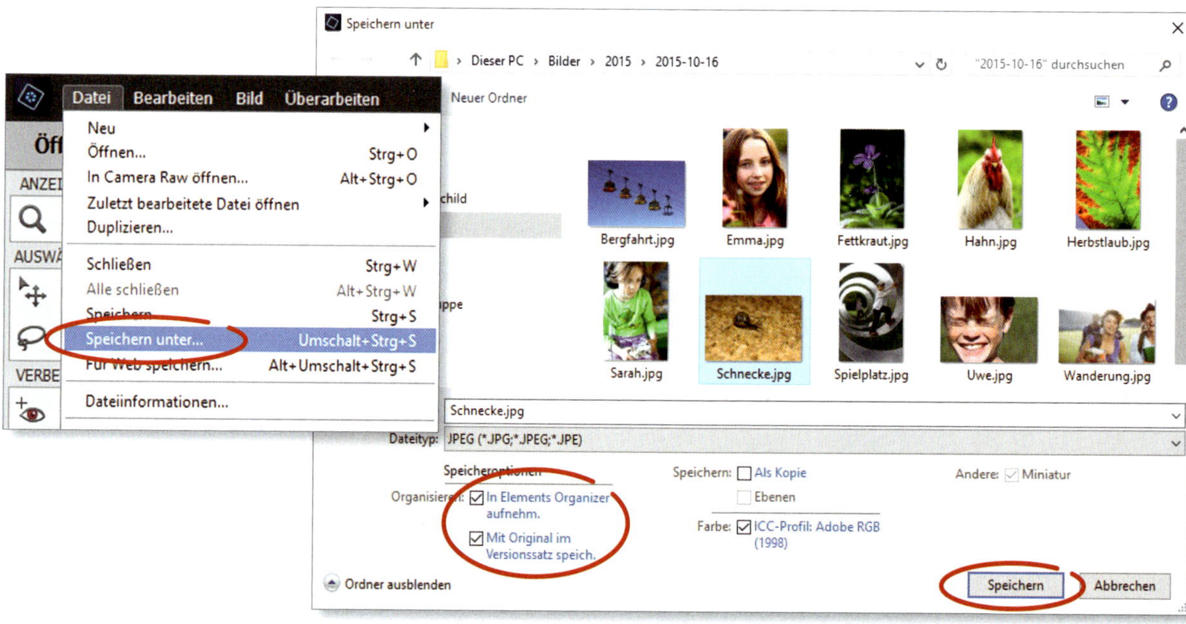

Schritt 2

Darin sind zwei Eintragungen ganz besonders wichtig: Bei **In Elements Organizer aufnehmen** und **Mit Original im Versionssatz speichern** müssen immer Häkchen sein. Nur dann werden sowohl das bearbeitete Foto als auch das unbearbeitete Originalfoto gespeichert.

Schritt 3

Nachdem ich auf **Speichern** geklickt habe, erscheinen die **JPEG-Optionen**. Über die Details in diesem Dialogfeld mache ich mir keine großen

Gedanken, die sind vor allem etwas für Profis. Die Einstellungen lasse ich also so, ich achte nur darauf, dass neben **Qualität** »12« steht und klicke dann auf **OK**.

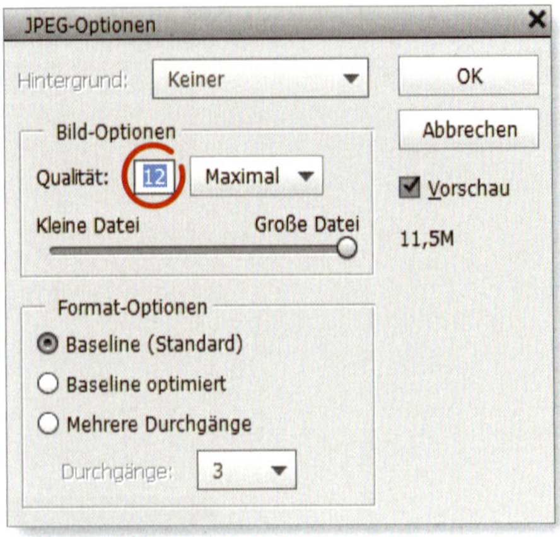

Schritt 4

Wenn ich jetzt den Organizer öffne und mir das Vorschaubild von der Schnecke ansehe, kann ich erkennen, dass der Dateiname durch das Wort »bearbeitet« erweitert wurde und es zwei Zeichen bekommen hat. Das in der oberen rechten Ecke zeigt an, dass zwei Bilder übereinanderliegen: Oben befindet sich das von mir bearbeitete Bild, darunter liegt das aus der Kamera, das Original. In Photoshop Elements nennt sich dieser Bilderstapel **Versionssatz**. Wenn ich auf den kleinen schwarzen Pfeil an der rechten Seite des Bildes klicke, werden beide Bilder angezeigt. Klicke ich noch einmal auf den Pfeil, verschwindet das Original wieder unter dem bearbeiteten Bild. So erhalte ich durch den Organizer immer das bearbeitete Foto.

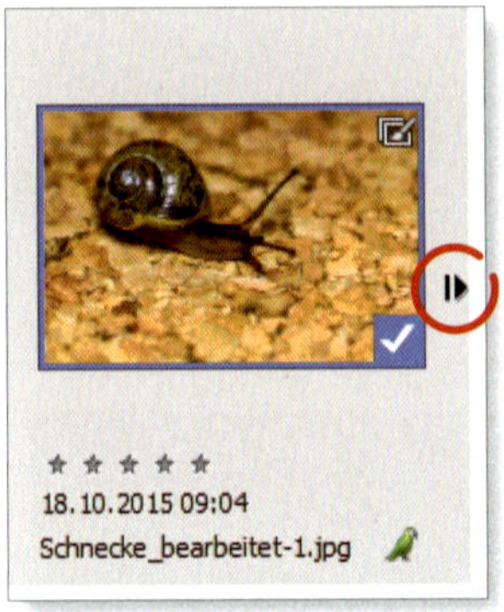

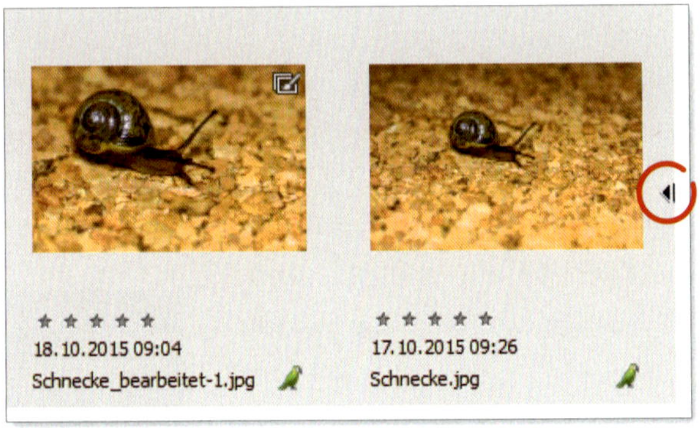

Und jetzt Du!

Was ich Dir bis hierher erläutert habe, musst Du mit jedem Bild machen, das Dir so, wie es aus der Kamera kommt, nicht gefällt und das Du deshalb bearbeitest – gleichgültig, ob Du nur eine oder mehrere Bearbeitungsfunktionen verwendet hast. Das ist ein grundlegender Arbeitsablauf für digitale Fotos am Computer.

3.7 Die Tonwerte eines Fotos gestalten

Auf Seite 107 habe ich Dir erklärt, was der Fotograf unter Tiefen, Mitteltönen und Lichtern versteht. Schau Dir bitte dieses Bild an und notiere über jedem Feld eine 1, das Du zu den Tiefen zählst, über den Mitteltönen eine 2 und über den Lichtern eine 3.

Du hast es bestimmt richtig gemacht! Die Felder links außen gehören zu den Tiefen, die rechts außen zu den Lichtern, und die dazwischen bilden die Mitteltöne. Solche sogenannten *Tonwerte* existieren nicht nur für Schwarz und Weiß, sondern auch für jede Farbe, zum Beispiel Grün:

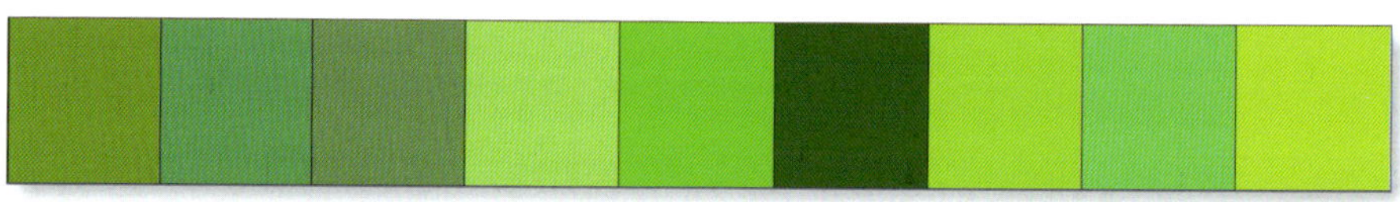

So unterschiedlich kann die Farbe Grün sein. Und wenn Du dich einmal mit einem Maler unterhältst, so wird er Dir sagen, dass es noch viel mehr grüne Farbtöne gibt!

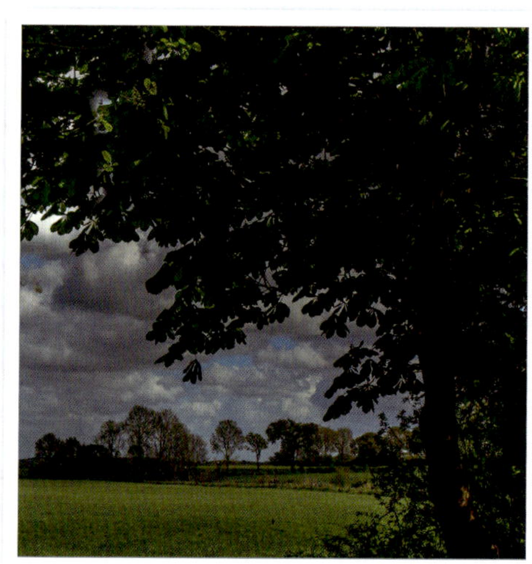

Ein Foto wirkt dann besonders schön, wenn in ihm möglichst viele unterschiedliche Tonwerte aus allen Bereichen enthalten sind. Das ist bei diesem Foto hier nicht der Fall. Besonders der Baum im Vordergrund wirkt sehr dunkel, dort fehlen viele Mitteltöne und auch einige Lichter.

Schritt 1

Um dieses Foto besser aussehen zu lassen, wähle ich unter **Überarbeiten > Beleuchtung anpassen** die Funktion **Tiefen/Lichter**.

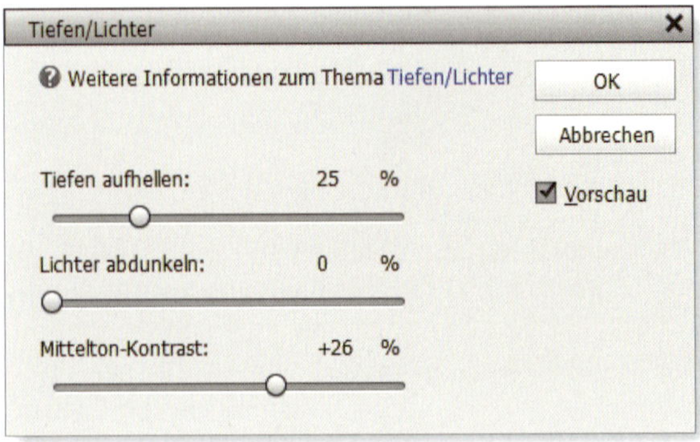

Schritt 2

Wie Du siehst, kannst Du mit dieser Funktion alle Tonwerte (Tiefen, Lichter und Mitteltöne) verändern. Dazu verschiebst Du mit gedrückter linker Maustaste einfach die Schieberegler und beobachtest dabei die betreffenden Bildstellen. Das habe ich getan, und schließlich ist ein deutlich verbessertes Foto entstanden.

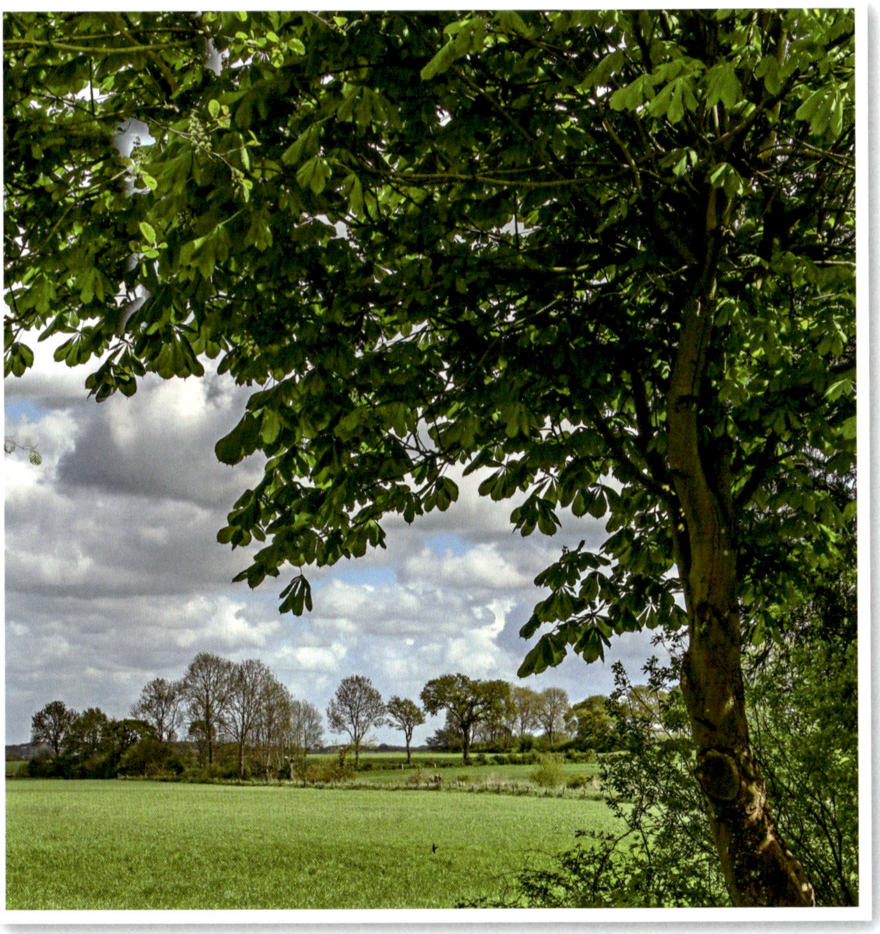

Das kleine Fotoprojekt

Du hast Dir doch bestimmt schon einmal die Wolken angesehen und in ihnen Köpfe, eigenartige Gestalten oder bestimmte Dinge entdeckt. So geht es mir auch oft mit verschiedenen Objekten in der Natur, und ich mache regelmäßig Fotos davon: Die »Erdbeerzange« zum Beispiel stammt von einem Obststand auf dem Wochenmarkt. Und das »Alien in der Kastanie« fand ich beim Spaziergang im Stadtpark. Und erkennst Du im Bild der Opuntie auch die Ohren eines Osterhasen? Dass ich hier mehrere solcher originellen Objekte abbilden kann, ist nur deshalb möglich, weil ich sie seit vielen Jahren sammle. Solltest Du an solchen Fotos auch interessiert sein, so habe viel Geduld, halte aber immer die

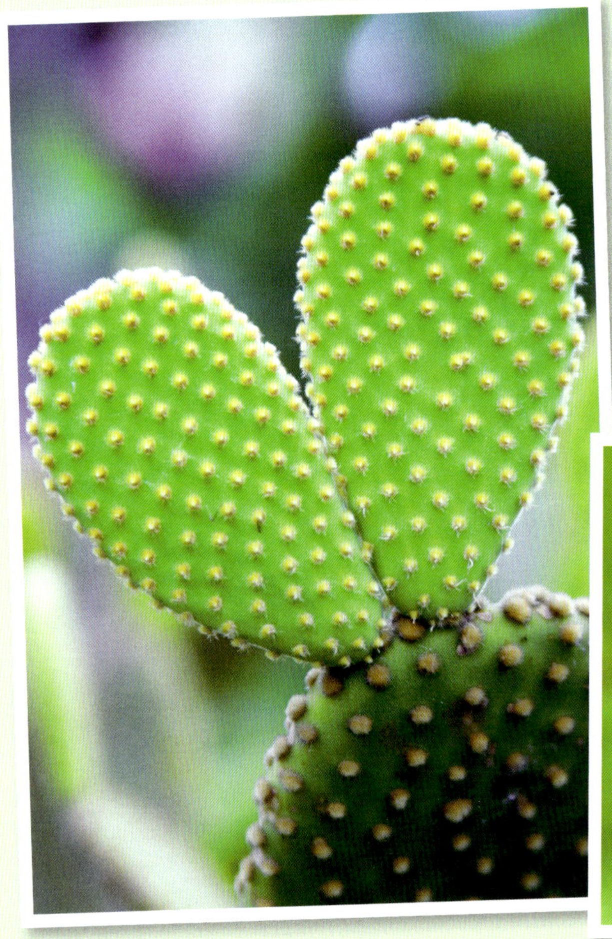

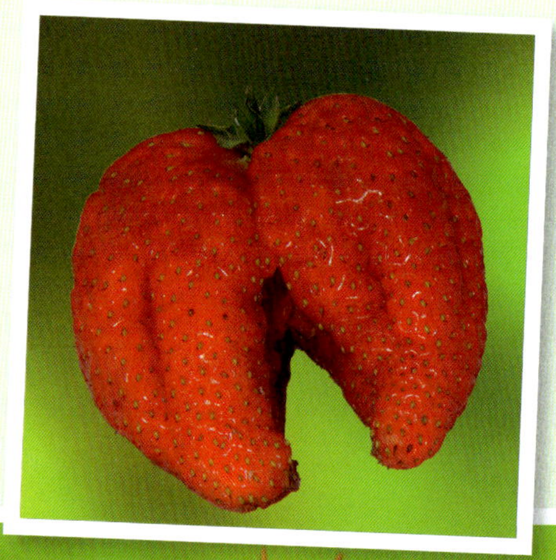

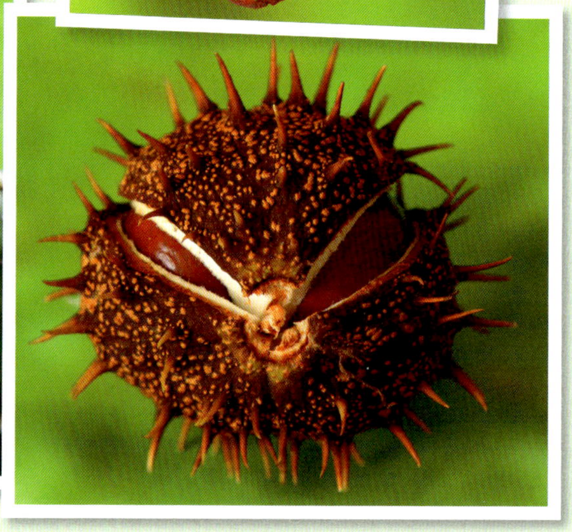

Augen offen, und lass Deine Fantasie spielen. Oft musst Du ein Objekt für längere Zeit oder auch mehrmals betrachten, um das darin versteckte Objekt zu finden.

Neben Kuriositäten aus der Natur gibt es auch noch andere, besondere Kuriositäten, wie in den beiden Bildern auf dieser Seite hier. Sie wurden nicht von der Natur geschaffen, sondern kreative Menschen haben einfach nur Angebote, die die Natur macht, vervollständigt. Die über die Mauer hängenden grünen Pflanzen sind so zur Frisur eines Menschen geworden, und aus mehreren passend geformten Steinen entstand ein Fußabdruck, der eigentlich gar keiner ist.

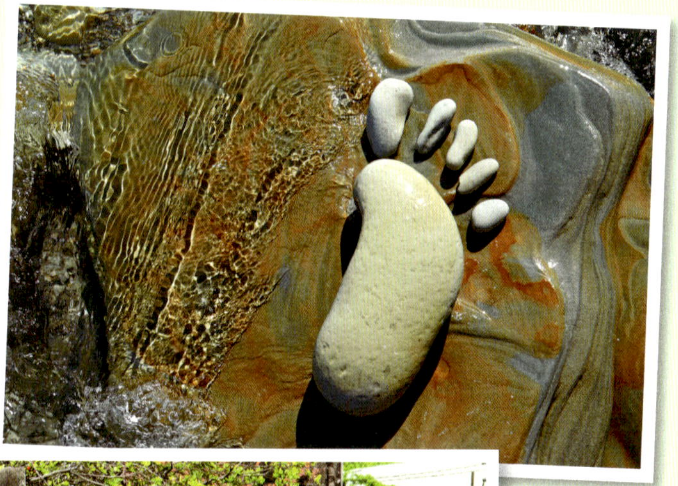

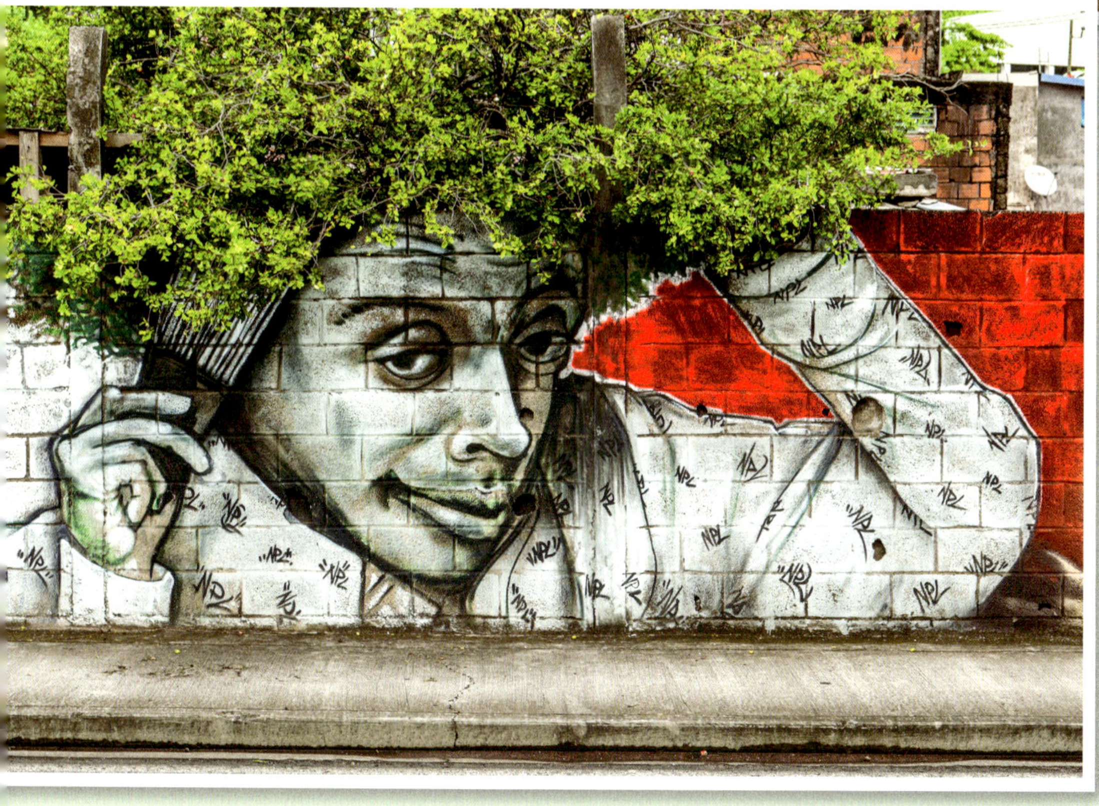

3.8 Wie Du die Farben eines Fotos beeinflussen kannst

Schritt 1

Der Sonnenschirm im Garten hat ein interessantes Muster und steckt voller schöner kräftiger Farben. Du kannst gar nicht anders, als davon ein Foto zu machen! Das fertige Bild aber sieht nicht so toll aus, wie Du dir das vorgestellt hattest. Die Farben sind so blass, man könnte denken, der Schirm hätte schon einige Jahre in der Sonne gestanden!

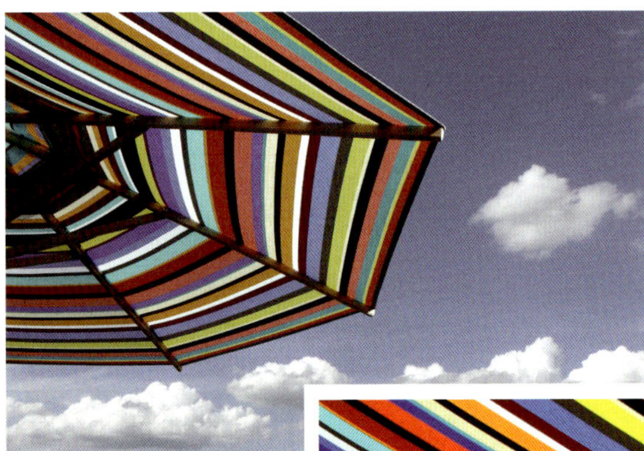

Schritt 2

Du könntest jetzt noch einmal in den Garten gehen, die Belichtungseinstellungen an Deiner Kamera ändern und eine neue Aufnahme machen. Oder Du passt die Farben einfach in der Bildbearbeitung an! Lade also das Foto in den Fotoeditor.

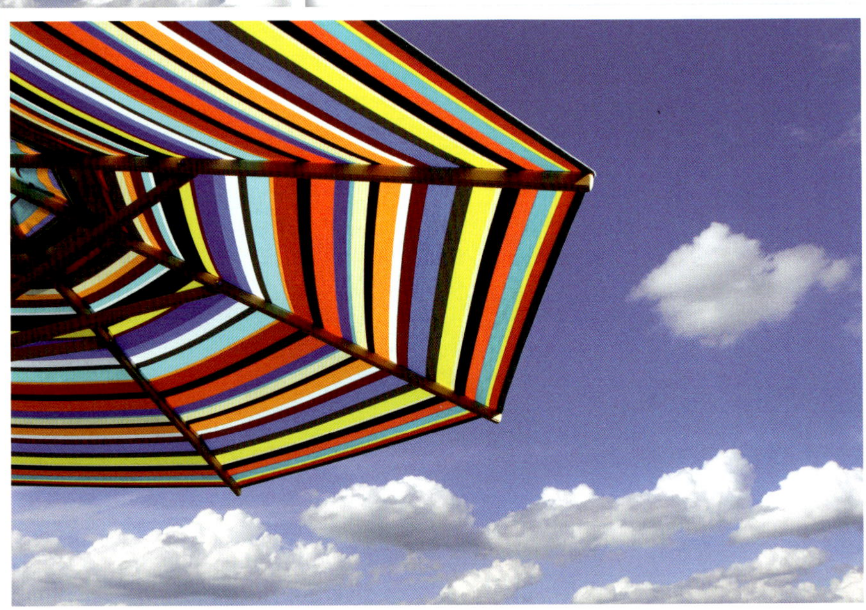

Schritt 3

Im Editor klickst Du auf **Überarbeiten > Farbe anpassen > Farbton/Sättigung anpassen**. Es erscheint das Dialogfeld **Farbton/Sättigung**.

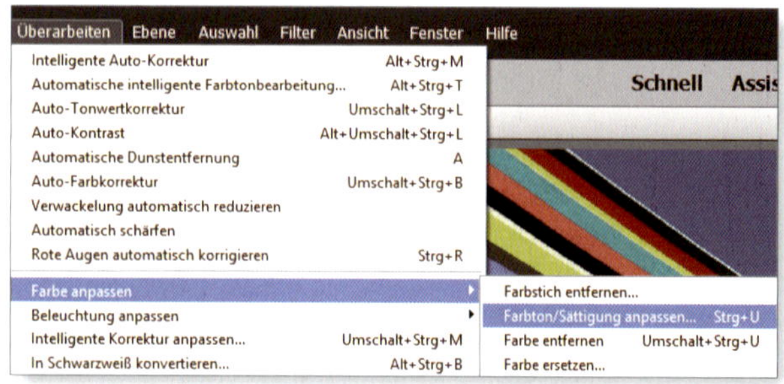

Schritt 4

Wenn Du die angebotene Einstellung **Standard** beibehältst, wendet das Programm jede Veränderung auf alle Farben im Bild an. Soll aber nur ein bestimmter Farbbereich verändert werden, so musst Du den entsprechenden Farbton wählen.

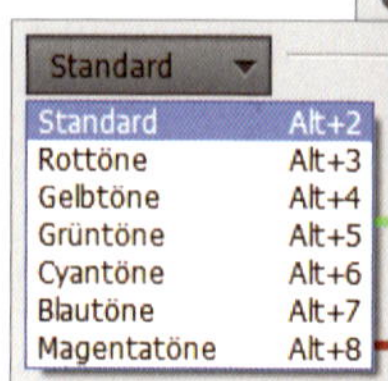

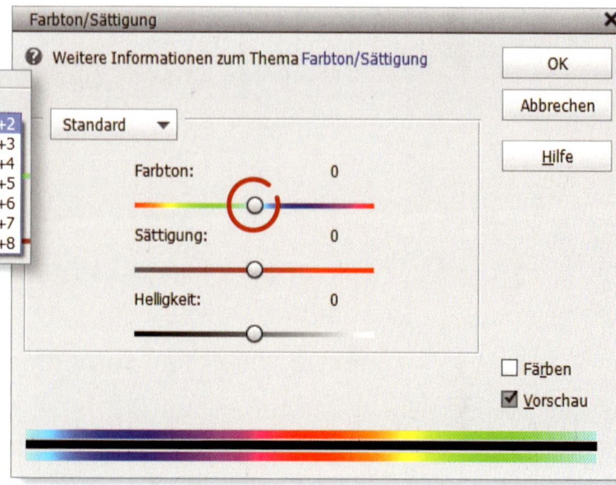

Schritt 5

Mit dem Schieberegler für **Farbton** änderst Du alle Farben im Bild auf einmal. Verschiebe den Schieberegler mit der gedrückten linken Maustaste und beobachte das Bild – vielleicht gefällt Dir der Schirm in anderen Farben noch besser. Mit dem Schieberegler **Sättigung** kannst Du die Farben weiter verblassen lassen. Die Farben können aber auch kräftiger, strahlender eben »satt« erscheinen. Der Schieberegler **Helligkeit** schließlich macht das ganze Bild oder aber die einzelnen Farbbereiche dunkler oder heller.

Tipp: Willst Du eine Einstellung rückgängig machen, so verschiebe den Schieberegler bis wieder die Null angezeigt wird, oder klicke doppelt auf die Bezeichnung der Funktion.

3.9 Schärfe Deine Bilder

Ich habe in diesem Buch schon oft von *scharfen* und *unscharfen Bildern* geschrieben. Du weißt also, dass Bilder dann scharf sind, wenn möglichst viele Einzelheiten deutlich erkennbar sind. Kameras für Profis haben Objektive mit Linsen, die superscharfe Bilder entstehen lassen. Leider ist die Herstellung solcher Linsen recht kompliziert und langwierig. Die Folge: Objektive mit solchen Linsen sind sehr, sehr teuer, und Amateure leisten sich solche Objektive eher nicht. In deren Kameras befinden sich Objektive mit Linsen, die zwar auch gute Bilder machen, deren Qualität aber etwas geringer ist, als die der Objektive der Profis. Die Folge: Diese Objektive sind viel preiswerter, und Hobbyfotografen können sie sich leisten.

Damit Deine Bilder noch schärfer werden, als wie sie aus der Kamera kommen, nutzt Du eine Bildbearbeitungsfunktion in Adobe Photoshop Elements namens **Unscharf maskieren**. Nein, nein, das ist kein Schreibfehler. Damit Dein Bild schärfer wird, musst Du **Unscharf maskieren**. Wie das genau funktioniert und warum der Name so irreführend ist, verstehen nur Profis. Mach es am besten so wie ich: Wende die Funktion einfach an. Allerdings muss das Bild schon eine bestimmte Schärfe haben, die verstärkt werden kann. Wo gar keine Schärfe existiert und die Einzelheiten nur schlecht zu erkennen sind, da kann auch diese Funktion nicht helfen.

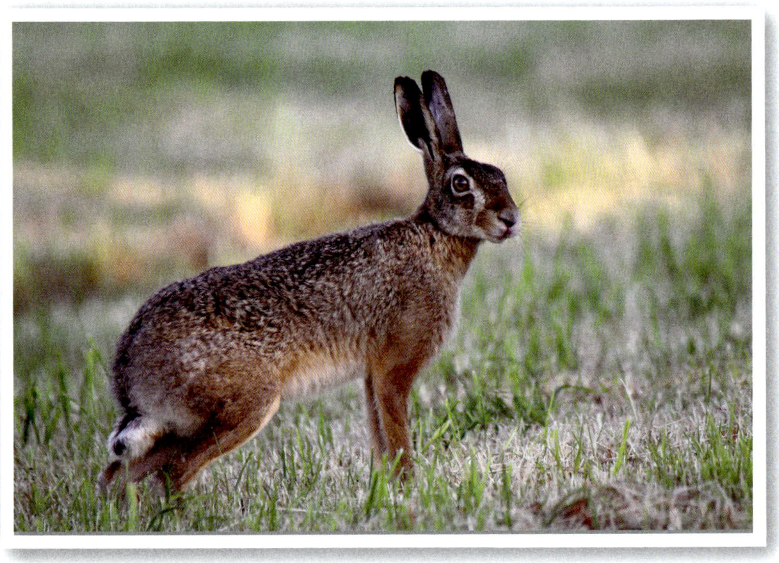

Hier will ich das Porträt des Hasen schärfen, das ich Dir schon auf Seite 80 in diesem Buch gezeigt habe.

Schritt 1

Die Funktion rufst Du mit **Überarbeiten > Unscharf maskieren** auf. In dem Dialogfeld wird Dir ein stark vergrößerter Abschnitt aus dem Bild gezeigt. Du kannst durch einen Mausklick in das Foto bestimmen, welcher Ausschnitt gezeigt wird.

Schritt 2

Nun verschiebst Du in kleinen Schritten den Regler für die **Stärke**. Beobachte dabei immer den Bildausschnitt! Denn, und jetzt kommt der Haken, wenn Du eine zu hohe Stärke wählst, sieht das Bild alles andere als schön aus. Nur maßvolles Schärfen verbessert das Bild, manchmal ist das Bild sogar ohne Schärfen besser. Eine konkrete Zahl für die Stärke kann ich Dir nicht angeben, weil bei jedem Foto ein anderer Wert der richtige ist. Das hängt davon ab, wie viele Details ein Bild hat und wie scharf es schon ist. Die beiden anderen Regler kannst Du ignorieren.

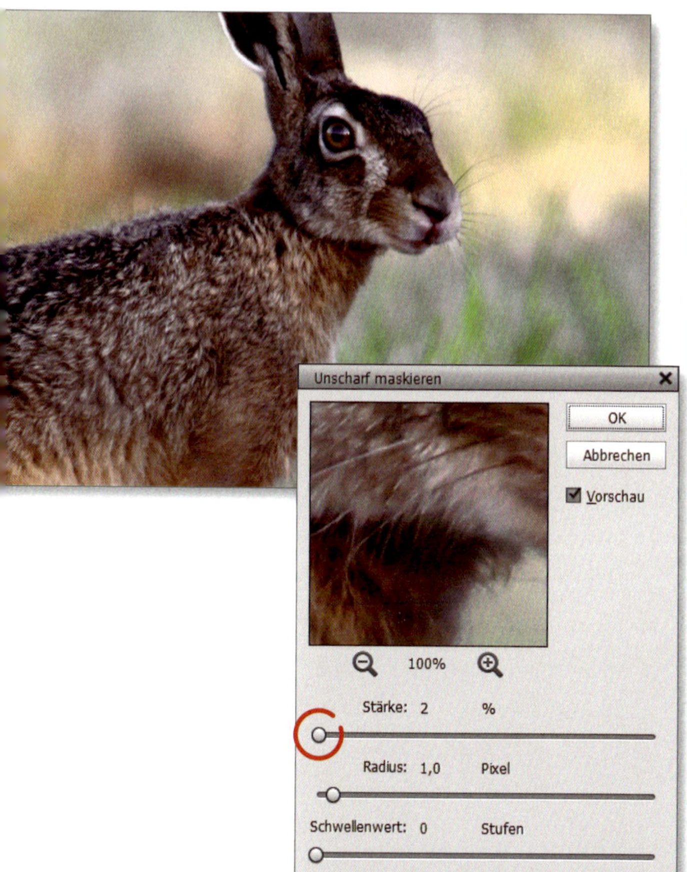

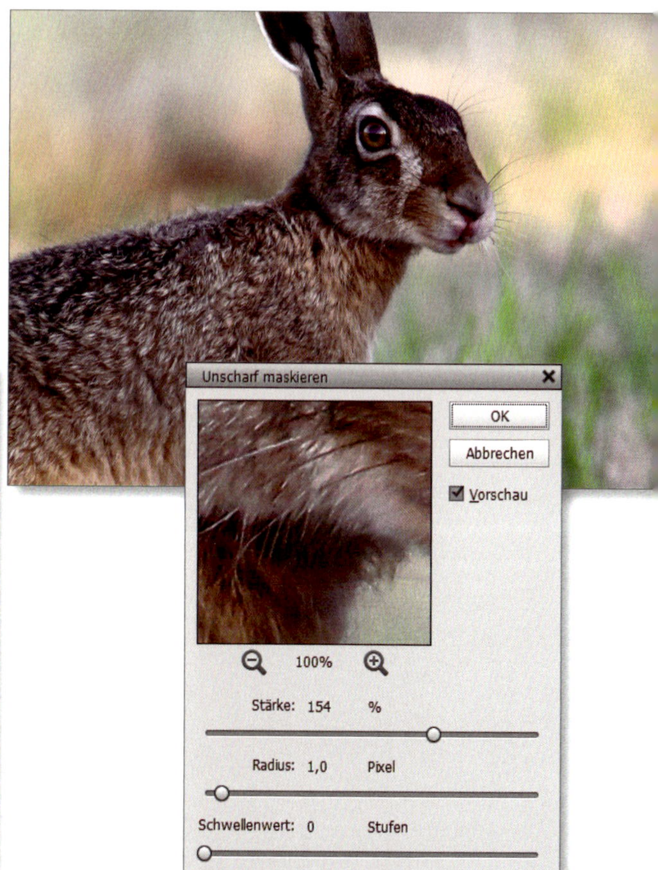

3.10 Erstelle schwarzweiße Bilder

Deine Großeltern können Dir sicher noch von der Zeit erzählen, da Farbfotos sehr teuer und deshalb auch selten waren. Heute ist die Farbfotografie die vorherrschende Technik, und trotzdem gibt es viele Fotografen, die auch heute noch Schwarzweißfotos machen. Vielleicht gefallen Dir solche Bilder auch? Der Fotoeditor kann Dir helfen, schwarzweiße Versionen Deiner Farbfotos herzustellen.

Die Bezeichnung *Schwarzweiß* ist eigentlich nicht richtig. Denn das würde bedeuten, dass im Bild nur schwarze und weiße Bildteile existieren. Es gibt aber neben den schwarzen und den weißen Bildteilen auch solche in verschiedenen Grautönen. Wie kommen diese zustande? Unsere Welt ist farbig. Wir unterscheiden nicht nur die sogenannten *Grundfarben*, sondern auch noch eine reichliche Anzahl zwischen diesen. Von Dunkelrot bis Hellrot zum Beispiel gibt es mehrere Zwischenstufen. Allen Farben aber ist gemeinsam, dass jede einem Grauwert entspricht. Ich habe in einem Grafikprogramm eine Reihe Quadrate mit Farben gefüllt und diese dann in die entsprechenden Graustufen umgewandelt.

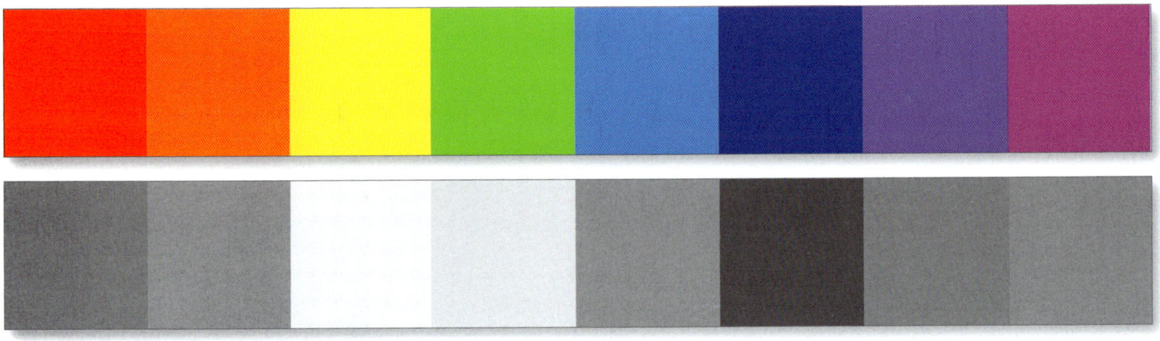

^ *Farben und ihre Graustufen*

Aus dem Vergleich der Quadrate kannst Du mindestens zwei Dinge erkennen. Es gibt Farben, deren Graustufen sich deutlich voneinander unterscheiden, aber auch solche, die sich außerordentlich ähnlich sind. Damit Dir das noch deutlicher wird, habe ich im Folgenden zwei weitere Beispiele für Dich.

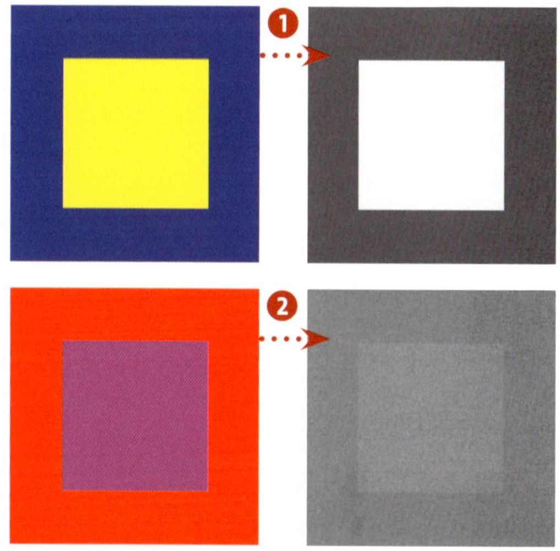

- Beispiel ❶: Ein gelbes Objekt vor einem dunkelblauen Hintergrund hebt sich sehr gut ab. Und auch in den Grautönen lassen sich beide Flächen gut voneinander unterscheiden.
- Beispiel ❷: Ganz anders ist das bei den Farben Rot und Magenta. Die Magentafläche siehst Du im Schwarzweißbild kaum noch. Der Kontrast zwischen beiden Farben ist zu schwach.

^ Die Farbenpaare Blau/Gelb und Rot/Magenta und ihre Graustufen

Auf diese Dinge musst Du achten, wenn Du ein farbiges Foto in ein Schwarzweißbild verwandeln willst. Nun wirst Du dich vielleicht nicht so intensiv mit der Farbenlehre beschäftigen wollen, aber das musst Du zum Glück auch gar nicht. Du musst nur das Farbfoto mit dem Schwarzweißbild vergleichen und prüfen, ob nicht wichtige Bildteile bei der Umwandlung verschwunden sind. Ist das der Fall, solltest Du eine andere Umwandlungsmethode wählen oder ein anderes Foto für die Schwarzweißumwandlung aussuchen.

Schritt 1

Öffne den Fotoeditor und darin das Foto, das Du in ein Schwarzweißbild umwandeln willst. Klicke dann auf **Überarbeiten > In Schwarzweiß konvertieren**. Der Begriff *Konvertieren* bedeutet übrigens nichts anderes als »umwandeln«.

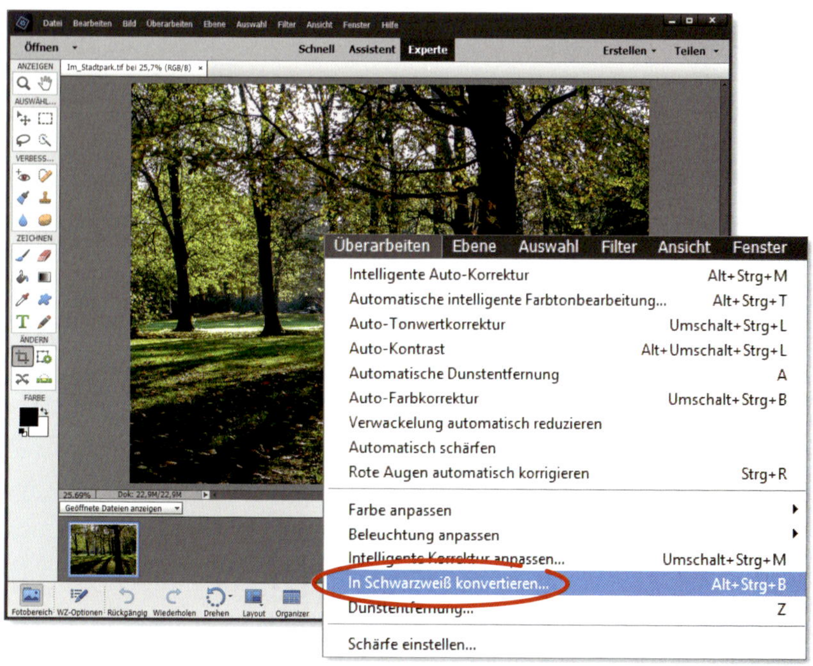

Schritt 2

Jetzt zeigt der Fotoeditor das farbige Foto (**Vorher**) und das schwarzweiße Ergebnisbild (**Nachher**) nebeneinander an. Das Bild, das ich hier umwandle, ist eine Aufnahme aus dem Husumer Schlosspark, weshalb ich unter **Stil** die Einstellung **Lebhafte Landschaften** gewählt habe. Probiere aber ruhig auch andere Schwarzweißumsetzungen aus und schaue, welche Dir am besten gefällt.

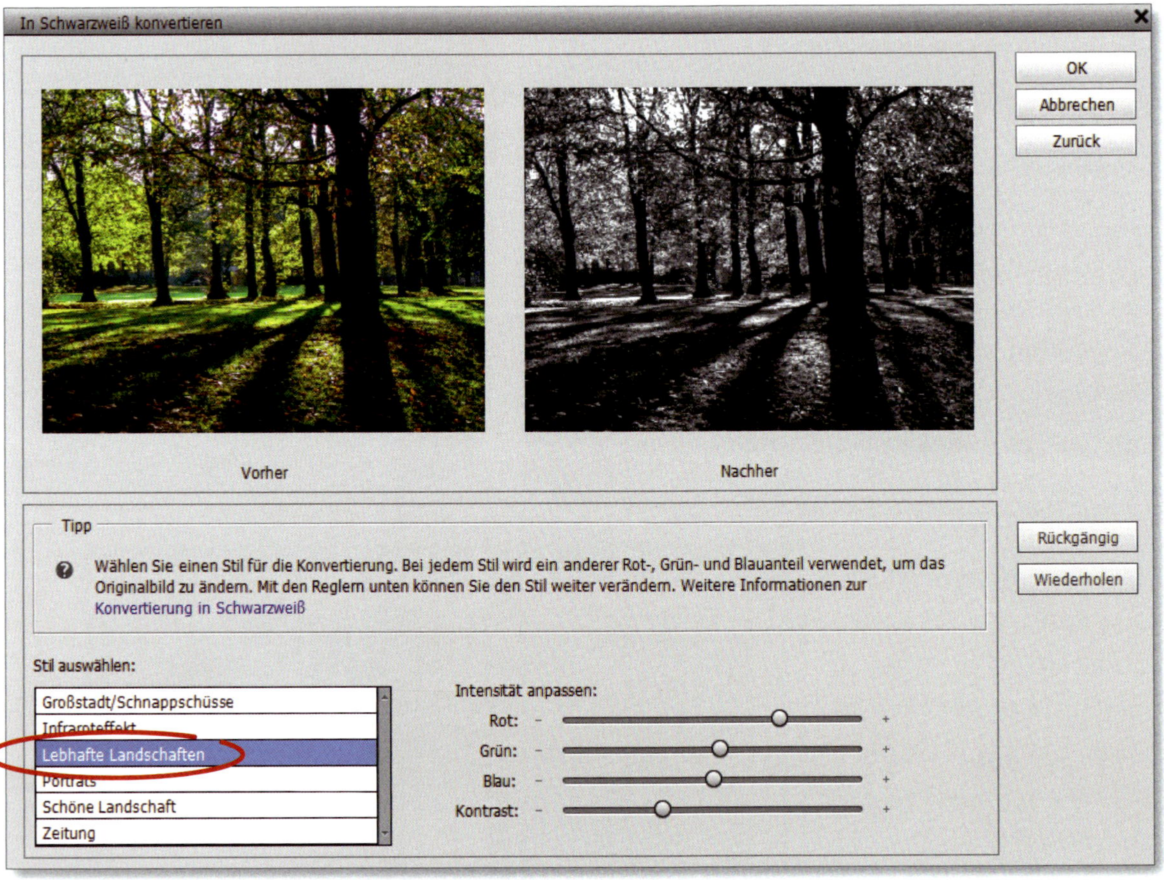

Schritt 3

Bestätige das Dialogfenster **In Schwarzweiß konvertieren** mit **OK**, und speichere das Bild unter einem neuen Namen ab, wie ich es Dir auf Seite 140 beschrieben habe.

Das kleine Fotoprojekt

Machst Du mit Deinen Freunden oder der Familie gerne Spiele wie zum Beispiel »Mensch ärgere dich nicht« oder »Monopoly«? Erfinde doch selbst ein Spiel und stelle es auch gleich her! Mit Deiner Kamera ist das kein Problem. Das könnte so gehen: Du suchst Dir zusammengesetzte Hauptwörter, wie etwa »Fußball«. Nun fotografierst Du einen Deiner Füße formatfüllend und ohne Strümpfe und Schuhe vor einem ganz neutralen Hintergrund. Als Nächstes nimmst Du vor demselben neutralen Hintergrund einen Ball auf – ebenfalls formatfüllend. Beide Fotos bearbeitest Du vielleicht noch mit dem Computer und druckst sie in Spielkartengröße aus.

Nun musst Du für möglichst viele solcher Kartenpaare Bilder machen und ausdrucken. Hast Du genug zusammen, legst Du deinen Mitspielern das selbst erstellte Spiel vor und spielst es mit ihnen. Im Spiel werden alle Spielkarten wie üblich ausgeteilt. Der erste Mitspieler legt eine Karte auf den Tisch. Der Mitspieler, der eine passende zweite Karte hat, legt diese an und zieht beide Karten an seinen Platz. Er hat auf seinem Spielkonto nun ein Wort. Wie viele verschiedene Wortkombinationen findet Ihr wohl? Bei diesem Spiel können übrigens immer neue Kartenpaare dazukommen, nicht nur von Dir, sondern auch von anderen.

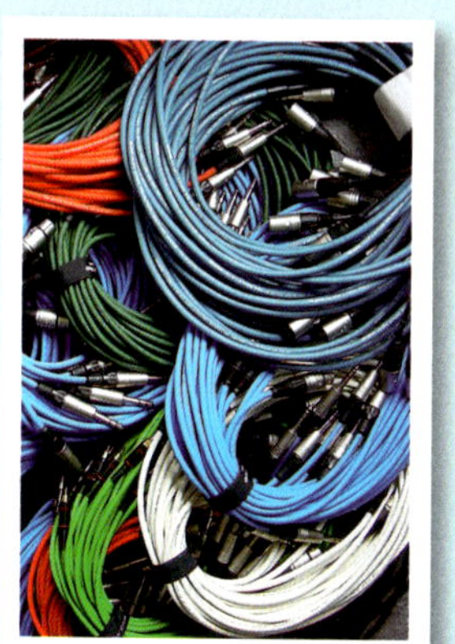

+

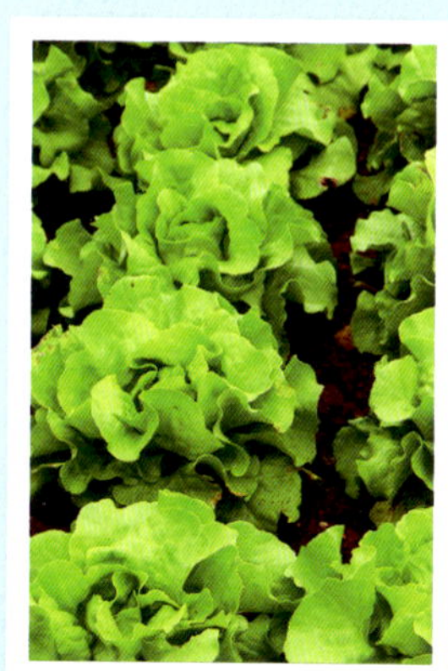

=

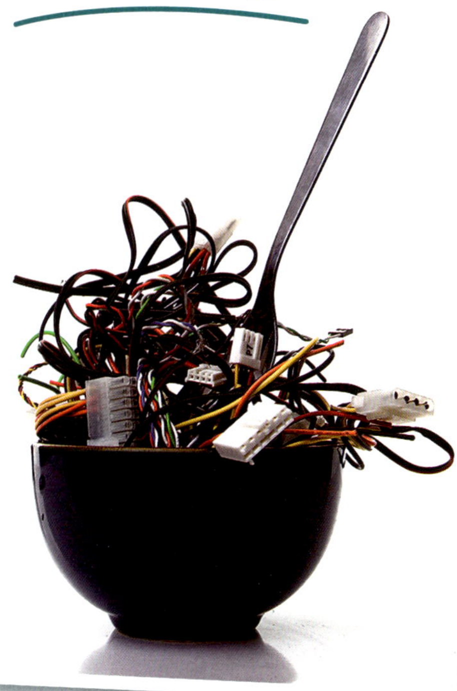

Kabelsalat

3.11 Füge Text in Deine Bilder ein

Schritt 1

Um in ein Bild Text einzufügen, brauchst Du im Modus **Experte** das **Textwerkzeug**. Lade das Bild, in das Du einen Text einfügen willst, in den Editor, und klicke dann auf das **Textwerkzeug**, das Du am Buchstaben »T« in der Werkzeugleiste am linken Rand erkennen kannst.

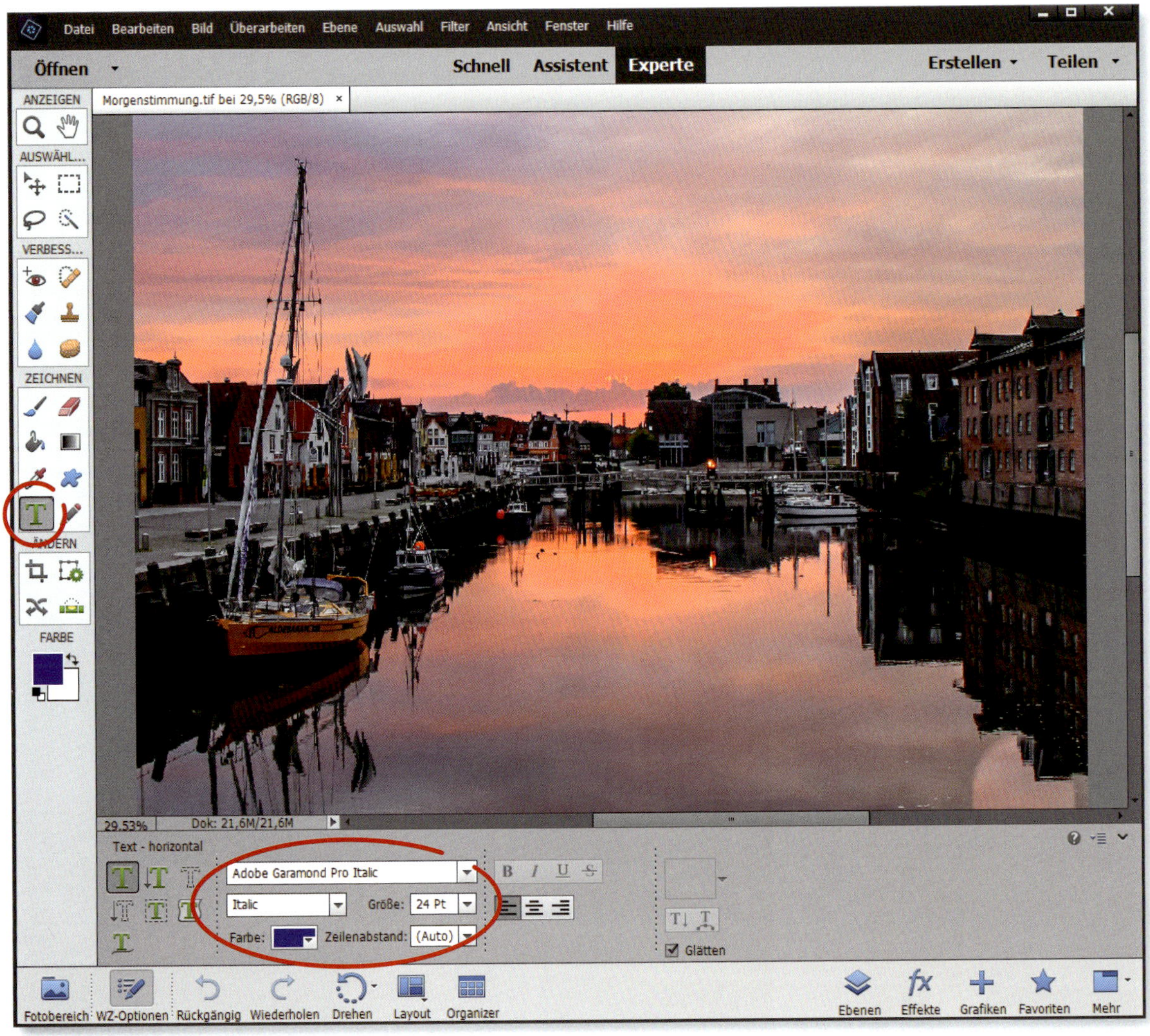

Schritt 2

Über die Schaltflächen am unteren Rand des Programmfensters wählst Du die Schriftart, die Schriftgröße und die Farbe der Schrift aus. Die anderen Schaltflächen kannst Du bei Gelegenheit auch einmal ausprobieren, wenn Du zum Beispiel von oben nach unten anstatt von links nach rechts schreiben möchtest.

Schritt 3

Nun klickst Du auf eine Stelle im Bild, an der der Text stehen soll, und tippst ihn ein. Text in einem Foto sollte in aller Regel nur einen kleinen Raum einnehmen. Halte das Hauptmotiv in einem Bild also immer frei von Text, und wähle die Farbe des Textes so, dass er sich gut vom Untergrund abhebt.

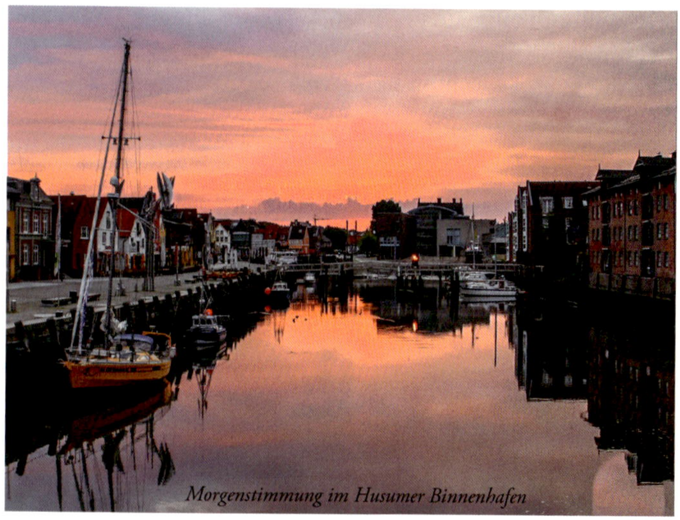

^ Der Text in diesem Bild informiert den Betrachter eigentlich nur über den Ort und die Zeit der Aufnahme.

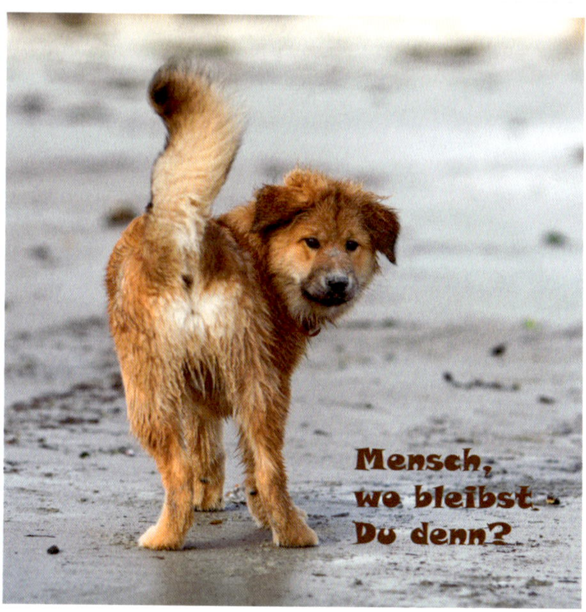

< Dieses Foto wird durch den Text recht lustig, die Betrachter werden schmunzeln. Überlege doch einmal, welcher andere Text auch noch in das Foto passen würde.

3.12 Motive aus einem Foto »ausstechen«

Schritt 1

Öffne im Editor das Foto, dem Du einen besonderen Rahmen geben möchtest. Neben dem **Freistellungswerkzeug** am unteren Rand des Editors befindet sich das **Ausstecher-Werkzeug**. Damit kannst Du dein fertig bearbeitetes Foto in einen besonderen Rahmen einpassen.

Schritt 2

Klicke auf **Herzkarte** und setze dann vor **Ausstechen** ein Häkchen.

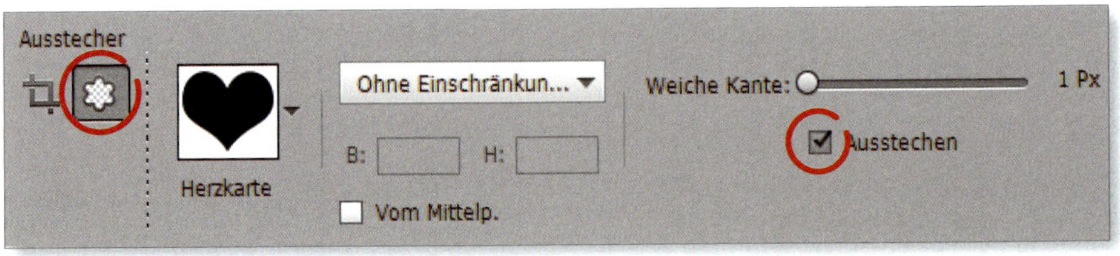

Schritt 3

Gehe nun mit dem Mauszeiger (er ist jetzt ein Kreuz) auf das Bild, und ziehe ihn mit gedrückter linker Maustaste über das Motiv.

Schritt 4

Die Mutter und das Kind erscheinen nun in einem ausgeschnittenen Herz. An den Anfasspunkten kannst Du die Größe noch verändern. Der Ausschnitt lässt sich mit gedrückter linker Maustaste auch verschieben.

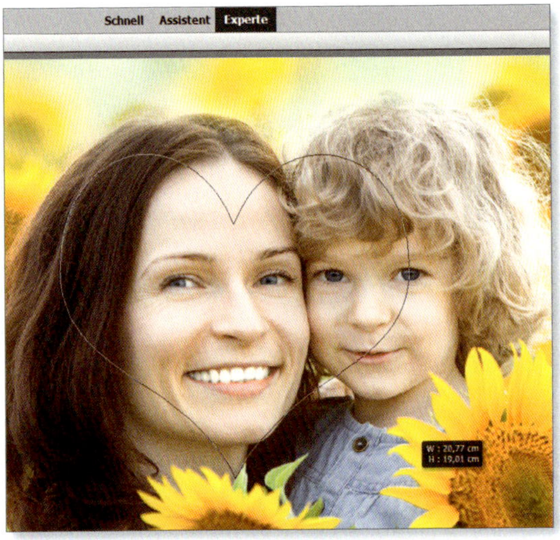

Tipp: Vielleicht passen zu Deinen Bildern auch andere Formen besser. Probiere sie aus! Über das kleine schwarze Dreieck kannst Du nicht nur die Form **Herzkarte** aufrufen, sondern auch noch viele andere Formen. Um sie zu sehen, klicke auf das kleine schwarze Dreieck neben **Herzkarte**.

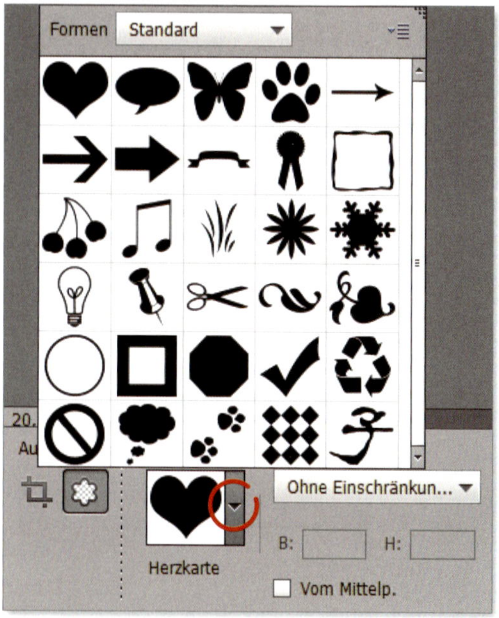

Und jetzt Du!

Wenn Du von Deiner Mutter, Deinem Vater, Deinen Geschwistern oder auch von einzelnen Familienmitgliedern solch ein Bild machst, werden sie sich bestimmt sehr freuen.

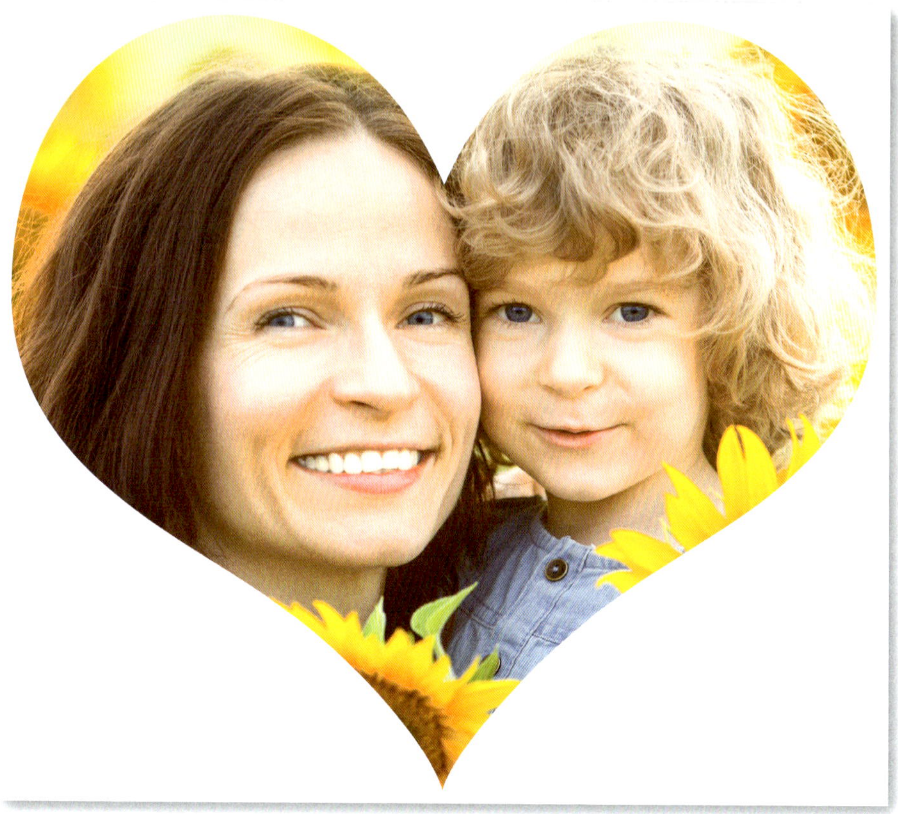

3.13 Wende verschiedene Filter auf Deine Fotos an

In Adobe Photoshop Elements gibt es den Menüpunkt **Filter**. Dahinter verbergen sich ganz spezielle Funktionen, die ein Foto weiter verbessern, es mit bestimmten Effekten umgestalten, es aber auch regelrecht verunstalten können.

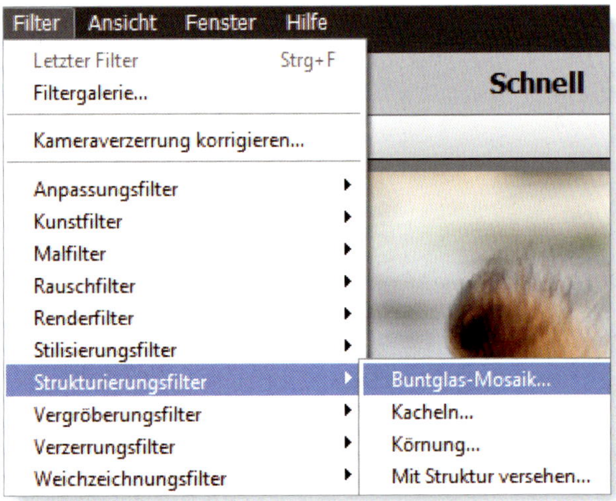

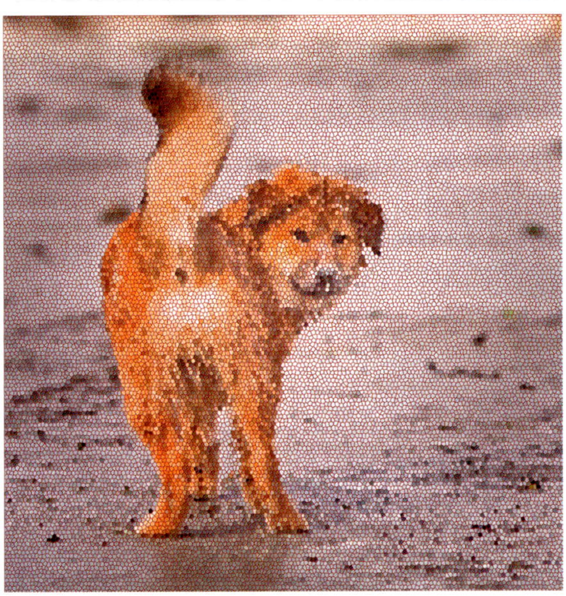

Schritt 1

Lade das Bild, das Du verändern willst, in den Fotoeditor. Ich lade hier das Bild vom Hund am Strand.

Schritt 2

Ich klicke hier auf **Filter > Strukturierungsfilter > Buntglas-Mosaik**. Nach einer kurzen Wartezeit erscheint das veränderte Foto auf dem Monitor.

Schritt 3

Wenn Dir das Foto mit dem Filtereffekt gefällt, speichere es unter einem neuen Namen ab, wie auf Seite 140 beschrieben. Überschreibe auf keinen Fall Dein Originalbild!

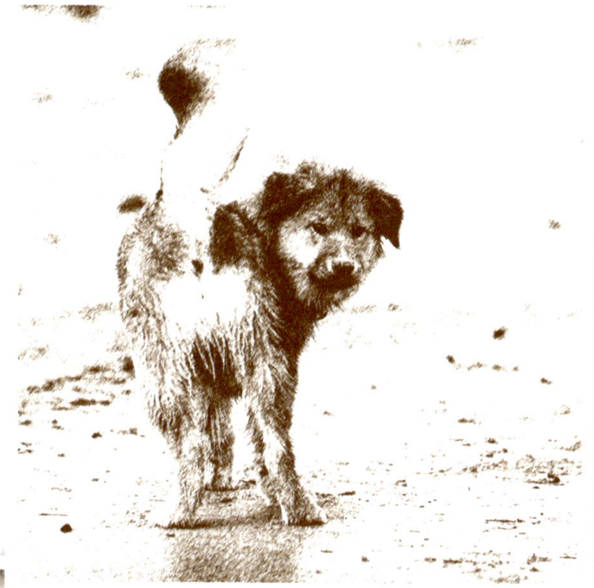

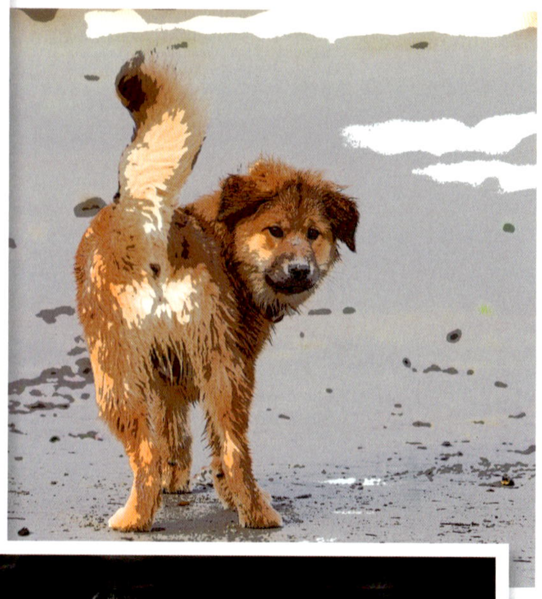

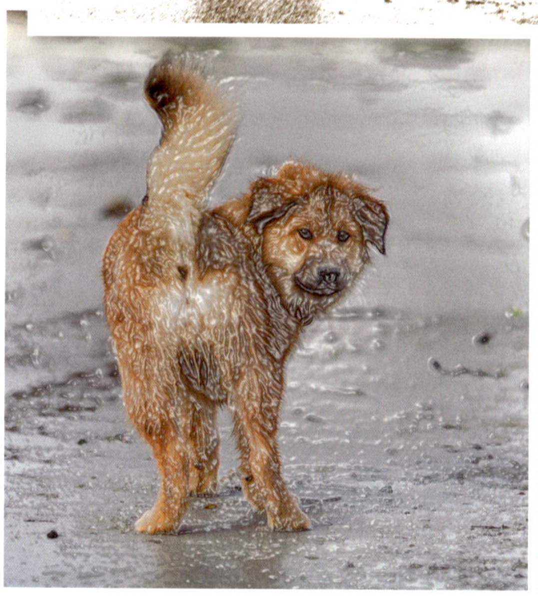

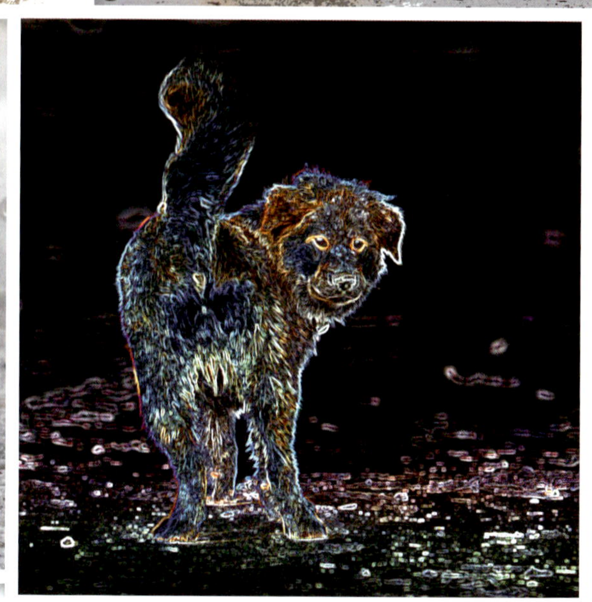

Und jetzt Du!

Wähle aus dem Bilderordner Deines Computers ein Foto aus, und lade es in den Editor. Dann wählst Du **Filter > Filtergalerie**, klickst auf die einzelnen Filter und staunst, was die aus Deinem Foto machen. Da wirst Du bestimmt Ergebnisse erzielen, die Dir gar nicht gefallen, aber mit Sicherheit werden auch einige originelle Bilder dabei sein.

3.14 Zeige Deine Bilder Deinen Freunden bei Facebook

Viele Fotografen nutzen soziale Netzwerke wie Facebook, um ihren Freunden schnell die eigenen Fotos zu zeigen und sich darüber zu unterhalten. Möchtest Du das auch tun, dann lass Dir von einem erwachsenen Nutzer, dem Du vertraust, genau zeigen, wie Du vorgehen musst, damit Du bei Facebook nur Freude und niemals Sorgen hast. So schön die sozialen Netzwerke auch sind, achte immer darauf, dass Du dort wirklich nur Fotos zeigst, mit denen alle abgebildeten Personen einverstanden sind. Denn bedenke, dass Fotos und Texte, die Du dort eingibst, möglicherweise um die ganze Welt gehen können.

Schritt 1

Öffne den Organizer von Photoshop Elements, und markiere mit der Maus die Fotos, die Du bei Facebook veröffentlichen möchtest. Nebeneinanderliegende Bilder markierst Du einfach, indem Du beim Klicken die Taste ⇧ gedrückt hältst. Sind die Bilder verstreut, musst Du beim Klicken statt der Taste ⇧ die Taste Strg gedrückt halten.

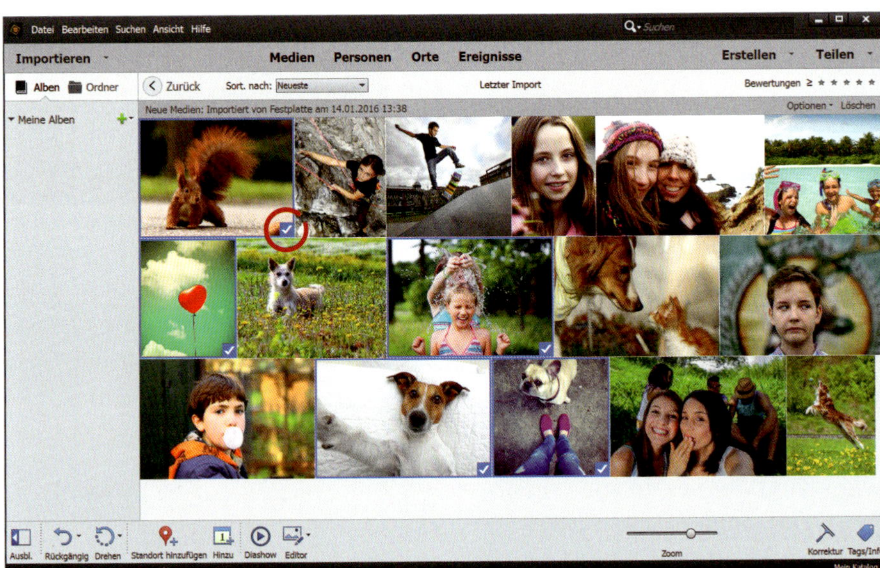

Schritt 2

Wenn Du mit Deiner Auswahl fertig bist, klicke oben rechts auf **Teilen > Facebook**.

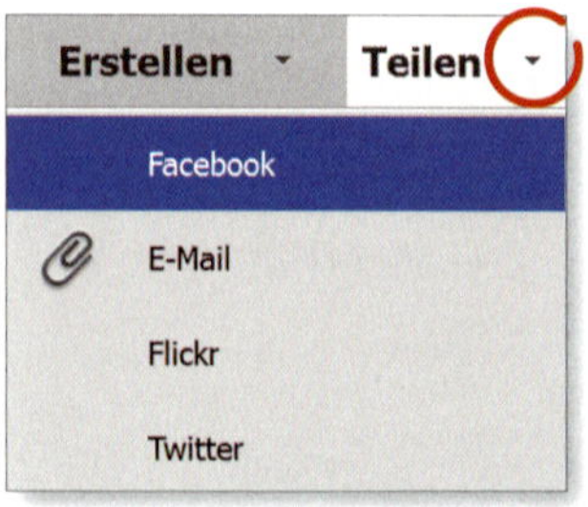

Schritt 3

Nun musst Du Photoshop Elements die Erlaubnis geben, mit Facebook Kontakt aufzunehmen, um Deine Fotos dorthin zu übernehmen. Das nennt Elements *autorisieren*. Überlege genau, ob Du Photoshop Elements erlauben willst, Deine Freundesliste von Facebook herunterzuladen! Dies ist voreingestellt, aber Du kannst das Häkchen auch wieder entfernen. Wenn Du es erlaubst, versucht Elements, Deine Freunde auf Deinen Fotos direkt zu erkennen. Klicke dann auf **Autorisieren**.

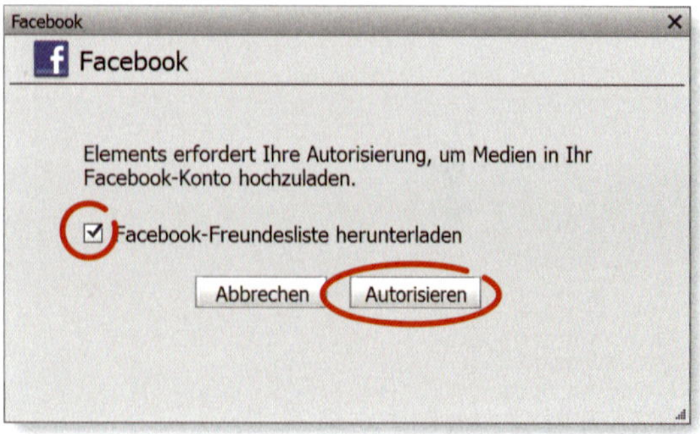

Schritt 4

Nun wirst Du automatisch zur Anmeldeseite von Facebook in Deinem Internetbrowser weitergeleitet, wo Du dich mit Deiner E-Mail-Adresse und Deinem Passwort anmelden solltest. Dann erscheint ein Hinweis darauf, welche Informationen Photoshop Elements von Dir bekommt. Der Hinweis »Freundesliste« erscheint übrigens immer, auch wenn Du das Häkchen in Schritt 3 entfernt hast! Wenn Du die Einstellungen noch einmal prüfen oder auch ändern möchtest, klicke auf den Link **Von dir angegebene Infos bearbeiten**. Beim Prüfen und Ändern der Einstellungen kann eventuell auch die Hilfe eines Erwachsenen nützlich sein. Bestätige mit **OK**.

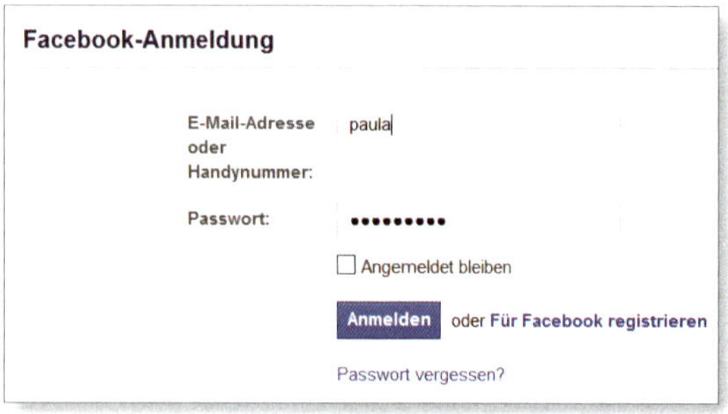

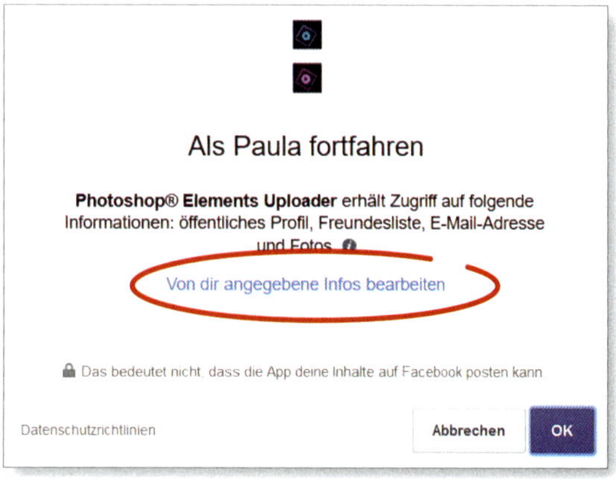

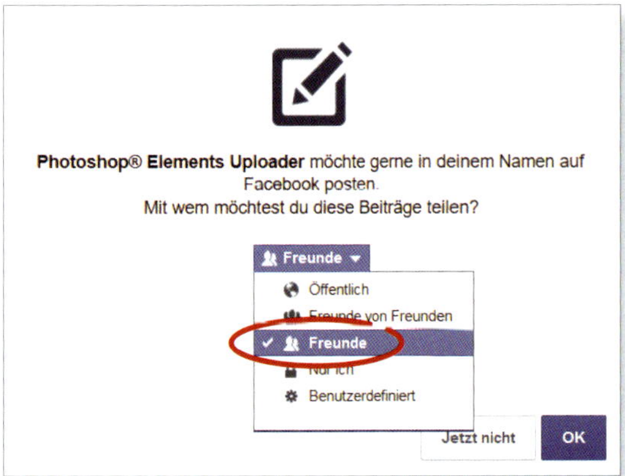

Schritt 5

Dieser Schritt ist nun besonders wichtig, denn hier bestimmst Du, wer Deine Fotos sehen soll. Wähle aus der Liste aus, mit wem Du deine Bilder teilen möchtest, und klicke auf **OK**. Die Voreinstellung **Freunde** ist schon ganz in Ordnung. Im Internetbrowser bekommst Du dann eine Erfolgsmeldung zu sehen.

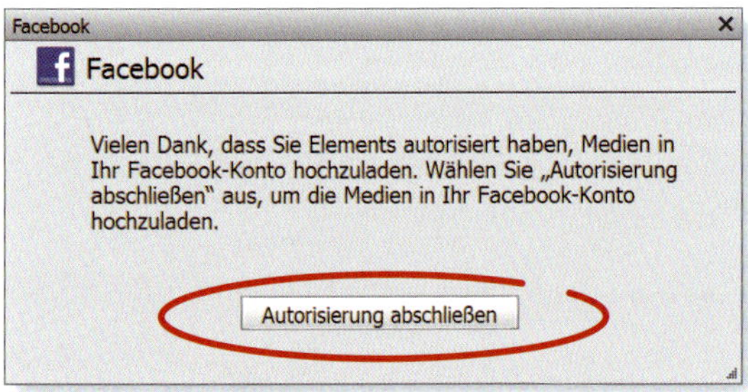

Schritt 6

Nun musst Du zum Organizer von Photoshop Elements zurückkehren. Das **Facebook**-Fenster ist dort immer noch offen, und Du musst nun noch die **Autorisierung abschließen**, damit Deine ausgewählten Bilder auf Facebook hochgeladen werden können.

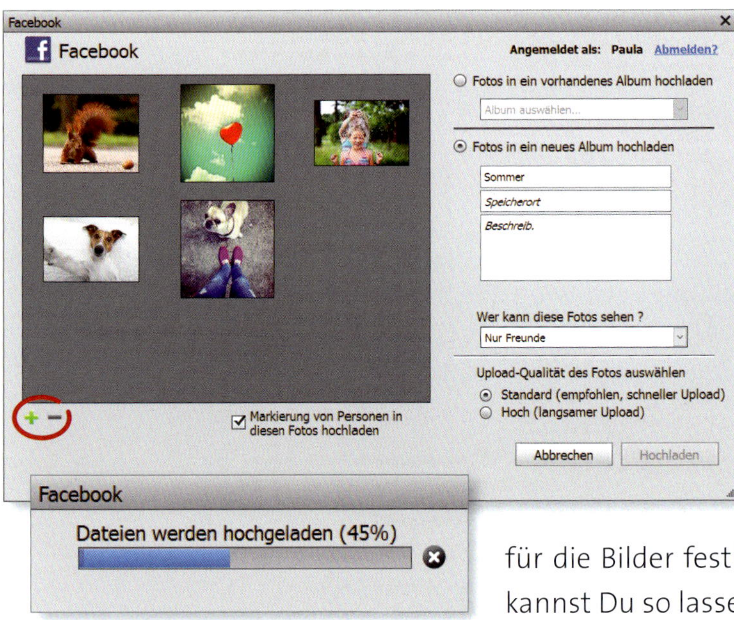

Schritt 7

Im nächsten Fenster kannst Du noch weitere Bilder hinzufügen, indem Du auf das grüne Plus-Zeichen klickst. Und mit dem Minus-Zeichen entfernst Du Bilder wieder aus der Liste. Du kannst in diesem Fenster auch noch einmal kontrollieren, wer Deine Bilder sehen soll, und ein Album (also eine Fotosammlung) auf Facebook für die Bilder festlegen. Die anderen Einstellungen kannst Du so lassen. Klicke dann auf **Hochladen**.

Schritt 8

Durch die Autorisierung von Photoshop Elements kannst Du in Zukunft einfach im Organizer Bilder auswählen, und ein Klick auf **Teilen > Facebook** bringt Dich direkt in dieses Fenster. So kannst Du deine Bilder schnell und einfach auf Facebook veröffentlichen.

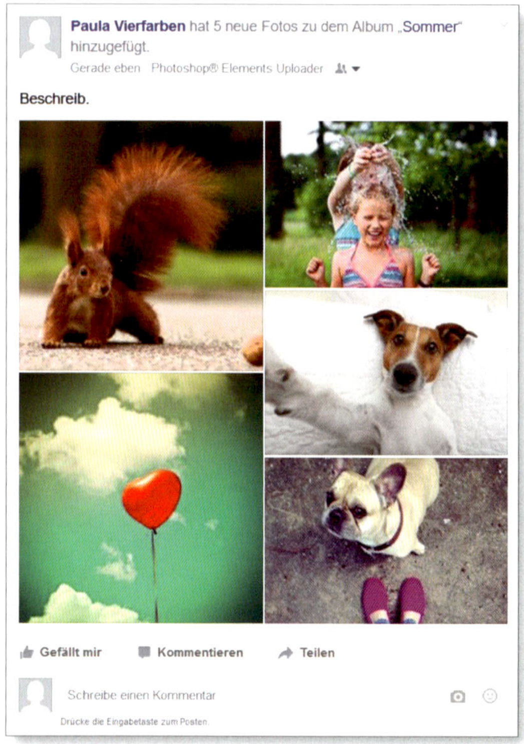

Schritt 9

Da Du gerade bei Fotos mit Personen bei der Veröffentlichung immer vorsichtig sein solltest, überprüfe jetzt auch Deine **Privatsphäre-Einstellungen** bei Facebook. Dafür klickst Du in Deinem Facebook-Account im Internetbrowser auf das Symbol für die **Privatsphäre-Verknüpfungen**. Die Einstellungen hier solltest Du von Zeit zu Zeit überprüfen. Am besten orientierst Du dich an den dort gestellten Fragen und triffst dann Deine Entscheidungen. Lass Dich dabei vielleicht auch von einem Erwachsenen beraten.

Wenn Du auf **Weitere Einstellungen anzeigen** klickst, bekommst Du noch viel mehr und noch viel detailliertere Einstellungsmöglichkeiten zu Gesicht, die Du dir in Ruhe anschauen solltest. Sollte Dir zum Beispiel doch einmal ein Fehler beim Veröffentlichen unterlaufen sein, dann kannst Du hier **Vergangene Beiträge einschränken**. Dies macht das Malheur zumindest theoretisch wieder gut. Da Du aber nie ganz sicher sein kannst, ob Deine Beiträge schon wieder weiterverteilt wurden, handle am besten von Anfang an nach dem Grundsatz: Geschrieben ist geschrieben, und gezeigt ist gezeigt!

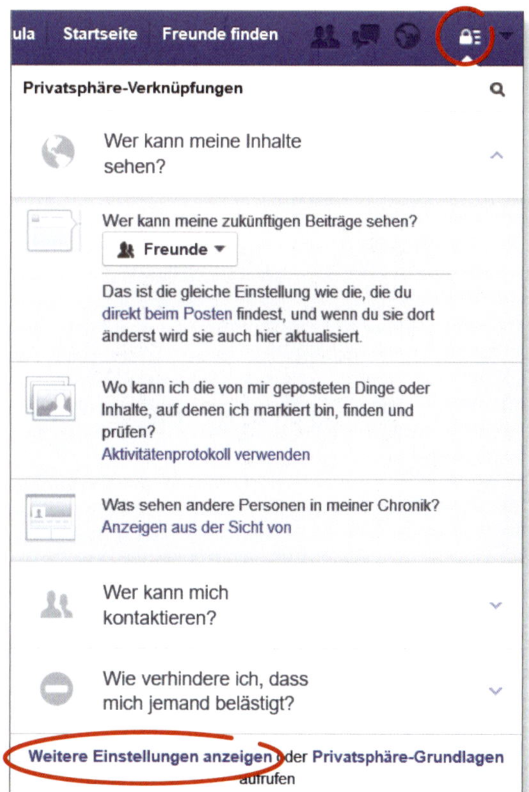

Das kleine Fotoprojekt

Es macht Spaß, Menschen zu fotografieren, wenn sie Grimassen schneiden, und viele sind bestimmt auch gerne dabei. Ganz anders können die Modelle aber reagieren, wenn sie die Bilder sehen oder erfahren, dass andere Personen diese gesehen haben. Du solltest mit solchen Bildern also immer sehr vorsichtig umgehen. Zeige sie zunächst nur den Fotografierten und auf keinen Fall ohne Zustimmung anderen Menschen. Das ist besonders wichtig, wenn Du die Bilder im Internet zeigen willst. Denn Du würdest auch nicht wollen, dass man Dich ohne Dein Einverständnis »ausstellt«.

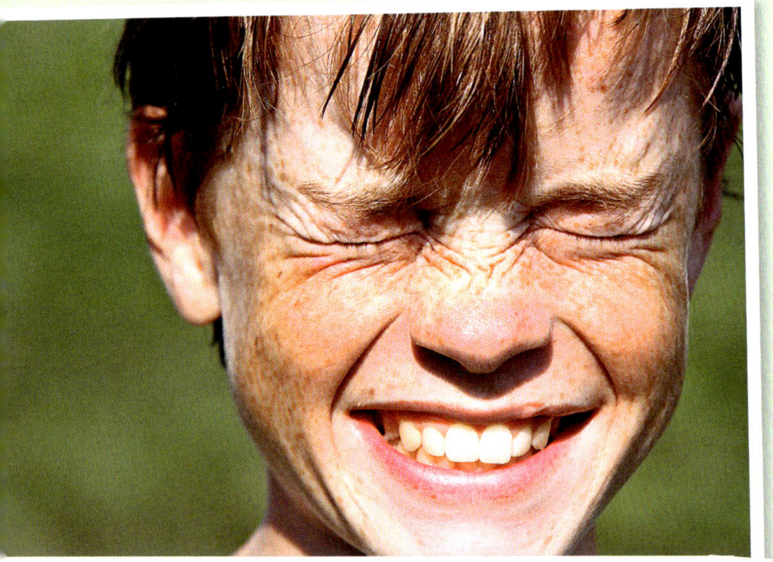

Fotografiere Deine Freunde, wenn ihre Gesichter »sprechen«. Dein Freund staunt, er ist erschrocken, er freut sich, er ist traurig, er ist ganz aufmerksam, er langweilt sich usw. So entsteht von einer Person eine ganze Fotoserie. Kannst Du mehrere Freunde überzeugen, entsteht vielleicht sogar ein kleiner Wettbewerb um den besten Gesichtsakrobaten!

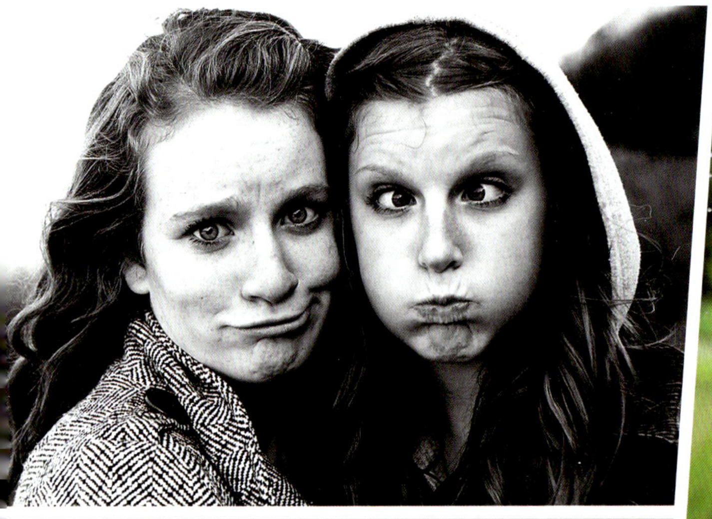

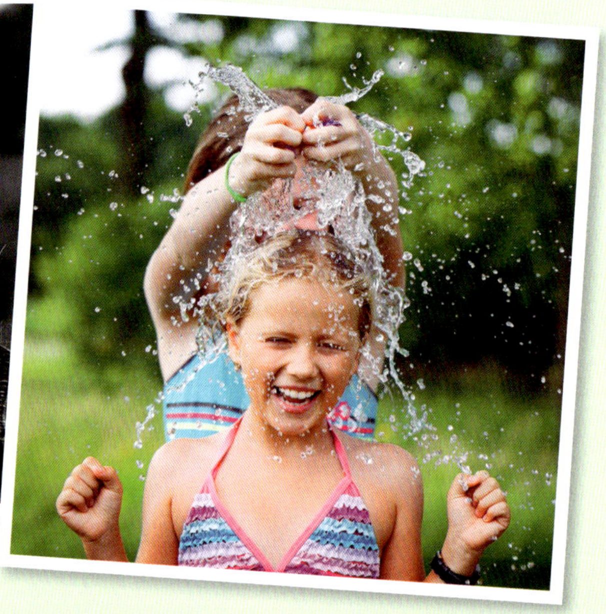

3.15 Fotos mit dem Smartphone bearbeiten und verschönern

Nun habe ich Dir bis hierher im Buch allerlei Möglichkeiten gezeigt, um Deine Fotos in der Bildbearbeitung am Computer zu verbessern. Und einige Effekte hast Du auch schon kennengelernt. Du weißt aber sicherlich, dass sich auch Bilder, die Du mit Deinem Smartphone gemacht hast, nachbearbeiten lassen. Dazu kannst Du natürlich die Bilder vom Smartphone auf den Computer kopieren. Wie das geht, steht in der Bedienungsanleitung zu Deinem Smartphone, oder lass Dir von einem Erwachsenen helfen. Die Qualität dieser Bilder kann niemals so gut sein, wie die der Bilder, die Du mit Deiner Digitalkamera gemacht hast. Es ist also möglich, dass Du deine mit dem Smartphone gemachten Bilder nicht ganz so schön nachbearbeiten kannst, wie Deine Digitalkamerafotos.

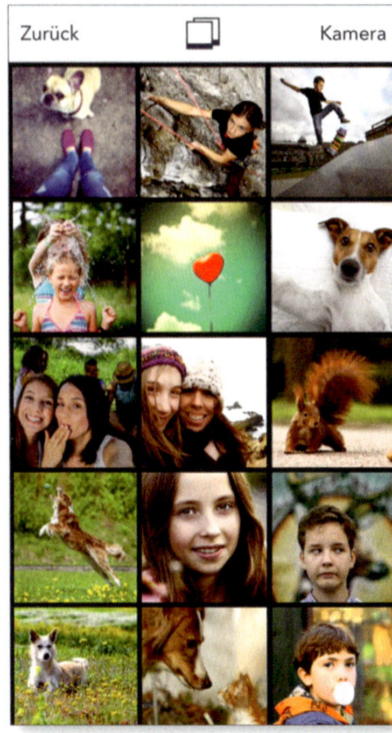

^ *Bilder in der Foto-App »BeFunky«*

Dafür aber kann Dein Smartphone etwas, was die allermeisten Digitalkameras (noch) nicht können: Es gibt allerlei kleine Zusatzprogramme, sogenannte *Apps*, mit denen Du deine Bilder direkt auf dem Smartphone bearbeiten und mit lustigen Effekten versehen kannst. Die Bilder kannst Du dann oft auch gleich per E-Mail oder Nachrichtendienst verschicken oder auf Facebook, Instagram & Co. posten. Ein paar Apps will ich Dir hier vorstellen, und falls Du eine davon auf Deinem Smartphone installieren möchtest, so nutze dafür am besten die kleinen schwarzweißen Bilder (die sogenannten *Bee Tags*), die bei jeder App dabeistehen. Wenn Du das Bee Tag mit Deinem Smartphone fotografierst, ruft es direkt die Internetseite auf, die im Bee Tag verschlüsselt ist. Es gibt jeweils zwei Bee Tags, eines für Apple-Smartphones (**iPhone**) und eines für **Android**-Smartphones.

< *Dieses Bee Tag hier führt zur Webseite des Buches, das Du gerade in den Händen hältst, beim Verlag Vierfarben.*

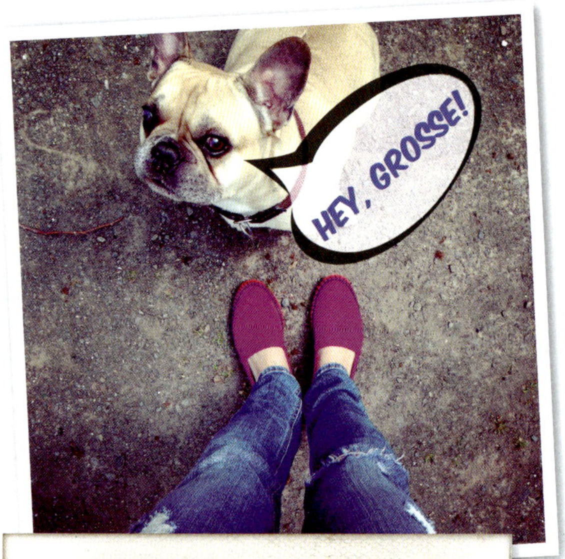

Fotos einfach nur ein bisschen nachzubearbeiten, also die Helligkeit, den Kontrast und die Farben anzupassen, kann meistens schon die Foto-App, die sowieso schon auf Deinem Smartphone installiert ist, wenn Du es kaufst. Wenn Du nicht mehr machen möchtest, dann rate ich Dir, die Bilder lieber auf den Computer zu übertragen, denn auf die Dauer lässt es sich mit dem doch recht kleinen Monitor des Smartphones nicht so gut arbeiten wie am Computer.

Die Foto-Apps aber sind auch eher dazu da, um mit Deinen Fotos Spaß zu haben! Du kannst Deine Bilder nicht nur mit ganz vielen Filtern verfremden, es ist mit den Apps auch ganz leicht, Text in Deine Bilder zu schreiben oder sie mit kleinen Zeichnungen, Mustern und Rahmen zu verzieren. Deine Bilder werden dann vielleicht sogar zu kleinen Botschaften, vor allem, wenn Du sie an einen Freund schickst oder in einem sozialen Netzwerk teilst. Übrigens kann sich so manche ganz moderne Kamera auch drahtlos mit Deinem Smartphone

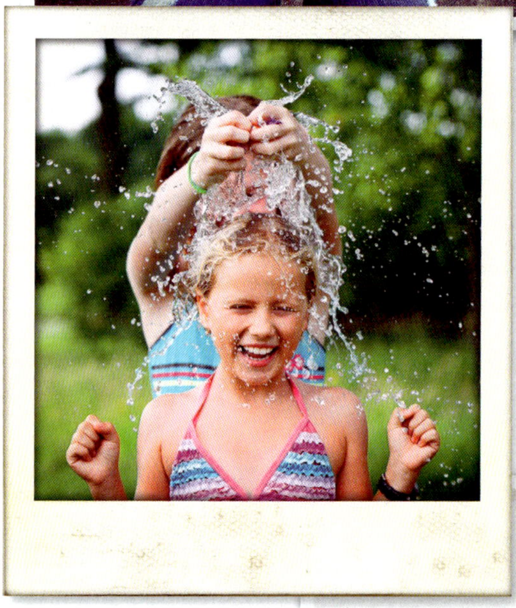

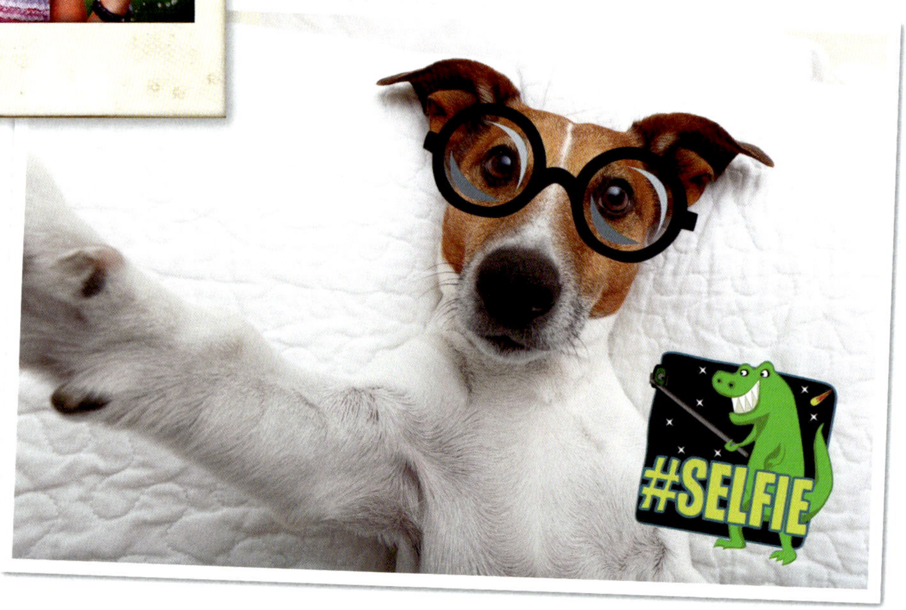

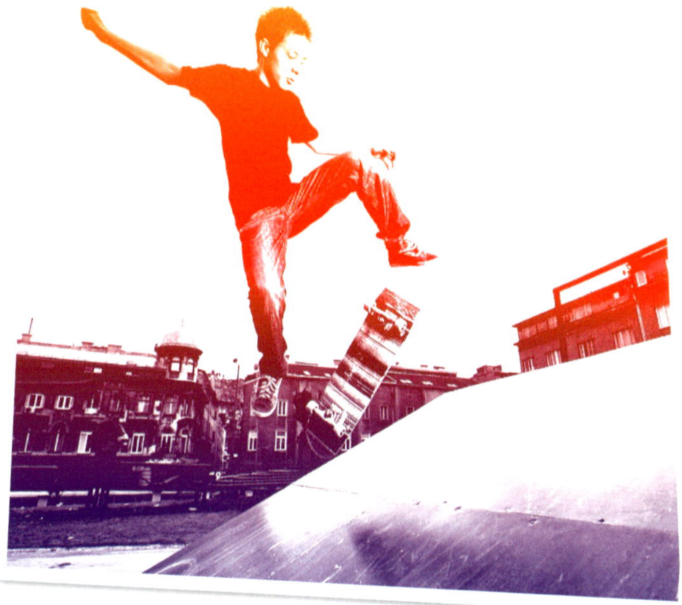

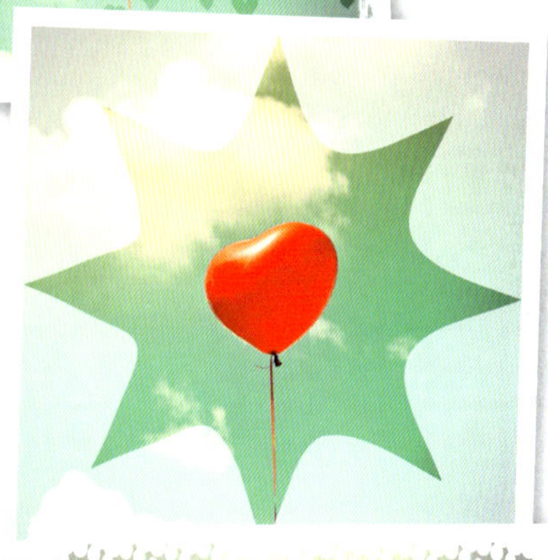

verbinden, so dass Du sogar Bilder aus Deiner Digitalkamera mit einer Foto-App bearbeiten und dann gleich verschicken kannst. Ob Du ein solches Modell besitzt, verrät Dir die Bedienungsanleitung Deiner Kamera.

Die Bilder auf diesen Seiten habe ich alle mit der Foto-App »BeFunky« erstellt. Diese bietet schon so viele Funktionen, dass Du dich damit lange beschäftigen kannst. Aber jede Foto-App kann auch etwas ganz Spezielles, was eine andere vielleicht nicht oder nicht so gut kann. Du wirst also am Ende vielleicht sogar drei oder vier verschiedene Foto-Apps auf Deinem Smartphone installiert haben.

BeFunky iPhone

BeFunky Android

Photo Grid iPhone

Photo Grid Android

Wenn Du gerne Collagen bastelst, also viele Fotos auf einmal in ein einziges großes Foto verwandeln möchtest, dann schau Dir einmal die App »Photo Grid« an. Die hat besonders viele Möglichkeiten, um tolle Collagen zu erstellen.

Split Pic iPhone

Split Pic Android

»Split Pic Collage« ist eine Foto-App, mit der Du einzelne Bilder zusammenfügen kannst, so dass sie aussehen, wie ein einziges Foto. Auf diese Weise kannst Du zum Beispiel mehrere Selfies in ein Bild packen, so dass Du mehrmals in einem Bild auftauchst.

Animal Face iPhone

Animal Face Android

Kennst Du die Lieblingstiere Deiner Freunde und Geschwister? Mit der App »Animal Face« kannst Du nun Freunden und natürlich auch Dir selbst Tierköpfe aufsetzen. Zeige allen, wie sie selbst als ihr Lieblingstier aussehen würden.

Comicize Android

Verwandle Deine Fotos in kleine Bildergeschichten mit Sprechblasen, so dass sie wie ein Comic aussehen. Dafür kannst Du die Foto-App »Comicize« verwenden, die es aber leider nur für Android-Smartphones gibt.

3.16 Und jetzt Du!

Du bist nun am Ende dieses Buches angelangt und hast jetzt das ganze Rüstzeug zum waschechten jungen Fotografen. Nimm Deine Kamera möglichst oft mit, und mach so viele Fotos, wie es nur geht. Und wenn Dir mal nichts einfallen sollte, dann nimm Dir doch eines der vielen Fotoprojekte aus diesem Buch vor. Wichtig ist nur, dass Du nicht aufhörst mit dem Fotografieren, auch wenn Deine Bilder vielleicht nicht immer so werden, wie Du dir das vorgestellt hattest. Falls das passiert, dann schau noch einmal in dieses Buch, und überlege, was Du beim nächsten Mal anders machen könntest.

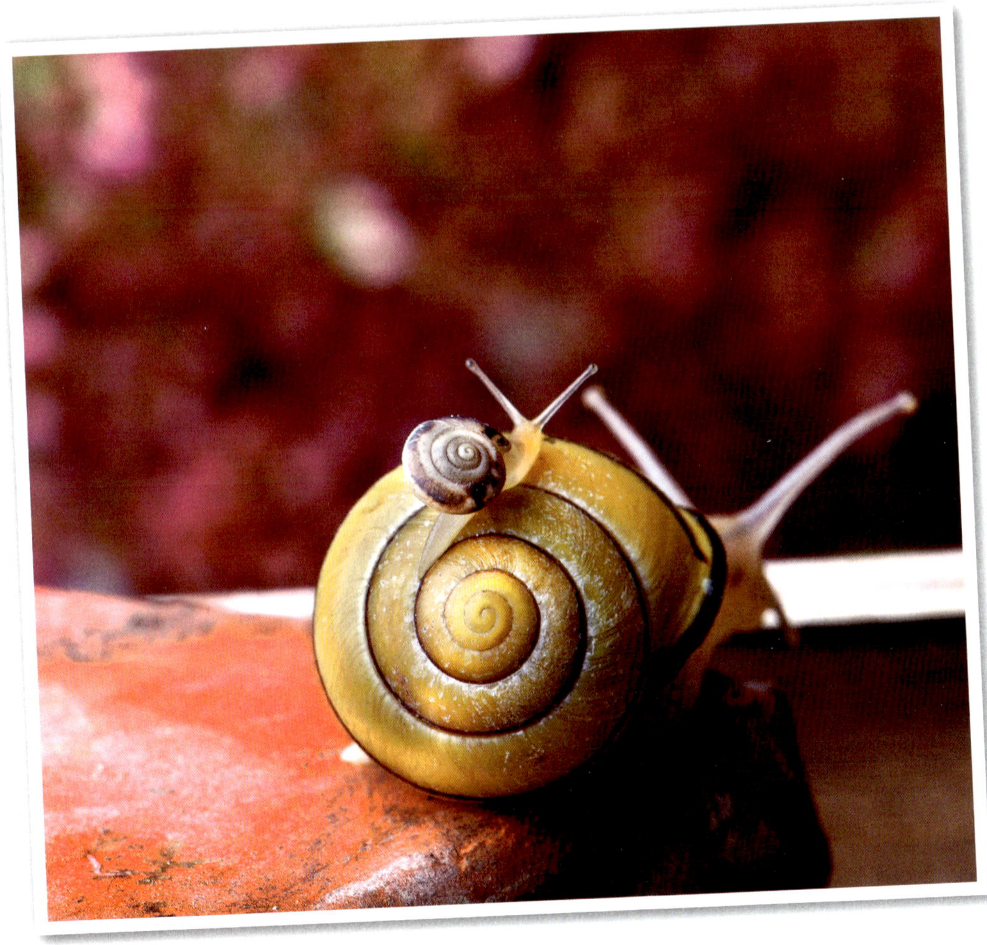

< *Jeder hat mal klein angefangen, und auch wer langsam geht, kommt ans Ziel. Höre nur nie damit auf, zu fotografieren!*

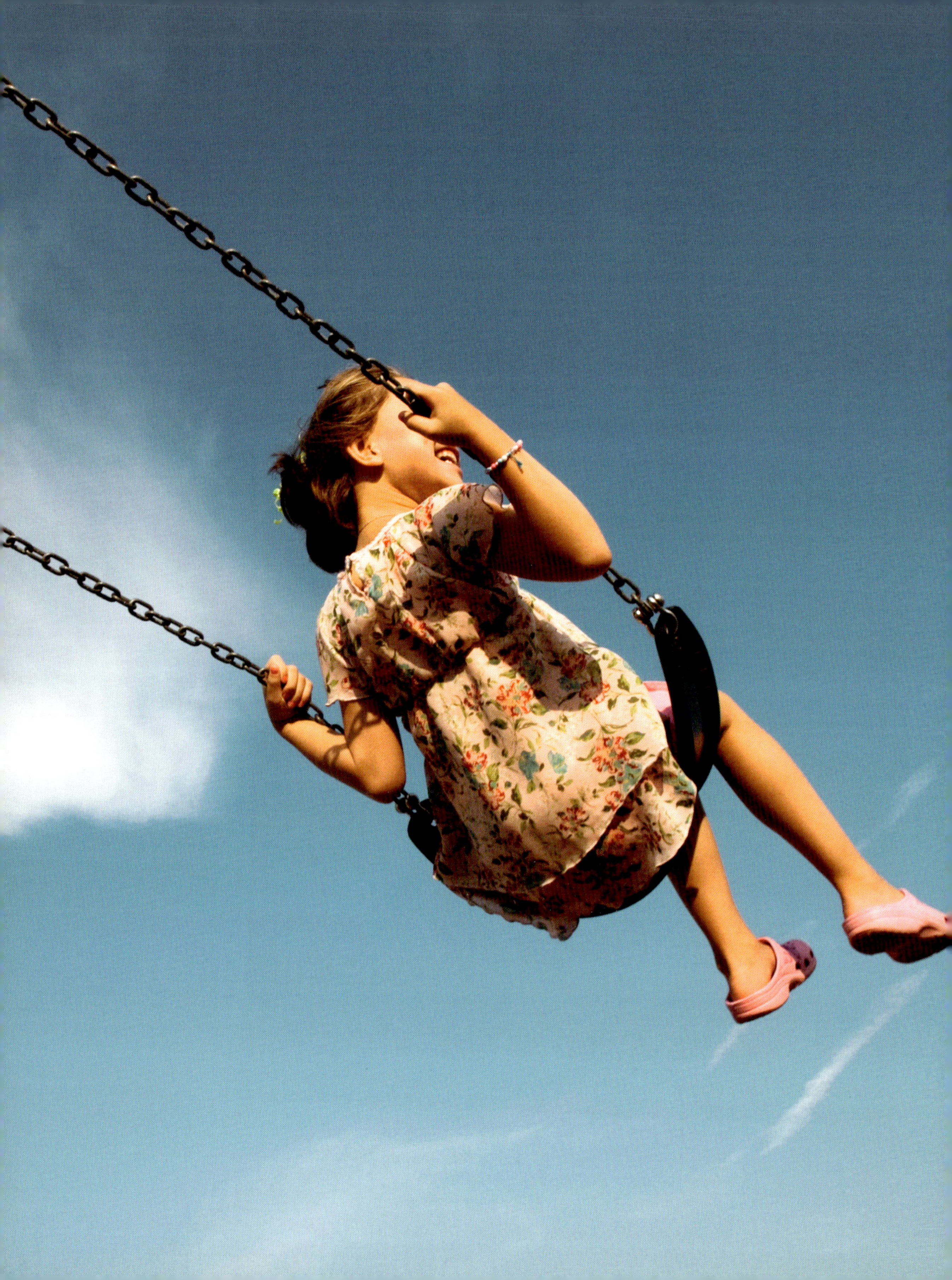

Anhang

Schwierige Fotobegriffe einfach erklärt

Abdunkeln

Die → Lichter eines Bildes werden im → Bildbearbeitungsprogramm dunkler gemacht. Dadurch werden in diesen Bildbereichen oft weitere Einzelheiten erkennbar.

Akku

Der Akku ist ein Gerät, das elektrischen Strom aufnehmen, speichern und wieder abgeben kann. Sorge dafür, dass der Akku Deiner Kamera immer aufgeladen ist.

Akkuladegerät

Ein Akkuladegerät verbindet den → Akku mit der Steckdose. Durch den elektrischen Strom aus der Steckdose läuft im Akku eine chemische Reaktion ab, bei der der elektrische Strom gespeichert wird.

Aufhellen

Die → Tiefen des Bildes werden im → Bildbearbeitungsprogramm heller gemacht, so dass in den Tiefen mehr Bilddetails zum Vorschein kommen.

Augenperspektive

In der Augenperspektive stehst Du aufrecht und hältst die Kamera an oder vor das Auge. Du fotografierst dann aus Deiner Augenhöhe.

Auslöser

Durch den Druck auf den Auslöser wird der → Verschluss in der Kamera geöffnet und wieder geschlossen. In dieser Zeit kann Licht auf den → Bildsensor der Kamera fallen.

Autofokus

Durch den Autofokus wird das Linsensystem im → Objektiv über einen Motor automatisch so angeordnet, dass ein scharfes Bild entsteht.

Automatikfunktion

Ist bei Deiner Digitalkamera die Automatikfunktion gewählt, musst Du nur den Auslöser betätigen. Alle anderen Kameraeinstellungen erledigt ein Programm in der Kamera.

Bauchperspektive

In der Bauchperspektive stehst Du aufrecht und hältst die Kamera vor Deinen Bauch, oder Du hältst die Kamera vor das Auge und kniest auf dem Erdboden.

Belichtungszeit

Das ist die Zeit, in der der → Verschluss offen ist und Licht auf den → Bildsensor fällt.

Bildausschnitt

Beim Fotografieren eines → Motivs nimmst Du meistens auch noch andere Objekte um das Motiv herum auf. Das Motiv und die Objekte darum bilden den Bildausschnitt. Er kann durch den → Zoom, aber auch durch Deinen Standort festgelegt werden. Der Bildausschnitt entscheidet immer mit über die → Bildqualität.

Bildbearbeitungsprogramm

Das Bildbearbeitungsprogramm ist ein Computerprogramm, mit dem Fotos verändert werden können, zum Beispiel Photoshop Elements oder Gimp. Hier lassen sich gute digitale Fotos zu sehr guten Fotos verbessern. Mit einem Bildbearbeitungsprogramm können Digitalfotos auch entstellt und verfälscht werden.

Bildqualität

Ein Bild mit hoher Qualität hat klare kräftige Farben. Die Einzelheiten des Motivs sind deutlich zu erkennen, das Bild ist scharf. Der Bildausschnitt ist optimal.

Bildsensor

Der Bildsensor ist der lichtempfindliche Teil Deiner → Digitalkamera. Hier werden Licht und Farben so umgewandelt, dass die digitalen Bilder von der → Speicherkarte aufgenommen werden können.

Bildverwaltungsprogramm

Im Bildverwaltungsprogramm werden die Fotos geordnet, und jedes Foto wird so gekennzeichnet, dass es schnell wieder aufgefunden werden kann. Solche Kennzeichen heißen Stichwörter (Tags).

Blende

Die Blende besteht aus mehreren dünnen Metallblechen, die sich so übereinanderschieben, dass in der Mitte eine Öffnung bleibt. Die Blendenöffnung kann unterschiedlich groß eingestellt werden und wird durch eine Zahl gekennzeichnet. Eine kleine Blendenzahl bedeutet eine große Blendenöffnung, eine große Blendenzahl eine kleine Blendenöffnung. Die Blende bestimmt die → Schärfentiefe.

Blendenvorwahl/Blendenpriorität

Ein halbautomatisches Programm der Kamera: Du bestimmst hier über die Einstellung der → Blende, alle übrigen Einstellungen übernimmt die Kamera.

Blitzlicht

Die meisten Kameras haben ein eingebautes Blitzlicht. Dieses kann für eine sehr kurze Zeitspanne ein sehr helles Licht erzeugen – wie ein Blitz bei einem Gewitter.

Bohnensack

Ein mit getrockneten Bohnen, Erbsen oder Ähnlichem gefülltes Säckchen. Auf dem Bohnensack kannst Du die Kamera so ablegen, dass sie vom Untergrund (Steine, Baumäste) nicht beschädigt oder verschmutzt wird. Der Bohnensack kann Unebenheiten des Untergrunds ausgleichen und auch ein → Stativ ersetzen.

Brennweite

Die Brennweite eines → Objektivs bestimmt darüber, ob ein → Fotoobjekt im → Sucher groß oder klein erscheint. Bei vielen Kameras lässt sich die Brennweite einfach mit dem → Zoom verändern.

Diapositiv

Vor der digitalen Fotografie entstand das Foto auf einem Filmstreifen, der in einem Fotolabor mit verschiedenen Chemikalien entwickelt werden musste. Auf einem Kleinbildfilm entstand ein Negativ, von dem in einem weiteren Entwicklungsvorgang das Positiv, das eigentliche Bild, entstand. Wurde ein Diafilm verwendet, entstand in der Entwicklung auf dem Film sofort das fertige Bild (das Positiv). Um Diapositive groß an der Wand zu betrachten, benötigt man einen Diaprojektor.

Diashow (Fotoshow)

Früher zeigte man seine → Diapositive als sogenannte Diashow mit Hilfe eines Diaprojektors. Für digitale Fotos benötigt man dafür ein Computerprogramm, das mehrere Fotos selbstständig nacheinander anzeigt. Für die Vorführung der digitalen Fotos gibt es viele Gestaltungsmöglichkeiten.

Digitalkamera

Die Digitalkamera ist ein Fotoapparat ohne Film. Sie enthält dafür einen → Bildsensor und eine → Speicherkarte. Die Fotos können nur von einem entsprechenden Computerprogramm angezeigt und weiterverarbeitet werden.

Drittelregel

Bilder, die nach der Drittelregel gestaltet sind, wirken auf den Betrachter interessanter. Dabei wird der Bildausschnitt in der Höhe und der Breite gedanklich in drei Teile geteilt. Das Hauptmotiv sollte dann auf einem der Kreuzungspunkte der Linien platziert sein. Bilder, bei denen sich das Hauptmotiv in der Mitte des Bildausschnitts befindet, wirken oft – aber nicht immer – langweilig.

Fotoobjekt

Das, worauf sich das Interesse des Fotografen richtet, ist ein Fotoobjekt. Ist es in einem bestimmten Bildausschnitt platziert, wird es zum → Motiv.

Freistellen

Während der Aufnahme kann nicht immer der beste → Bildausschnitt gewählt werden. Im → Bildbearbeitungsprogramm lassen sich überflüssige Teile des Bildes abschneiden, das Motiv wird freigestellt.

Frontallicht

Licht, das aus Deiner Blickrichtung kommt, Dir also auf den Rücken scheint, trifft das Motiv von vorn (frontal). Frontallicht kann beim Fotografieren schwierig sein, wenn fotografierte Personen in die Sonne blinzeln müssen. Es ist das Gegenteil vom → Gegenlicht.

Froschperspektive

In der Froschperspektive befindet sich die Kamera auf dem Erdboden, und Du fotografierst direkt von unten.

Gegenlicht

Das Gegenlicht strahlt Dir ins Gesicht und leuchtet direkt in die Kamera. Gegen das Licht zu fotografieren, kann schwierig sein, weil Motivteile im Vordergrund zu schwarzen → Silhouetten werden. Es ist das Gegenteil des → Frontallichts.

Grautöne

Zwischen reinem Weiß und reinem Schwarz gibt es viele Abstufungen von Grau. Diese werden als Grautöne bezeichnet. Jede Farbe kann in einen Grauton umgewandelt werden.

ISO-Wert

Die Empfindlichkeit des → Bildsensors für das Licht wird mit einem Zahlenwert angegeben, dem ISO-Wert. Je größer diese Zahl ist, desto empfindlicher ist der Bildsensor für das Licht, desto weniger Licht braucht er also, um noch eine scharfe Aufnahme machen zu können. Allerdings kann ein hoher ISO-Wert die Qualität einer Aufnahme durch das → Rauschen negativ beeinflussen.

Kontrast

Der Kontrast gibt an, wie groß der Helligkeitsunterschied zwischen zwei benachbarten Flächen ist.

Kreuzschalter

Der Kreuzschalter ist ein Bedienelement einer Digitalkamera, mit dem Du viele Kamerafunktionen steuern kannst. Die »Schalter« liegen dabei auf einer kreisrunden Scheibe oben, unten, rechts und links.

Kugelkopf

Ein Kugelkopf verbindet eine Kamera mit einem → Stativ. Mit dem Kugelkopf lässt sich eine Digitalkamera auf dem Stativ in viele verschiedene Positionen bringen.

Lichter

Die hellen Stellen eines Bildes werden als Lichter bezeichnet. Das sind nicht immer nur die weißen, sondern in aller Regel auch graue Teile eines Fotos.

manuell
Einstellungen an einer Kamera, die nicht von der Kameraautomatik, sondern von Hand vorgenommen werden, bezeichnet man als manuelle Einstellungen.

Menü
Das Menü ist eine Liste von Einstellungsmöglichkeiten. Daraus kannst Du Befehle auswählen, die in der → Digitalkamera ein festgelegtes Programm automatisch ablaufen lassen. Auch → Bildbearbeitungsprogramme haben Menüs.

Messfeld/Messfelder
Damit die Kameraautomatik die richtigen Einstellungen für eine Aufnahme vornehmen kann, benötigt sie Informationen über das → Motiv, zum Beispiel zur Entfernung, zum → Kontrast oder zur Umgebungshelligkeit. Diese Informationen erhält sie über die Messfelder.

Mitteltöne
Alle Abstufungen, die zwischen → Lichtern und → Tiefen möglich sind, bezeichnet man als Mitteltöne. Diese entscheiden nicht selten über die → Bildqualität.

Monitor
Der Monitor ist der Bildschirm der → Digitalkamera. Auf ihm können die gewählten Einstellungen der Kamera und auch der → Bildausschnitt angezeigt werden. Auch Angaben über die Bildeigenschaften kannst Du hier ablesen.

Motiv
Der Teil des → Bildausschnitts, der für die Wirkung des Bildes besonders wichtig ist, wird als Motiv bezeichnet.

Motivprogramme

Jedes Motiv verlangt besondere Einstellungen, die zu einem Motivprogramm zusammengefasst sind und bei der Auswahl eines solchen Programms automatisch ablaufen, zum Beispiel für das Aufnehmen von Porträts . Manchmal bezeichnet man ein Motivprogramm auch als Aufnahmemodus. Die Auswahl eines Aufnahmemodus erspart eine Vielzahl von Einstellungen an der Kamera.

Objektiv

Im Objektiv befinden sich die Linsen, die für eine scharfe Abbildung des → Motivs sorgen. Das Objektiv kann fest mit der Kamera verbunden sein, oder es lässt sich abnehmen und durch ein anderes Objektiv ersetzen.

Rauschen

Bei hohen → ISO-Werten und wenig Licht können in den Bildern farbige Körnchen auftauchen, die das Bild stören und weniger scharf aussehen lassen. Dies ist ein nicht zu vermeidender Effekt in der digitalen Fotografie.

Reflektor (Aufheller)

Während der Aufnahme kannst Du eine Metallfläche oder Stofffläche so halten, dass Teile des Bildes, die im Schatten liegen, mehr Licht erhalten. Die Flächen reflektieren das Licht.

Retusche

Durch die Retusche (Nachbesserung) kannst Du nicht vollständig gelungene, aber gute Teile des Bildes weiter verbessern.

scharf

Als scharf wird ein Bild bezeichnet, auf dem die wesentlichen Teile deutlich zu erkennen sind.

Schärfentiefe

Sind alle Teile eines Bildes von vorn bis hinten scharf abgebildet, dann spricht man von einer großen Schärfentiefe. Bei einer entsprechenden Einstellung können aber auch nur ausgewählte Teile des Bildes scharf erscheinen, dann ist die Schärfentiefe gering. Die Schärfentiefe ist eines der wirksamsten Mittel zur Bildgestaltung und hängt wesentlich von der Einstellung der → Blende ab.

Seitenlicht

Als Seitenlicht bezeichnet man Licht, das von der Seite auf das Motiv strahlt. Es sorgt für → Lichter, → Tiefen und → Mitteltöne im Bild und führt deshalb oft zu den besten Fotos.

Selbstauslöser

Der Selbstauslöser lässt zwischen der Betätigung des → Auslösers und dem Belichten des → Bildsensors eine festgelegte Zeit vergehen.

Silhouette

Ist von einem → Motiv nur der Umriss erkennbar und die Fläche ist nahezu schwarz, so spricht man von einer Silhouette (ähnlich einem Scherenschnitt). Silhouetten entstehen rasch beim Fotografieren im → Gegenlicht.

Speicherkarte

Die Speicherkarte in der Kamera speichert die Digitalbilder, die vom → Bildsensor kommen. Vorhandene Bilder kannst Du auch löschen und damit Platz für neue schaffen.

Standort

Als Standort bezeichnet man die Stelle, von der aus ein Foto gemacht wird.

Stativ

Stative sind Gestelle, an denen eine Kamera befestigt werden kann. Durch Stative werden Verwacklungen und damit → unscharfe Bilder vermieden. Den sichersten Stand bieten Stative mit drei Beinen und einer Mittelsäule, die in der Höhe verstellbar sind, sogenannte Dreibeinstative. Stative mit nur einem Bein (Einbeinstative) werden eingesetzt, wenn sich schnell bewegende Objekte, wie etwa Sportler, Tiere, oder Fahrzeuge, fotografiert werden sollen.

Streulicht

Streulicht ist ein Licht, das durch Reflexion von Flächen von allen Seiten auf das → Motiv fällt. Streulicht ist diffus (diffus = zerstreut). Im Streulicht aufgenommene Bilder haben einen geringen → Kontrast.

Sucher

Im Sucher wird ein → Motiv anvisiert (gesucht) und der → Bildausschnitt festgelegt.

Tiefen

Tiefen sind die dunklen Bereiche eines Fotos

Tonwert

Mit dem Begriff Tonwert bezeichnet man die Verteilung der Helligkeit in einem Bild. Neben sehr dunklen und sehr hellen Bereichen gibt es in aller Regel auch Bildbereiche mit verschiedenen mittleren Helligkeitswerten.

überbelichtet

In überbelichteten Fotos sind viele Bildteile zu hell und die → Lichter nur reine weiße Flächen, in denen jede → Zeichnung fehlt.

unscharf

Bildteile, die nicht deutlich zu erkennen sind und verschwommen wirken, sind unscharf.

unterbelichtet

In unterbelichteten Fotos sind viele Bildteile sehr dunkel und die → Tiefen nur reine schwarze Flächen, in denen jede → Zeichnung fehlt.

Verschluss

Der → Verschluss ermöglicht für eine bestimmte Zeit den Zugang des Lichts zum → Bildsensor. Die meiste Zeit über ist er geschlossen und schützt den Sensor so vor dem Licht.

Vogelperspektive

In der Vogelperspektive wird ein Objekt von oben herab fotografiert.

Wechseldatenträger

Ein Datenträger, der von einem Gerät (etwa einer Kamera) auf ein anderes (zum Beispiel einen Computer) übergeben werden kann. Wechseldatenträger sind CDs, DVDs, Speicherkarten, USB-Sticks etc.

Zeichnung

Unter Zeichnung versteht der Fotograf die Darstellung von Details in einem Bild. Sind viele Details zu erkennen, so hat das Bild eine gute Zeichnung. Sind Flächen dagegen reinweiß oder reinschwarz, so fehlt dort die Zeichnung.

Zeitvorwahl/Zeitpriorität

Ein halbautomatisches Programm der Kamera: Der Fotograf bestimmt hier die → Belichtungszeit, die anderen Einstellungen erledigt die Kamera.

Zoom

Über den Zoom kannst Du die → Brennweite eines → Objektivs verändern. Entfernte Objekte werden dadurch scheinbar näher herangeholt.

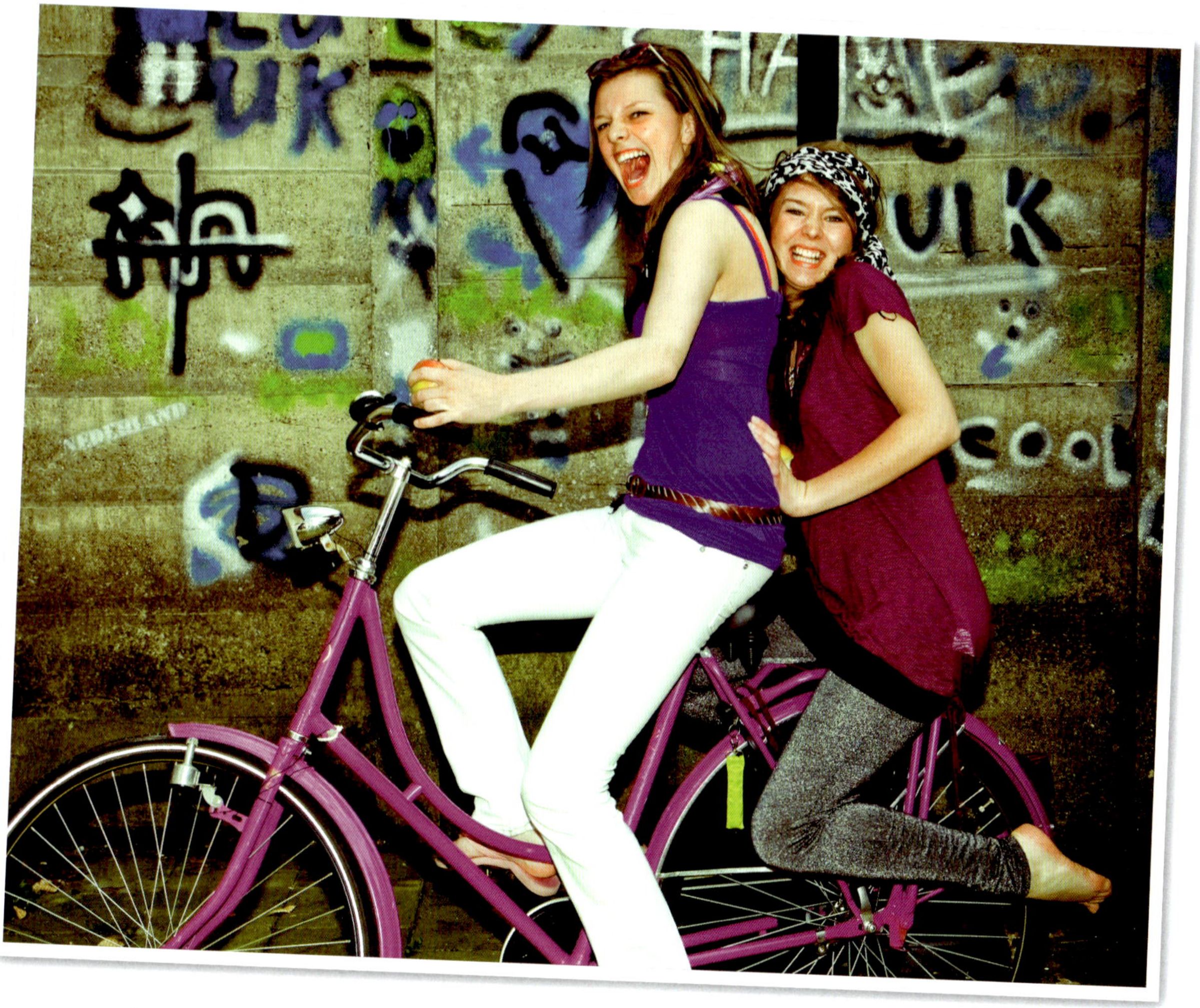

^ Für tolle Fotos brauchst Du gar nicht so viel Fototechnik. Am wichtigsten ist es, im richtigen Moment auf den Auslöser zu drücken!

Bildnachweise

So manch ein Fotograf hat sein Hobby zum Beruf gemacht, und es gibt mittlerweile sehr viele sogenannte Bildagenturen, die die Bilder dieser Fotografen anbieten. Einige solcher Bilder findest Du neben meinen eigenen Bildern auch in diesem Buch.

Günter Hauschild: S. 5 unten • S. 6 • S. 26 • S. 36 • S. 37 rechts außen • S. 47 unten • S. 53 unten und rechts • S. 57 links, oben und Mitte • S. 59 oben und Mitte • S. 67 oben und unten • S. 69 • S. 70 unten • S. 71 oben und Mitte • S. 74 • S. 76 • S. 77 unten und rechts • S. 78 • S. 79 • S. 80 • S. 84 • S. 85 • S. 98 unten • S. 99 drittes von oben und unten • S. 101 • S. 103 oben • S. 108 • S. 109 • S. 115 oben und links unten • S. 117 • S. 122 • S. 133 • S. 136/137 • S. 142/143 • S. 144 (oben rechts und unten) • S. 148 • S. 152 • S. 154 • S. 155 oben
Renate Hauschild: S. 3 • S. 51
Markus Botzek (*botzek-naturfoto.de*): S. 11
Laura Schleicher (*laura-schleicher.de*): S. 20 Mitte
Canon: S. 20/21 oben
Nikon: S. 33
Panasonic: S. 20 • S. 52 oben
Fotolia.de: creative studio (S. 4 oben, S. 27 Mitte links) • Christian Müller (S. 4 unten, S. 12 unten, S. 155 unten, S. 158/159) • Ramona Heim (S. 5 oben, S. 34 oben, S. 164 unten rechts, S. 166 Mitte) • maximmm (S. 7 oben, S. 64) • Jörg Hackemann (S. 7 unten, S. 50) • LuckyImages (S. 8/9) • andreipugach (S. 10) • CALLALLOO CANDCY (S. 12 oben) • klickerminth (S. 13, S. 59) • Dudarev Mikhail (S. 14 oben) • Jenifoto (S. 14 unten) • lagom (S. 16) • dnaveh (S. 17) • zlikovec (S. 18/19, S. 25) • Miredi (S. 27 oben, S. 107 unten) • Olga Lyubkin (S. 27 Mitte rechts) • atikinka2 (S. 29) • S. Kobold (S. 34 unten) • indukas (S. 37 unten) • jayzynism (S. 43) • kae4b (S. 46) • Sven Petersen (S 47 oben) • Destonian (S. 49) • tanor27 (S. 52 unten) • Boris Bulychev (S. 53 oben) • jurra8 (S. 57 Mitte unten) • agrus (S. 57 rechts unten) • Zlatan Durakovic (S. 67 Mitte) • Jacek Chabraszewski (S. 68 links) • Rita Kochmarjova (S. 68 rechts) • Olha Rohulya (S. 70 rechts) • binturong9 (S. 70 links) • Nadine Haase (S. 71 links) • Stefan Körber (S. 71 unten) • Sebastian Wolf (S. 72/73) • galyatros67 (S. 81) • photophonie (S. 82 oben) • VRD (S. 82 unten) • Halfpoint (S. 83 oben) • flairimages (S. 83 unten) • Brocreative (S. 86) • michaeljung (S. 87 oben, S. 93) • tiplyashina (S. 87 unten) • fotografci (S. 88) • Mor65 Mauro Piccardi (S. 89 oben rechts, unten links und unten Mitte) • wir_zwei (S. 89 oben links) • Fotos&Medien (S. 89 unten rechts) • Galina Barskaya (S. 90) • Christian Schwier (S. 92 oben) •

A. Rochau (S. 92 unten) • Eric Gevaert (S. 96) • Felinda (S. 97 oben) • KonzeptM (S. 97 unten) ivallis111 (S. 98 oben) • fotowinnie (S. 99 oben) • Herb (S. 99 zweites von oben) • Elenathewise (S. 100) • Franz Schmied (S. 102) • jgl7188 (S. 103 unten) • Bilderstöckchen (S. 104) • S.H. exclusiv (S. 105 oben und Mitte) • kentauros (S. 113) • wolfgangstaudt (S. 114 oben und unten) • ptnphotof (S. 114 Mitte) • Omika (S. 115 Mitte) • Nikokvfrmoto (S. 115 unten rechts) • ulianna19970 (S. 118/119) • gpointstudio (S. 120/121) • Hanna (S. 125) • Dragoon-IMages (S. 135) • fotografiche.eu (S. 144 links) • Sergey Ryzhov (S. 145 oben) • huguesmoray (S. 145 unten) • Aamon (S. 146) • fotolinchen (S. 153 Mitte) • silkepala (S. 166 oben) • Javier Brosch (S. 166 unten) • shock (S. 167 oben) • Nailia Schwarz (S. 169)

iStockphoto.de: PeopleImages (S. 15) • Maartje van Caspel (S. 21) • Mokai (S. 27 unten) • Majana (S. 37 links) • Maciej Noskowski (S. 62 links) • AVTG (S. 62 rechts) • Bart Coenders (S. 75) • Fatman73 (S. 77 unten links) • Rognar (S. 95) • Tabitha Patrick (S. 103 Mitte) • Radu Razvan (S. 105 unten) • Ron Thomas (S. 107 oben) • Ramses02 (S. 110 oben) • Mlenny (S. 110 unten) • Smit (S. 111) • brianaadams (S. 153 links) • grybaz (S. 153 rechts) • driftlessstudio (S. 164 oben) • Linda Kloosterhof (S. 164 unten links) • Stacey Newman (S. 170/171) • Piksel (S. 185)

Shutterstock.de: InBetweentheBlinks (S. 77 oben rechts) • Karen Grigoryan (S. 77 Mitte links) • Iancu Cristian (S. 77 Mitte rechts) • Iko (S. 91) • bikeriderlondon (S. 99 links) • Sunny Studio (S. 156/157) • Andreka (S. 167 rechts) • hans slegers (S. 183)

Veer.com: Ocean Photography (S. 77 oben links)

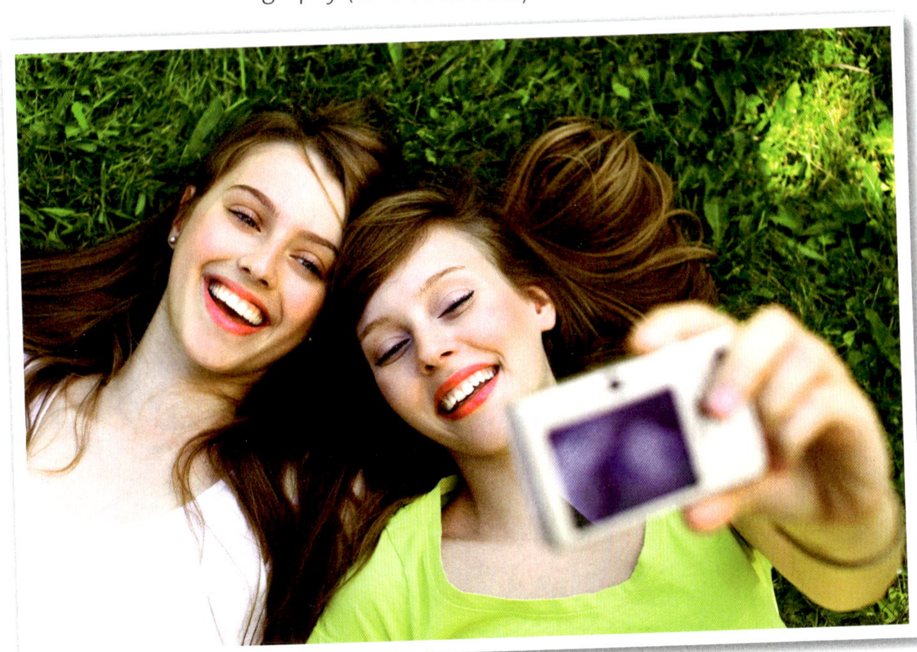

< Und jetzt bist Du dran mit Fotografieren!

Stichwortverzeichnis

A

B

H

I

K

L

M

N

O

P

R

S

T

U

V

W

Z